文都教育

2020年
国家法律职业资格考试

三国法题库

李 亮 章 法 编著

中国政法大学出版社

2019·北京

图书在版编目（ＣＩＰ）数据

2020 年国家法律职业资格考试三国法题库/李亮，章法编著. —北京：中国政法大学出版社，2019. 12
ISBN 978-7-5620-9440-1

Ⅰ.①2… Ⅱ.①李… ②章… Ⅲ.①国际法－资格考试－习题集②国际私法－资格考试－习题集
③国际经济法－资格考试－习题集 Ⅳ.①D99-44

中国版本图书馆 CIP 数据核字(2020)第 014406 号

出 版 者	中国政法大学出版社
地　　址	北京市海淀区西土城路 25 号
邮寄地址	北京 100088 信箱 8034 分箱　邮编 100088
网　　址	http://www.cuplpress.com （网络实名：中国政法大学出版社）
电　　话	010-58908285(总编室) 58908433（编辑部） 58908334(邮购部)
承　　印	北京鑫海金澳胶印有限公司
开　　本	787mm×1092mm　1/16
印　　张	13
字　　数	240 千字
版　　次	2019 年 12 月第 1 版
印　　次	2019 年 12 月第 1 次印刷
定　　价	45.00 元

　　文都法考的《三国法题库》经过将近两个月的认真编排、写作，终于交稿了。按照文都贤文老师的安排，本人也确实有些话需要跟学员交待，所以才有了这个前言。

　　《三国法题库》是文都法考客观题系列图书的重要组成部分。这一系列图书包括各部门法的"宝典""题库""重点法条""背诵"等。作为一名从事三国法教学和培训 10 余年的老师来讲，本人深感这一系列图书对于法考学员而言必不可少，一环接一环，环环相扣。本人深信在名师的带领下掌握这一系列教材的内容，2020 年的法考定能过关斩将，所向披靡。

　　真题对于之前的司考现在的法考来讲，都不可或缺，对于三国法而言更是如此。司考加上法考将近 20 年了，除了一些新增的法条、修订的惯例之外，很难讲三国法还有什么知识点没有在历年真题中出现过了的。因此，三国法的真题要特别重视。

　　也正是由于这个原因，虽然法考以来官方不再公布试题，但我们还是把通过各种途径，尤其是参战学员的回忆能够获得的题目列入这本《三国法题库》中。这很费事，但我们无怨无悔。在此，要感谢历届法考学员的支持。同时，也要感谢我的学生们，他们为这本书的出版做了大量的资料搜集和整理工作。

　　真题固然重要，但真题本身不是目的，将历年真题所涉及的知识点在做题的过程中充分掌握才是目的。经常有学员一遍遍地刷题，刷的连某道题的选项都记住了，但最后的成绩却不尽如人意。之所以如此的原因在于，这些学员没有掌握做真题的方法，没有搞清楚做真题时的重点在真题所涉的知识点，而不是真题的选项。有鉴于此，本人认为，三国法的真题不需要做很多遍，掌握了科学的方法，一遍即可。多做除了缓解内心的焦虑，不会有更多的成效。那么，做真题需要遵循什么方法呢？我本人提出了三国四步真题法。

　　第一步：拿到一道题后，先通读题干和选项，找出这道题的考点和所涉及的知识点。

　　第二步：先不急着做题，而是要先回顾这道题所涉及的所有知识点。把该题的知识点在脑子里全面地回想一遍。比如，某道题考的是反倾销税的纳税人。这道题很简单，但我们在做真题的时候千万不要满足于知道"反倾销纳税人是进口经营者"从而做对本题即可。这是典型的小富即安的思想。而是要把反倾销所涉及的倾销的认定、反倾销的条件、反倾销的调查、反倾销的措施、反倾销的复审等所有知识点全部回顾一下。

　　第三步：开始做题。做题的时候，务必每个选项都要判断出对错及其理由。此即知其然还要知其所以然。比如某道单选题，已经确认 A 选项正确。此时，千万不要略过其他的选项，还是要结合上一步回顾的考点，把每个选项都要做一遍，确定其余的 BCD 三个选项错在哪里。

第四步：对照答案，做对了当然好。做错了也不要灰心，找个本子把错误的知识点记下来，考前一个月，和考前一个星期再认真地看一遍，以免在应考的时候在同一个地方摔倒。

掌握了这个方法，三国法真题的复习将会事半功倍。当然，还需要嘱咐学员的是，三国法的学习千万不要太较真，不要考虑某一道题的题干、题意，在现实生活中是否会出现。换言之，学员的任务不是质疑题目本身对不对。说句不客气的话，在没有通过法考，拿到你梦寐以求的资格证之前，学员是没有这个资格的。等拿到了资格证之后，可以有大把的时间去批评，去质疑。但在应试的复习过程中，时间极其金贵，千万不能浪费在这种无谓的臆想中。

要说的还有很多，由于篇幅所限，其余的就留到课堂上再跟学员沟通了。最后，预祝大家 2020 年顺利过关！

李 亮

2019 年 12 月

目　录

CONTENTS

国 际 法

第一章　国际法导论

第一讲　国际法的渊源

考点 1：国际法渊源

1. 国际人道法中的区分对象原则（区分军事与非军事目标，区分战斗员与平民）是一项已经确立的国际习惯法原则，也体现在《1977 年日内瓦四公约第一附加议定书》中。甲乙丙三国中，甲国是该议定书的缔约国，乙国不是，丙国曾是该议定书的缔约国，后退出该议定书。根据国际法的有关原理和规则，下列哪些选项是错误的？（　　　）[1]（2007-1-77 多选）

A. 该原则对甲国具有法律拘束力，但对乙国没有法律拘束力
B. 丙国退出该议定书后，该议定书对丙国不再具有法律拘束力
C. 丙国退出该议定书后，该原则对丙国不再具有法律拘束力
D. 该原则对于甲乙丙三国都具有法律拘束力

【考点】 国际习惯

【解析】 国际法渊源包括国际习惯法和国际条约。二者最大的区别是国际习惯法约束所有国家，而国际条约只约束其缔约国。

本题中，区分对象原则是国际习惯法，所以甲乙丙三国都受该原则的拘束。条约仅对缔结国有拘束力，丙国在退出协定书之后，就不再受该协定书的拘束。但是依然受区分对象原则的约束。所以 A、C 选项的表述错误，B、D 选项表述正确。因本题需选错误选项，故答案为 A、C。

2. 由于甲国海盗严重危及国际海运要道的运输安全，在甲国请求下，联合国安理会通过决议，授权他国军舰在经甲国同意的情况下，在规定期限可以进入甲国领海打击海盗。据此决议，乙国军舰进入甲国领海解救被海盗追赶的丙国商船。对此，下列哪一选项是正确的？（　　　）[2]（2009-1-31 单选）

---

[1]　答案：AC
[2]　答案：C

A. 安理会无权作出授权外国军舰进入甲国领海打击海盗的决议

B. 外国军舰可以根据安理会决议进入任何国家的领海打击海盗

C. 安理会的决议不能使军舰进入领海打击海盗成为国际习惯法

D. 乙国军舰为解救丙国商船而进入甲国领海属于保护性管辖

【考点】　安理会表决制度、国家的管辖权、国际习惯法

【解析】　根据《联合国宪章》，安理会有权在维护国际和平与安全方面做出决议，采取行动。A 选项中，甲国海盗严重危及国际运输安全，且有甲国的请求，因此，安理会有权作出此授权。故该选项错误。

只有在某国领海的海盗危及国际和平与安全的情况下，安理会才能作出决议，不是对任何国家领海的海盗都能作出决议授权外国军舰进行打击的。故 B 选项错误。

国际习惯法的构成要两个要素：一是物质要素，即存在各国重复一致的行为；二是心理要素，即重复一致的行为模式被各国认为具有法律拘束力。不能仅仅因为安理会的一项决议使一项行为模式成为国际习惯法。故 C 选项正确。

D 选项中，保护性管辖必须针对侵害本国或本国公民重大利益的行为，而乙国军舰为解救丙国商船不属于保护性管辖。故 D 选项错误。综上所述，本题的正确答案为 C。

考点 2：国际条约在我国的适用

1. 根据我国目前的法律和相关实践，对于国际条约在我国法律制度中的地位，下列哪些判断是错误的？（　　　）[1]（2002-1-57 多选）

A. 凡是我国缔结或参加的条约，都可以在国内作为国内法直接适用

B. 在民法涉及的范围内，我国为当事国的条约规定与国内法的规定不同时，适用条约的规定，但我国缔结该条约时做出保留的条款除外

C. 我国作为当事国的任何条约的规定，若与国内法的规定冲突时，在国内法院都直接并优先适用这些国际条约的规定，但我国缔结该条约时做出保留的条款除外

D. 在民法涉及的范围内，在国际上所有已生效的民商事方面的国际条约的规定，如与我国国内法的规定冲突时，都优先适用国际条约的规定

【考点】　国际条约在我国的适用

【解析】　国际条约在我国的适用，宪法没有统一明确规定。实践中我国视不同性质的法律关系而采取三种做法：（1）依据《中华人民共和国民事诉讼法》（下称《民事诉讼法》）第 260 条规定："中华人民共和国缔结或者参加的国际条约同本法有不同规定的，适用该国际条约的规定，但中华人民共和国声明保留的条款除外"。此外，我国《票据法》《海商法》《民用航空法》和《民法通则》也有类似规定。同时，最高法《关于适用涉外民事关系法律适用法若干问题的解释（一）》（下称《法律适用法司法解释》）第 4 条规定，涉外民事关系的法律适用涉及适用国际条约的，法院应当根据上述我国法律的相关规定予以适用，但知识产权领域的国际条约已经转化或需要转化为国内法律的除外。可见在民商事法律关系中，除了知识产权领域的条约和我国声明保留的条款以外，可以直接适用国际条约；（2）依据《中华人民共和国外交特权与豁免条例》《中华人民共和国领事特权与豁免条例》规定，在外交关系中，《维也纳外交关系公约》《维也纳领事关系公约》这两个条约与我国国内法同时适用；（3）依据最高法司法解释，WTO 协定等条约不能在我国国内直接

---

［1］　答案：ACD

适用，只能转化为国内法才能适用。

综上所述，除有关民商事性质外并非所有的条约、公约在我国一律直接适用，外交关系、WTO 协定等条约、公约能否在中国国内直接适用，需要结合条约本身具体情况后才能做出结论。所以本题中 A 项错误，C 项仅在民商事领域是正确的，在其他领域尚待进一步结合具体条约内容才能判断，D 项没有考虑到条约保留问题，所以符合题意。

2. 根据国际法有关规则和我国有关法律，当发生我国缔结且未作保留的条约条款与我国相关国内法规定不一致的情况时，下列哪一选项是正确的？（　　）[1]（2007-1-32 单选）

A. 如条约属于民事范围，则由全国人民代表大会常务委员会确定何者优先适用

B. 如条约属于民事范围，则优先适用条约的规定

C. 如条约属于民事范围，则由法院根据具体案情，自由裁量，以公平原则确定优先适用

D. 我国缔结的任何未作保留的条约的条款与中国相关国内法的规定不一致时，都优先适用条约的规定

【考点】国际条约在我国的适用

【解析】本题所涉知识点同上题。依据 2007 年有效的规则，本题正确答案为 B。但需要说明的是，如果根据目前有效的法律法规和司法解释，本题将没有正确答案。因为根据上述《法律适用法司法解释》，属于民商事范围的知识产权领域的国际条约已经转化或需要转化为国内法律的，不能在我国国内直接适用。而 B 选项并未将知识产权领域的国际条约排除在外。

第二讲　国际法基本原则

考点3：国际法基本原则

关于国际法基本原则，下列哪些选项是正确的？（　　）[2]（2013-1-75 多选）

A. 国际法基本原则具有强行法性质

B. 不得使用威胁或武力原则是指禁止除国家对侵略行为进行的自卫行动以外的一切武力的使用

C. 对于一国国内的民族分离主义活动，民族自决原则没有为其提供任何国际法根据

D. 和平解决国际争端原则是指国家间在发生争端时，各国都必须采取和平方式予以解决

【考点】国际法基本原则

【解析】国际法基本原则具有强行法性质。故 A 选项正确。

不得使用威胁和武力并不是禁止一切武力的使用，国家对侵略行为进行的自卫行动和经联合国安理会决议授权使用武力并不违反国际法。故 B 选项错误。

民族自决原则中殖民地民族的独立权的范围，只严格适用于殖民地民族的独立。对于

---

〔1〕答案：B
〔2〕答案：ACD

一国国内的民族分离主义活动，民族自决原则没有为其提供任何国际法根据。故 C 选项正确。

和平解决国际争端原则是指国家间在发生争端时，各国都必须采取和平方式予以解决，争端的当事国及其他国家应避免任何使争端或情势恶化的措施或行动。故 D 选项正确。综上所述，本题的正确答案为 ACD。

考点 4：不干涉内政原则

甲国是一个君主立宪制的国家，其下列行为中，哪些属于国际法上的国家内政范围，外国不得进行干涉（　　　）[1]（2002-1-55 多选）

A. 甲国决定废除君主立宪制，改用共和制作为其基本政治制度

B. 为解决该国存在的种族间的冲突，甲国通过立法决定建立种族隔离区

C. 甲国决定邀请某个外国领导人来访

D. 甲因决定申请参加某个政府间的国际组织

【考点】主权原则、不干涉内政原则

【解析】在国际法上，国家主权平等原则和不干涉内政原则是调整国际法律关系的基本原则。主权是国家的根本属性，表现为国家独立自主地处理自己的内外事务的统治权，具有不可侵犯、不可分割、不从属于任何外来意志的性质。平等原则是任何国家都拥有主权，国际交往中各国都有义务尊重他国的主权和国际人格，任何国家都有权自由选择并发展政治、经济、文化在内的制度包括选择社会制度，确定国家体制，制订对外政策，申请参加国际组织，自由地决定同他国的缔约、互派使节、往来等。本题中，A 选项是一国自主选择确定国家政体形式的，C、D 选项是一国自主决定对外交往的，因而都是行使国家主权的具体表现，均正确。

所谓不干涉内政原则含义是，在国际关系中，任何国家或国际组织不得以任何借口或任何方式直接或间接地干涉本质上属于任何国家国内管辖内政事务，不得以任何手段强迫他国接受自己的意志，维持或改变被干涉国家社会制度和意识形态；但是对于一国违反国际法义务的行为，各国有权采用相应的单独或集体的行动，条件是这些行动必须具有公认的合法根据并且严格地在国际法律框架下进行。对于人权的问题，我国的基本立场是人权可以成为国际保护的对象，但本质上人权是一国内政的事项，人权从属于主权，坚决反对某些国家按照自己的价值判断以所谓"人道主义"为借口，为其自身的私利而干涉他国内政事务。同时，我们强调人权从属于主权并不等于说国际社会对发生于一国境内的大规模侵犯人权的事件可以置若罔闻。一国境内发生的种族隔离、种族灭绝、以不人道的手段迫害、驱赶难民等活动本身就是国际法所禁止的国际罪行，国际社会应根据《禁止并惩治种族隔离罪行的国际公约》等一系列国际人权公约规定，在国际法律框架中给予关注。所以，B 选项中甲国通过立法决定建立种族隔离区，违反有关人权保护的国际义务，该国不能以"内政"事务为借口而逃避其应承担的国际责任，因此该项错误。综上所述，本题的正确答案为 ACD。

---

[1]　答案：ACD

第二章 国际法主体与国际法律责任

第一讲 国际法主体

考点 5：国家的基本权利

"恐龙国际"是一个在甲国以非营利性社会团体注册成立的组织，成立于 1998 年，总部设在甲国，会员分布在 20 多个国家。该组织的宗旨是鼓励人们"认识恐龙，回溯历史"。2001 年，"恐龙国际"获得联合国经社理事会注册咨商地位。现该组织试图把活动向乙国推广，并准备在乙国发展会员。依照国际法，下列哪些表述是正确的？（   ）[1]（2006-1-78 多选）

A. 乙国有义务让"恐龙国际"在乙国发展会员

B. 乙国有权依照其本国法律阻止该组织在乙国的活动

C. 该组织在乙国从事活动，必须遵守乙国法律

D. 由于该组织已获得联合国经社理事会注册咨商地位，因此，它可以被视为政府间的国际组织

【考点】 国家独立权、政府间国际组织

【解析】 国家独立权是指国家依照自己的意志处理内外事务并不受他国控制和干涉的权利。因此，乙国无义务让"恐龙国际"在乙国发展会员；乙国有权依照其本国法律阻止该组织在乙国的活动；该组织在乙国从事活动，必须遵守乙国法律。故 A 选项错误，B、C 选项正确。

政府间的国际组织是指通过政府协议成立的、旨在进行国际合作、具有常设机构的国家间的联合体。"恐龙国际"只是一个在甲国以非营利性社会团体注册成立的组织，尽管已经获得联合国经社理事会注册咨商地位，仍无法被视为政府间国际组织。故 D 选项错误。综上所述，本题的正确答案为 BC。

考点 6：国家主权豁免

1. 甲国政府与乙国 A 公司在乙国签订一份资源开发合同后，A 公司称甲国政府未按合同及时支付有关款项。纠纷发生后，甲国明确表示放弃关于该案的诉讼管辖豁免权。根据国际法规则，下列哪一选项是正确的？（   ）[2]（2010-1-30 单选）

A. 乙国法院可对甲国财产进行查封

B. 乙国法院原则上不能对甲国强制执行判决，除非甲国明示放弃在该案上的执行豁免

C. 如第三国法院曾对甲国强制执行判决，则乙国法院可对甲国强制执行判决

---

〔1〕 答案：BC

〔2〕 答案：B

D. 如乙国主张限制豁免，则可对甲国强制执行判决

【考点】 国家主权豁免

【解析】 国家主权豁免是指国家的行为及其财产不受或免受他国管辖。实践中，国家主权豁免主要表现在司法豁免方面，其中包括：一国不对他国的国家行为和财产进行管辖；一国的国内法院非经外国同意，不受理以外国国家作为被告或外国国家行为作为诉由的诉讼，也不对外国国家的代表或国家财产采取司法执行措施。应当注意，国家对于管辖豁免的放弃，并不意味着对执行豁免的放弃。即使国家放弃了管辖豁免，外国法院也不能因此当然地对该国国家财产实施扣押、查封等强制执行措施。故 A 选项错误，B 选项正确。

国家豁免权的放弃是国家的一种主权行为，必须是自愿、特定和明确的。一国不能通过本国立法来改变别国的豁免立场，也不能将一国对某一特定事项上的豁免放弃推移到其他事项上，或将一国的豁免放弃推移到另一国家上。故选项 C、D 错误。综上所述，本题的正确答案为 B。

2. 甲国政府与乙国"绿宝"公司在乙国订立了一项环保开发合同，合同履行过程中出现纠纷。"绿宝"公司以甲国政府没有及时按照合同支付有关款项为由诉至乙国法院，甲国政府派代表向法院阐述了甲国一贯坚持的绝对豁免主义立场。如果乙国是采取相对豁免主义的国家，根据目前的国际法规则和实践，下列哪些表述是正确的？（　　　）[1]（2003-1-57 多选）

A. 甲国政府订立上述合同行为本身，是一种商业活动，已构成对其国家豁免权的放弃，乙国法院可以管辖

B. 甲国政府派代表向法院作出说明，这一事实不意味着甲国已放弃在此诉讼中的国家豁免权

C. 即使甲国在其他案件上曾经接受过乙国法院的管辖，也不能意味着，乙国法院在此案中当然地可以管辖

D. 乙国法院作出缺席判决后，甲国要求乙国宣布该判决无效。甲国这一行为表明，甲国此前已接受了乙国法院的管辖

【考点】 国家主权豁免

【解析】 国家主权豁免是指国家的行为和财产不受或免受他国的管辖。相关规则可以概括为如下几点：（1）实践中，国家主权主要表现在司法豁免方面，包括一国不得对他国的国家行为和财产进行管辖，不得受理以外国国家作为被告或外国国家行为作为诉由的诉讼，除非经该国同意；外国法院非经该国同意不得对该国国家财产实施扣押、查封等强制执行措施，可以概括为管辖豁免、诉讼程序豁免、执行豁免三种。（2）国家豁免权可以通过明示和默示的方式自愿放弃，明示的方式主要是指国家或其授权的代表通过条约、合同、其他正式文件或声明等明白的语言文字表达方式放弃豁免，默示方式通常是指国家通过在外国法院的与特定诉讼直接有关的积极行为表示放弃豁免而接受外国法院的管辖，包括作为原告起诉、正式出庭应诉、提起反诉、作为利害关系人介入诉讼等。放弃一项豁免或一个特定诉讼的豁免不意味着放弃另一项豁免，如放弃管辖豁免不意味着放弃了执行豁免。（3）国家在外国领土内从事商业活动本身不意味着豁免的放弃，国家或其授权的代表为主张或重申国家的豁免权，对外国法院的管辖做出反应，出庭阐述立场，或要求外国法院宣

[1]　答案：BC

布判决或裁决无效，都不构成豁免的默示放弃。

上述规则中，A 选项属于一国在他国领土内从事商业活动，这种活动本身不构成豁免的放弃，故 A 选项错误；B 选项属于国家或其授权的代表出庭主张豁免本身不构成主权豁免的放弃，故 B 选项正确；C 选项豁免的放弃需要针对个案进行，不能以在某一案件中放弃了豁免就视为在所有以后的案件中都放弃了主权豁免，故 C 选项正确；D 选项错误，因为一国主张他国法院判决无效的行为不能视为该国此前已放弃了主权豁免。故本题正确答案为 BC。

3. 甲国某公司与乙国驻甲国使馆因办公设备合同产生纠纷，并诉诸甲国法院。根据相关国际法规则，下列哪些选项是正确的？（　　）[1]（2014-1-75 多选）

A. 如合同中有适用甲国法律的条款，则表明乙国放弃了其管辖的豁免

B. 如乙国派代表出庭主张豁免，不意味着其默示接受了甲国的管辖

C. 如乙国在本案中提起了反诉，则是对管辖豁免的默示放弃

D. 如乙国曾接受过甲国法院的管辖，甲国法院即可管辖本案

【考点】国家主权豁免

【解析】国家主权豁免是指国家的行为及其财产不受或免受他国管辖。乙国驻甲国使馆实施的办公设备买卖行为，可以视为国家的行为。如果一国以下列方式明示同意另一国法院对某一事项或案件行使管辖，构成明示放弃：国际协定、书面合同、在法院发表的声明或在特定诉讼中提出的书面函件。如果一国本身就该事项或案件在他国法院提起诉讼、介入诉讼或提起反诉，不得援引管辖豁免，此即管辖豁免的默示放弃形式。在如下几种情形下，一国之行为不应解释为同意另一国的法院对其行使管辖权：（1）一国同意适用另一国的法律；（2）一国仅为援引豁免或对诉讼中有待裁决的财产主张一项权利之目的而介入诉讼；（3）一国代表在另一国法院出庭作证；（4）一国未在另一国法院的诉讼中出庭。A 选项中，不能简单推定为放弃。B 选项中，出庭主张豁免权不意味着放弃，正确。C 选项中，反诉属于默示放弃，正确。D 选项中，曾经放弃不等于永远放弃，错误。综上所述，本题的正确答案为 BC。

4. 克森公司是甲国的一家国有物资公司。去年，该公司与乙国驻丙国的使馆就向该使馆提供馆舍修缮材料事宜，签订了一项供货协议。后来，由于使馆认为克森公司交货存在质量瑕疵，双方产生纠纷。根据国际法的有关规则，下列哪一选项是正确的？（　　）[2]（2008-1-32 单选）

A. 乙国使馆无权在丙国法院就上述事项提起诉讼

B. 克森公司在丙国应享有司法管辖豁免

C. 乙国使馆可以就该事项向甲国法院提起诉讼

D. 甲国须对克森公司的上述行为承担国家责任

【考点】国家管辖权、国家主权豁免

【解析】A 选项中，乙国使馆是可以在丙国主动提起诉讼的，故 A 选项错误。

B 选项中，克森公司虽然是国有公司，但是在从事商业活动时不享有司法管辖豁免权。故 B 选项错误。因此，甲国也不承担国家责任，故 D 错误。

----

〔1〕 答案：BC

〔2〕 答案：C

C项中，乙国是可以向甲国法院提出诉讼的。综上所述，本题的正确答案为C。

考点 7：国际法上的承认

1.S国是一个新成立的国家。其成立后，甲国代表向联合国大会提案支持S国成为联合国的会员国；乙国与S国签署了两国互助同盟友好条约；丙国允许S国在其首都设立商业旅游服务机构；丁国与S国共同参加了某项贸易规则的多边谈判会议。根据国际法的有关规则，上述哪些国家的行为构成对S国的正式承认？（   ）[1]（2005-1-78 多选）

A. 甲国　　　　　　　　　　　　B. 乙国

C. 丙国　　　　　　　　　　　　D. 丁国

【考点】国际法上的承认

【解析】国际法上的承认是指现存的国家对新出现的国家、政府或者其他事态的出现，以一定的方式表示接受或同时表明愿意与其发展正常关系的行为。对国家的承认可以分为明示承认和默示承认。明示承认是指承认者以明白的语言文字直接表达承认的意思，包括通过正式通知、函电、照会、声明等单方面表述，也包括在缔结的条约或其他正式国家文件中进行表述。默示承认是指承认者不是通过明白的语言文字，而是通过与承认对象有关的行为表现出承认的意思。主要包括：与承认对象建立正式外交关系；与承认对象缔结正式的政治性条约；正式接受领事或正式投票支持参加政府间国际组织的行为一般也被认为是一种默示承认。但是，除非明确表示，下列行为一般不认为构成默示承认：共同参加多边国际会议或国际条约；建立非官方或非完全外交性质的某种机构；某些级别和范围的官员接触等。

因此，甲国正式支持S国加入联合国这样一个只有主权国家才能加入的政府间的国际组织的行为显然属于默示承认；乙国与S国签订的条约属于政治性条约，这种签约行为也是默示承认；丙丁两国的行为根据上面的分析，不属于对S国的默示承认。故 A、B 项当选，本题的正确答案为AB。

2. 甲乙二国建立正式外交关系数年后，因两国多次发生边境冲突，甲国宣布终止与乙国的外交关系。根据国际法相关规则，下列哪一选项是正确的？（   ）[2]（2010-1-29 单选）

A. 甲国终止与乙国的外交关系，并不影响乙国对甲国的承认

B. 甲国终止与乙国的外交关系，表明甲国不再承认乙国作为一个国家

C. 甲国主动与乙国断交，则乙国可以撤回其对甲国作为国家的承认

D. 乙国从未正式承认甲国为国家，建立外交关系属于事实上的承认

【考点】国际法上的承认

【解析】本题所涉知识点同上题。

本题中，甲乙两国建立正式外交关系，构成国际法上的默示承认。承认又分为法律承认和事实承认。划分法律承认和事实承认的基本点在于，承认者作出承认时，是将承认对象作为一种法律上的存在还是一种事实上的存在。法律承认是正式和不可撤销的，我们通常所说的承认都是指法律承认。事实承认主要存在于英美的外交实践中，它是为了处理既需要与某个对象进行某种交往又不愿或不宜与其进行全面正式交往的情况而产生的一种权

---

〔1〕 答案：AB

〔2〕 答案：A

宜做法。事实承认被认为是不完全的、非正式的和暂时性的，它比较模糊并可以随时撤销。本题中，建立正式外交关系，即是认定被承认者作为法律的正式人格的存在，表明承认者愿意与被承认者发展全面正常的关系，带来全面而广泛的法律效果，这是法律承认，而不是事实承认。因此，甲乙两国建立正式外交关系构成默示承认，同时也是法律承认，是正式和不可撤销的；甲国终止与乙国的外交关系，并不影响乙国对甲国的承认。故 A 选项正确，B 选项错误。两国建立正式外交关系即作出了法律承认，该承认不可撤销，也不可撤回，故 C 选项错误。建立外交关系属于法律承认而不是事实承认，法律承认是正式的，故 D 选项错误。综上所述，本题的正确答案为 A。

3. 甲国分立为"东甲"和"西甲"，甲国在联合国的席位由"东甲"继承，"西甲"决定加入联合国。"西甲"与乙国（联合国成员）交界处时有冲突发生。根据相关国际法规则，下列哪一选项是正确的?（　　）[1]（2014-1-32 单选）

A. 乙国在联大投赞成票支持"西甲"入联，一般构成对"西甲"的承认

B. "西甲"认为甲国与乙国的划界条约对其不产生效力

C. "西甲"入联后，其所签订的国际条约必须在秘书处登记方能生效

D. 经安理会 9 个理事国同意后，"西甲"即可成为联合国的会员国

【考点】国际法上的承认、条约继承、条约登记、安理会决议

【解析】A 项所涉知识点同上两题。本题中，联合国大会属于政府间国际组织，所以乙国在联大投赞成票支持"西甲"入联，一般构成对"西甲"的承认。故 A 选项正确。

条约继承的实质是在领土发生变更时，被继承的条约对于继承国是否继续有效的问题。一般地，与领土有关的"非人身性条约"，如有关领土边界、河流交通、水利灌溉等条约，属于继承的范围；而与国际法主体人格有关的所谓"人身性条约"以及政治性条约，如和平友好、同盟互助、共同防御等条约，一般不予继承。但这并不排除有关国家达成协议或根据《条约法公约》的规定来决定或解决条约的继承问题。本题中，甲国与乙国的划界条约对西甲仍然有效。故 B 选项错误。

联合国会员国缔结的条约应当在联合国秘书处登记，否则联合国机构不得援引，不登记不影响效力。故 C 选项错误。

安理会由 5 个常任理事国和 10 个非常任理事国组成，表决时每一理事国都有一票。对于程序事项决议的表决任意 9 个同意票即可通过。对于非程序事项或称实质性事项的决议表决，要求包括全体常任理事国在内的 9 个同意票，此又称为"大国一致原则"，即任何一个常任理事国都享有否决权。实践中，常任理事国的弃权或缺席不被视为否决，不影响决议的通过。安理会在向大会推荐接纳新会员国或秘书长人选、建议中止会员国权利和开除会员国等问题上，也适用非程序性事项表决程序。因此，需要有包括全体常任理事国在内的 9 个同意票，"西甲"才可成为联合国的会员国。D 选项错误。综上所述，本题的正确答案为 A。

考点 8：国际法上的继承

1. 甲国与乙国相邻，为谋求共同发展，多年来，两国间签署了若干个双边协议的协定。后甲国分立为东甲、的西甲两国。现问，如果所涉各方之间尚没有新的相关协议达成，那么，根据国际法中有关国家继承的规则，对于东甲、的西甲两国，下列哪项条约可以不予

国际法院作出的咨询意见没有法律拘束力，但对于有关问题的解决以及国际法的发展都具有重要的影响。D 选项错误。综上所述，本题的正确答案为 A。

4. 甲国是联合国的会员国。2006 年，联合国驻甲国的某机构以联合国的名义，与甲国政府签订协议，购买了一批办公用品。由于甲国交付延期，双方产生纠纷。根据《联合国宪章》和有关国际法规则，下列哪一选项是正确的？（　　）〔1〕（2008-1-29 单选）

A. 作为政治性国际组织，联合国组织的上述购买行为自始无效

B. 上述以联合国名义进行的行为，应视为联合国所有会员国的共同行为

C. 联合国大会有权就该项纠纷向国际法院提起针对甲国的诉讼，不论甲国是否同意

D. 联合国大会有权就该项纠纷请求国际法院发表咨询意见，不论甲国是否同意

【考点】联合国大会、国际法院管辖权

【解析】作为政治性国际组织，是可以在一定程度上实施民事行为的，因此，上述购买行为是有效的。故 A 选项错误。

只有在联合国目的和宗旨内根据联合国经适当程序作出的决议所从事的行为才是共同行为，单纯的民事行为不可以视为所有会员国的共同行为。故 B 选项错误。

国际法院管辖权包括两方面：一是咨询管辖权、二是诉讼管辖权。国际法院只能审理国家与国家之间的争端，而且必须获得甲国受其管辖的同意。故 C 选项错误。

根据《联合国宪章》的规定，国际法院除诉讼活动外，还有提供法律咨询的重要职能，称为法院的咨询管辖权。联合国大会及大会临时委员会、安理会、经社理事会、托管理事会、要求复核行政法庭所作判决的申请委员会以及经大会授权的联合国专门机构或其他机构，可以就执行其职务中的任何法律问题请求国际法院发表咨询意见。其他任何国家、团体、个人包括联合国秘书长都无权请求法院提供咨询意见。法院作出的咨询意见虽然没有法律约束力，但对于有关问题的解决以及国际法的发展都具有重要的影响。D 选项正确。综上所述，本题的正确答案为 D。

5. 联合国大会由全体会员国组成，具有广泛的职权。关于联合国大会，下列哪一选项是正确的？（　　）〔2〕（2015-1-32 单选）

A. 其决议具有法律拘束力

B. 表决时安理会 5 个常任理事国的票数多于其他会员国

C. 大会是联合国的立法机关，三分之二以上会员国同意才可以通过国际条约

D. 可以讨论《联合国宪章》范围内或联合国任何机关的任何问题，但安理会正在审议的除外

【考点】联合国大会

【解析】联合国大会对于联合国组织内部事务通过的决议对于会员国具有拘束力；对于其他一般事项作出的决议属于建议性质，不具有法律拘束力。故 A 选项错误。

联合国大会表决实行会员国一国一票制。故 B 选项错误。

对于一般问题的决议采取简单多数通过；对于重要问题决议采取 2/3 多数通过。实践中也常常采取协商一致方法通过决议。上述重要问题包括：与维持国际和平与安全相关的建议；安全理事会、经社理事会和托管理事会中需经选举的理事国的选举；新会员国接纳；

---

〔1〕答案：D

〔2〕答案：D

会员国权利中止或开除会籍；实施托管的问题；联合国预算及会员国应缴费用的分摊等。故 C 选项错误。

联合国大会由全体会员国组成，具有广泛的职权，可以讨论宪章范围内或联合国任何机关的任何问题，但安理会正在审议的除外。D 选项正确。综上所述，本题的正确答案为 D。

6. 今年是联合国秘书长的换届年，联合国将依据《联合国宪章》选举产生新任秘书长。根据《联合国宪章》，对于秘书长的选举程序，下列哪一表述是正确的？（   ）[1]（2006-1-29 单选）

A. 由联合国安理会采取关于程序性事项的投票程序，直接表决选出秘书长

B. 由联合国大会直接选举，大会成员 2/3 多数通过

C. 由安理会采取实质性事项表决程序推荐秘书长候选人，经联合国大会以简单多数表决通过

D. 由安理会采取程序性事项表决程序推荐秘书长候选人，经联合国大会表决获 2/3 多数通过

【考点】联合国安理会秘书长的选举程序

【解析】根据《联合国宪章》，联合国秘书长人选由联合国安全理事会向联合国大会推荐，安理会推荐联合国秘书长人选适用非程序性事项表决程序。而宪章要求，对非程序性事项的决议表决，要求包括全体常任理事国在内的 9 个理事国一致同意。即任何一个常任理事国都不投反对票。联合国大会将要表决的事项分为一般问题和重要问题，对一般问题的决议采取简单多数通过；对于重要问题的决议采取 2/3 多数通过。联合国大会通过新任秘书长的决议属于一般问题。故本题的正确答案为 C。

7. 联合国会员国甲国出兵侵略另一会员国。联合国安理会召开紧急会议，讨论制止甲国侵略的决议案，并进行表决。表决结果为：常任理事国 4 票赞成、1 票弃权；非常任理事国 8 票赞成、2 票否决。据此，下列哪一选项是正确的？（   ）[2]（2016-1-32 单选）

A. 决议因有常任理事国投弃权票而不能通过

B. 决议因非常任理事国两票否决而不能通过

C. 投票结果达到了安理会对实质性问题表决通过的要求

D. 安理会为制止侵略行为的决议获简单多数赞成票即可通过

【考点】安理会表决制度

【解析】安理会讨论维持和平、制止侵略的决议案，在联合国安理会属于实质性事项。对于非程序事项或实质性事项的决议表决，要求包括全体常任理事国在内的 9 个同意票，此又称为"大国一致原则"，即任何一个常任理事国都享有否决权，非常任理事国并无否决权。弃权不构成否决。故 A、B 选项错误，C 选项正确。

简单多数是联合国大会对一般问题进行表决时所要求的标准，而非安理会表决的规则。故 D 选项错误。综上所述，本题的正确答案为 C。

8. 甲、乙两国为陆地邻国。由于边界资源的开采问题，两国产生了激烈的武装冲突，战火有进一步蔓延的趋势。甲、乙均为联合国成员国。针对此事态，如果拟通过联合国安

[1] 答案：C
[2] 答案：C

理会采取相关措施以实现停火和稳定局势，那么，根据《联合国宪章》有关规定，下列哪一选项是正确的？（　　）[1]（2006-1-31 单选）

A. 只有甲、乙两国中的任一国把该事项提交安理会后，安理会才有权对该事项进行审议

B. 在对采取措施的决议草案进行表决时，若获得全体理事国中 1/2 多数的同意，其中包括常任理事国的一致同意，该决议即被通过

C. 在对采取措施的决议草案进行表决时，安理会常任理事国中任何一国投弃权票，不妨碍该决议的通过

D. 只有得到甲、乙两国的分别同意，安理会通过的上述决议才能对其产生拘束力

【考点】 安理会表决制度

【解析】 安理会是联合国在维持国际和平与安全方面负主要责任的机关，也是联合国中唯一有权采取行动的机关。安理会的重要职权包括：促使争端和平解决，制止侵略行为。安理会的职权之一就是促使争端的和平解决，它可以依职权主动采取相关措施以实现停火和稳定局势。故 A 选项错误。

联合国宪章将安理会表决事项分为程序性事项和非程序性事项。安理会的每一个理事国有一个投票权。程序性事项的表决采取 9 个同意票即可通过。对程序性事项以外的一切事项，都需要经包括 5 个常任理事国在内的 9 个理事国同意才能通过，因此称为"大国一致"的原则，即任何一个常任理事都不投反对票。而安理会做出采取相关措施以实现停火和稳定局势决定属于非程序性事项。因此要求包括 5 个常任理事国在内的 9 个理事国一致同意，故 B 选项错误。

实践中，常任理事国的弃权或缺席不视为否决，不影响决议的通过。故 C 选项正确。

安理会为制止和平的破坏、和平的威胁和侵略行为而作出的决定，以及依照宪章规定的其他职能作出的决定，对当事国和所有成员国都具有约束力，不论该国是否同意。D 选项错误。综上所述，本题的正确答案为 C。

第二讲　国际法律责任

考点 10：国家责任

1. 甲国警察布某，因婚姻破裂而绝望，某日持枪向路人射击。甲国警方迅速赶到事发现场，采取措施控制事态并围捕布某。布某因拒捕被击毙。但布某的疯狂射击造成数人死亡，其中包括乙国驻甲国参赞科某。根据国际法的有关规则，就该参赞的死亡，下列判断哪一项是正确的？（　　）[2]（2004-1-30 单选）

A. 甲国国家应承担直接责任

B. 甲国国家应承担间接责任

C. 甲国国家应承担连带责任

D. 甲国国家没有法律责任

---

[1] 答案：C
[2] 答案：D

【考点】国家责任

【解析】国家应对其违背国际义务的行为承担国际法上的国家责任，是一项已确立的国际法习惯法规则。但是，值得注意的是，非代表国家行事的人的行为不是国家行为，国家不承担责任。本题中，甲国警察布某的行为并不是甲国国家的不当行为，因此甲国对布某的私人行为不承担责任。D选项正确。综上所述，本题的正确答案为D。

另外，考生还应注意，对于某些特定人员，其中最典型的是国家元首、政府首脑、外交部长及外交使节，由于其在对外交往中的特殊地位及享有的在外国的特权与豁免，对于他们在国外私人身份的不法行为，除非特别说明，国家一般要承担相关的责任。

2. 甲乙两国于1996年签订投资保护条约，该条约至今有效。2004年甲国政府依本国立法机构于2003年通过的一项法律，取消了乙国公民在甲国的某些投资优惠，而这些优惠恰恰是甲国按照前述条约应给予乙国公民的。针对甲国的上述作法，根据国际法的有关规则，下列哪一项判断是正确的？（   ）[1]（2005-1-29单选）

A. 甲国立法机构无权通过与上述条约不一致的立法

B. 甲国政府的上述做法，将会引起其国际法上的国家责任

C. 甲国政府的上述做法如果是严格依据其国内法作出的，则甲国不承担国际法上的国家责任

D. 甲国如果是三权分立的国家，则甲国政府的上述行为是否引起国家责任在国际法上尚无定论

【考点】国家责任

【解析】国际法律责任，是指国家违反其国际义务而须承担的法律责任。国家责任的前提是国家的行为违反其国际义务，即有国家不当行为的存在。所谓国家不当行为，是指一国违反其国际义务而对另一国或国际社会所作的侵害行为。国家不当行为的构成要件有两个：（1）可归因于国家；（2）违背国际义务。

下列行为，通常被国际法认为是可以归因于国家的行为。（1）国家机关的行为；（2）经授权行使政府权力的其他实体机关的行为；（3）实际上代表国家行事的人的行为；（4）他国或国际组织交与一国支配的机关的行为；（5）上述可归因于国家行为的国家机关或国家授权人员的行为，一般也包括他们以此种资格执行职务内事项时的越权或不法行为；（6）叛乱运动机关的行为；（7）一个行为可以归因于几个国家时，相关国家对于其各自相关的行为承担单独或共同的责任。要特别指出的是，上述提到的国家机关的行为，既包括行政机关的行为，也包括立法机关、司法机关等行使国家公权力机关的行为。

本题中，甲国在其与乙国缔结的条约有效的情况下，通过国内立法取消乙国公民在甲国根据条约可以享有的某些投资优惠，属于违反其承担的国际义务的行为。该行为是甲国立法机关作出，可归因于甲国。因此该行为属于国家不当行为，甲国应当承担国际法上的国家责任。综上所述，本题的正确答案为B。

考点 11：国家责任的新发展—国际赔偿责任

1. 甲国某船运公司的一艘核动力商船在乙国港口停泊时突然发生核泄漏，使乙国港口被污染，造成严重损害后果。甲乙两国都是《关于核损害的民事责任的维也纳公约》及《核动力船舶经营人公约》的缔约国，根据上述公约及有关规则确定，乙国此时应得到

---

[1]　答案：B

7800 万美元的赔偿，但船运公司实际赔偿能力最多只能够负担 5000 万美元。对此事件，根据国际法上的国家责任制度，甲国国家对乙国承担的义务是什么？（   ）[1] （2002-1-16 单选）

A. 甲国国家应承担全部 7800 万美元的赔付

B. 甲国有义务在保证船运公司赔付乙国 5000 万美元的同时，船运公司无力赔付的其余 2800 万美元，由甲国政府先行代为赔付

C. 甲国有义务保证督促船运公司进行赔偿，但以船运公司能够负担的实际赔偿能力为限，即只能赔付 5000 万美元，其余 2800 万美元可以不予赔付

D. 由于该行为不是甲国国家所从事，故甲国国家不需就此事件承担任何义务

【考点】 国家责任制度的新发展

【解析】 国家责任是国家因违反其国际义务的国际不当行为引起的法律后果。国家不当行为是其承担责任的前提。国家不当行为构成要件包括：（1）可归因于国家；（2）行为性质上违背国际法义务。但是，第二次世界大战后，由于科技迅猛发展，各国在工业生产、核能利用、外层空间控制以及国际海底开发等领域活动日益频繁，这些活动虽不是国家不当行为，但确容易给其他国家带来潜在的威胁或损害，因而被称为"国际法不加禁止的行为"。国际上为了解决这些行为给他国造成损害时国际责任承担问题，制定了一些公约如《外空物体造成损害的国际责任公约》，将"国际法不加禁止的行为"所导致的国家责任视为一种新的国际责任，以严格责任为归责原则，创立了三种新的责任制度，分别为：（1）国家责任制，即由国家全部承担对外国的赔偿责任；（2）双重责任制或称国家补充责任制，即国家与营运人（具体致害人）共同承担责任，国家应保证营运人赔偿，营运人无力赔偿部分由国家负责赔偿，仅针对核损害；（3）营运人自己承担有限赔偿责任。

本题中，《关于核损害的民事责任的维也纳公约》和《核动力船舶经营人公约》均采第二种责任制度。甲、乙两国既然都是上述公约的缔约国，双方当然应依照公约规定双重责任制解决损害赔偿问题，故 B 选项正确。综上所述，本题的正确答案为 B。

2. 甲国某核电站因极强地震引发爆炸后，甲国政府依国内法批准将核电站含低浓度放射性物质的大量污水排入大海。乙国海域与甲国毗邻，均为《关于核损害的民事责任的维也纳公约》缔约国。下列哪一说法是正确的？（   ）[2] （2011-1-32 单选）

A. 甲国领土范围发生的事情属于甲国内政

B. 甲国排污应当得到国际海事组织同意

C. 甲国对排污的行为负有国际法律责任，乙国可通过协商与甲国共同解决排污问题

D. 根据"污染者付费"原则，只能由致害方，即该核电站所属电力公司承担全部责任

【考点】 国家保证承运人的赔偿责任

【解析】 本题所涉知识点同上题。

A 选项中，甲国的排污行为虽在其境内进行，但危害具有跨国性，受害国有权要求赔偿。故不选。B 选项错误。该说法没有法律依据。

C 选项中，甲国的排污行为危害到了乙国的利益，根据国际法，甲国应当承担国际责任，乙国有权要求甲国给予合理的赔偿，可通过协商与甲国共同解决排污问题。应当选。

---

[1] 答案：B
[2] 答案：C

　　根据《关于核损害的民事责任的维也纳公约》的规定，国家保证承运人的赔偿责任，并在营运人不足赔偿的情况下，对规定的限额进行赔偿。故 D 选项错误。综上所述，本题的正确答案为 C。

第三章 国际法上的空间划分

第一讲 领 土

考点 12：领土制度

1. 甲国人亨利持假护照入境乙国，并以政治避难为名进入丙国驻乙国的使馆。甲乙丙三国都是《维也纳外交关系公约》的缔约国，此外彼此间没有相关的其他协议。根据国际法的有关规则，下列哪些选项是正确的？（   ）[1]（2007-1-78 多选）

A. 亨利目前位于乙国领土上，其身份为非法入境者

B. 亨利目前位于丙国领土内，丙国有权对其提供庇护

C. 丙国有义务将亨利引渡给甲国

D. 丙国使馆有义务将亨利交由乙国依法处理

【考点】国家领土、引渡、使馆的义务

【解析】国家领土是国家主权支配和管辖的地球的特定部分，它包括：领陆、领水、领陆和领水的底土、领空。使馆是拟制领土的说法和军舰是浮动领土的说法只是为了理解某种制度而作的理论解释。实际上，在国际法中，并不将使馆看作是派遣国的领土，它还是驻在国的领土。A 选项正确。

庇护是国家对于因政治等原因被外国追诉或迫害而前来要求避难的外国人，准其入境和居留，并拒绝将其引渡给另一国的行为。庇护是进行庇护国家的权利，但庇护应当是"领土庇护"，域外庇护（利用驻外国使领馆或在外国访问的军舰和军用飞机等特殊场所进行庇护）没有一般国际法依据。故 B 选项错误。

引渡是指一国应外国的请求，将在其境内被外国指控为犯罪或判刑的外国人，移交给请求国审判或处罚的国际司法协助行为。引渡应当坚持"无条约无义务的原则"。本题中，相关国家间没有引渡条约，所以丙国没有引渡义务，同时由于亨利只是进入丙国驻乙国的使馆，丙国不具备引渡的主体资格。故 C 选项错误。

亨利目前位于乙国领土上，其身份为非法入境者，丙国使馆有义务将亨利交由乙国依法处理。D 选项正确。综上所述，本题的正确答案为 AD。

2. 奥尔菲油田跨越甲乙两国边界，分别位于甲乙两国的底土中。甲乙两国均为联合国成员国，且它们之间没有相关的协议。根据有关的国际法规则和国际实践，对油田归属与开发，下列哪一选项是正确的？（   ）[2]（2007-1-34 单选）

A. 该油田属于甲乙两国的共有物，其中任何一国无权单独进行勘探和开采

B. 该油田位于甲乙两国各自底土中的部分分属甲国、乙国各自所有

---

[1] 答案：AD

[2] 答案：B

C. 该油田的开发应在联合国托管理事会监督下进行

D. 无论哪一方对该油田进行开发，都必须与另一方分享所获的油气收益

【考点】底土的完全主权

【解析】底土是领陆和领水下面的部分，理论上一直延伸到地心。国家对于底土及其中的资源拥有完全主权……奥尔菲油田跨越甲乙两国边界，分别位于甲乙两国的底土中。甲乙两国对位于自己底土中的部分享有主权。因此 B 选项正确，A、D 选项错误。

另外，C 项明显错误，联合国托管理事会不具有该项职能，其主要职责是：协助安理会和大会履行其在国际托管制度方面的责任，并负责监督托管领土。目前联合国的托管制度已经完成历史使命。该项很容易排除。本题正确答案是 B。

考点 13：河流制度

1. 风光秀丽的纳列温河是甲国和乙国的界河。两国的边界线确定为该河流的主航道中心线。甲乙两国间没有其他涉及界河制度的条约。现甲国提议开发纳列温河的旅游资源，相关旅行社也设计了一系列界河水上旅游项目。根据国际法的相关原则和规则，下列哪一项活动不需要经过乙国的同意，甲国即可以合法从事？（　　）[1]（2006-1-30 单选）

A. 在纳列温河甲国一侧修建抵近主航道的大型观光栈桥

B. 游客乘甲国的旅游船抵达乙国河岸停泊观光，但不上岸

C. 游客乘甲国渔船在整条河中进行垂钓和捕捞活动

D. 游客乘甲国游船在主航道上沿河航行游览

【考点】界河

【解析】界河是流经两国之间并作为两国领土分界线的河流。界河沿岸分属两个国家，其水域也由沿岸国进行划分，本题中的纳列温河是甲国和乙国的界河，所以该河流是两国的界水。关于界水的利用和保护一般由边界文件加以规定。一般沿岸国对界水有共同的使用权。一国如欲在界水上建造工程设施，如桥梁、堤坝等，应取得另一方的同意，故 A 选项错误；除遇难或有其他特殊情况外，一方船舶不得在对方靠岸停泊，故 B 选项错误；界河分属沿岸国家部分为该国领土，处于该国主权之下，所以渔民一般只能在界水的本国一侧捕鱼，故 C 选项错误；相邻国家在界水上享有平等的航行权。故本题答案为 D。

2. 顺河为甲乙两国的界河，双方对界河的划界使用没有另行约定，根据国际法的相关规则，下列哪项判断是正确的？（　　）[2]（2019 年-网络回忆版）

A. 甲国渔民在整条河流上捕鱼

B. 甲国渔船遭遇狂风，为紧急避险可未经许可停靠乙国河岸

C. 乙国可不经甲国许可，在顺河乙国一侧修建堤坝

D. 乙国发生旱灾，可不经甲国许可炸开自己一方堤坝灌溉农田

【考点】界河

【解析】界河是流经两国之间并作为两国领土分界线的河流。河流以主航道或中心线为界分属于沿岸国，各国对所属水域行使管辖权。具体利用一般由相关国家协议处理，一般允许在对方河道航行，但不得靠泊；在界河上修建任何设施均需对方许可。并不得损害另一国利益。选项 A，甲国渔民不得在整条河流上捕鱼。故 A 选项错误。C、D 选项，未经许

---

〔1〕 答案：D

〔2〕 答案：B

可，错误。故本题的正确答案为 B。

3. 甲河是多国河流，乙河是国际河流。根据国际法相关规则，下列哪些选项是正确的？(　　)[1]（2011-1-74 多选）

A. 甲河沿岸国对甲河流经本国的河段拥有主权

B. 甲河上游国家可对自己享有主权的河段进行改道工程，以解决自身缺水问题

C. 乙河对非沿岸国商船也开放

D. 乙河的国际河流性质决定了其属于人类共同的财产

【考点】多国河流和国际河流

【解析】多国河流流经各国的河段分别属于各国领土，各国分别对位于其领土的一段拥有主权，但一般情况下对所有沿岸国开放，非沿岸国船舶未经许可不得航行。故 A 选项正确。

对多国河流的航行、使用、管理等事项，一般都应由有关国家协议解决，各国不得有害地利用该河流，不得使河流改道或堵塞河流。故 B 选项错误。

国际河流是通过条约规定对所有国家开放航行的多国河流。国际河流一般允许所有国家的船舶特别是商船无害航行。故 C 选项正确。

国际河流流经各国领土的河段仍然是该国主权下的领土。D 选项错误。综上所述，本题的正确答案为 AC。

考点 14：领土的取得方式

1. 八角岛是位于乙国近海的本属于甲国的岛屿。40 年前甲国内战时，乙国乘机强占该岛，并将岛上的甲国居民全部驱逐。随后乙国在国内立法中将该岛纳入乙国版图。甲国至今一直主张对该岛的主权，不断抗议乙国的占领行为并要求乙国撤出该岛，但并未采取武力收复该岛的行动。如果这种实际状态持续下去，根据国际法的有关规则，下列判断哪一项是正确的？(　　)[2]（2004-1-29 单选）

A. 根据实际统治原则，该岛在乙国占领 50 年后，其主权就归属乙国

B. 根据时效原则，该岛在乙国占领 50 年后，其主权将归属乙国

C. 根据实际统治和共管原则，乙国占领该岛 50 年后，该岛屿主权属于甲乙国共有

D. 根据领土主权原则，即使乙国占领该岛 50 年后，该岛屿主权仍然属于甲国

【考点】领土的取得方式

【解析】根据国际法上的"实际统治"原则，只有那些实际有效统治这个国家绝大部分领土的政权才可视为在国际上代表这个国家的合法政府，只有这些政府才具备在国际法上行使国家主权的权力。故 A 选项不当选。

国际法上的"时效"原则是指由于国家公开地、不受干扰地、长期持续地占有他国领土，从而获得该领土的主权。但是，由于这里的时效不问该占领本身是否非法，加上关于取得时效的期限未能确定这两个问题，时效的适用历来争议很大。现在基本没有普遍适用意义。故 B 选项不当选。

C 选项中，国际法上的"共管"原则是指两个或者两个以上国家对同一领土区域共同行使主权。这种情况可以理解为有关国家对该领土的主权互相限制。因此本题并不属于此

―――――――――――

〔1〕答案：AC

〔2〕答案：D

种情况。综上所述，根据国际法上"领土主权"原则，该岛屿属甲国所有，本题的正确答案为 D。

2. 先占是国际法中国家取得领土主权的一种方式。根据现代国际法的有关规则，下列哪些选项已经不能被作为先占的对象？（　　）[1]（2006-1-79 多选）

A. 南极地区

B. 北极地区

C. 国际海底区域

D. 月球

【考点】先占

【解析】国际法上的先占是国家原始取得无人占有的领土的一种方式，但实践中对该种领土取得方式有所限制。《南极条约》冻结了对南极的领土要求。对南极领土任何国家不得提出新的或扩大现有要求，南极领土仅用于和平目的和科学研究。故 A 选项错误。

大多数国家反对某些北极海沿岸国家依据扇形理论对北极地区提出的领土要求，北极海沿岸的一些国家签订的关于北极环境保护的条约也不改变北极地区本身的法律地位。故 B 选项错误。

《联合国海洋法公约》规定，国际海底区域及其自然资源是人类共同继承的财产，任何国家不得对该区域主张主权或行使主权权利，不得将该区域据为己有。故 C 选项错误。

《外层空间条约》规定任何国家利用、开发月球都必须是为了全人类的利益，任何国家不得为了自己的片面利益利用月球，不得对月球行使主权。故 D 选项错误。综上所述，本题应选 ABCD。

特别注意的是，当前世界上的所有区域都有归属，要么是某国领土，要么是国家享有权利的区域，要么是全人类共有，因而已经不存在先占的对象，即无主地。

3. 亚金索地区是位于甲乙两国之间的一条山谷。18 世纪甲国公主出嫁乙国王子时，该山谷由甲国通过条约自愿割让给乙国。乙国将其纳入本国版图一直统治至今。2001 年，乙国发生内乱，反政府武装控制该山谷并宣布脱离乙国建立"亚金索国"。该主张遭到乙国政府的强烈反对，但得到甲国政府的支持和承认。根据国际法的有关规则，下列哪一选项是正确的？（　　）[2]（2007-1-30 单选）

A. 国际法中的和平解决国际争端原则要求乙国政府在解决"亚金索国"问题时必须采取非武力的方式

B. 国际法中的民族自决原则为"亚金索国"的建立提供了充分的法律根据

C. 上述 18 世纪对该地区的割让行为在国际法上是有效的，该地区的领土主权目前应属于乙国

D. 甲国的承认，使得"亚金索国"满足了国际法上构成国家的各项要件

【考点】割让、和平解决国际争端原则、民族自决原则

【解析】割让是一国根据条约将部分领土转移给一国。割让分为强制割让和非强制割让。甲国的割让行为是非强制割让，是合法有效的。故 C 选项正确。

和平解决国际争端原则是指发生国际争端时，各国都必须采取和平方式予以解决，禁

---

[1]　答案：ABCD

[2]　答案：C

止将武力或武力威胁的方式付诸任何争端的解决过程。本题中，亚金索因自愿割让成为乙国领土，从而亚金索国尚不是国际法上的国家，而只能是乙国的国内问题，不是国际争端，不能适用该原则。故 A 选项错误。

民族自决原则是指在帝国主义殖民统治和奴役下的被压迫民族有权自主决定自己的命运，摆脱殖民统治，建立民族独立国家的权利。但是民族自决原则中独立权的范围，只严格适用于殖民地民族的独立。对于一国国内的民族分离主义活动，民族自决原则没有为其提供任何国际法根据。这个问题在国际法中被认为是一国的内部事务，是一国国内法的问题。故 B 选项错误。

对新国家的承认，是既存国家对新国家出现这一事实的单方面宣告和认定。这种承认本身并不是新国家成为国际法主体的条件。所以甲国的承认，不能使"亚金索国"成为国际法主体的条件。故 D 选项错误。综上所述，本题的正确答案为 C。

4. 关于领土的合法取得，依当代国际法，下列哪些选项是正确的？（　　）[1]（2016-1-75 多选）

A. 甲国围海造田，未对他国造成影响

B. 乙国屯兵邻国边境，邻国被迫与其签订条约割让部分领土

C. 丙国与其邻国经平等协商，将各自边界的部分领土相互交换

D. 丁国最近二十年派兵持续控制其邻国部分领土，并对外宣称拥有主权

【考点】领土的取得方式

【解析】围海造田属于人工添附，人工添附不能损害他国的利益。A 选项正确。

非强制割让是国家自愿地通过条约将部分领土转移给他国，包括买卖、赠与及互换等。强制割让是一国通过武力以签订条约方式迫使他国进行领土割让，通常是战争或战争胁迫的结果，属于非法行为。故 B 选项错误。

自愿交换领土的行为不违反国际法。C 选项正确。

丁国派兵长期控制邻国领土，侵犯了邻国的领土主权，属于非法行为。故 D 选项错误。综上所述，本题的正确答案为 AC。

考点 15：边境制度

1. 甲乙两国是陆地邻国。甲国边防人员在例行巡逻时，发现本国一些牧民将一座界碑擅自移动，将另一座界碑毁坏。根据国际法的有关规则和制度，下列哪些判断是正确的？（　　）[2]（2002-1-56 多选）

A. 甲国巡逻人员应将被移动的界碑移回到甲国认定的界碑原处

B. 如本国的肇事者逃过边界，甲国巡逻人员可以进入乙国追拿这些肇事者

C. 甲国有义务惩办这些擅移界碑的本国牧民

D. 甲国应尽速通知乙国，并在甲乙两国代表都在场的情况下将界碑恢复原状

【考点】边境制度

【解析】边境制度包括：边界标志的维护、边界资源的利用、边境居民的交往、边界事件的处理等。在界标维护方面，相邻国家负有共同责任，双方都应采取必要的措施防止界标被移动、损坏或灭失。若一方发现界标出现上述情况，应尽快通知另一方，在双方代表

---

[1]　答案：AC

[2]　答案：CD

到场的情况下修复或者重建。国家有责任对移动、损坏或者毁灭界标行为给予严厉惩罚。故 C、D 选项正确。本题的正确答案为 CD。

2. 甲乙两国边界附近爆发部落武装冲突，致两国界标被毁，甲国一些边民趁乱偷渡至乙国境内。依相关国际法规则，下列哪一选项是正确的？（　　　）[1]（2016-1-33 单选）

A. 甲国发现界标被毁后应尽速修复或重建，无需通知乙国

B. 只有甲国边境管理部门才能处理偷渡到乙国的甲国公民

C. 偷渡到乙国的甲国公民，仅能由乙国边境管理部门处理

D. 甲乙两国对界标的维护负有共同责任

【考点】边境制度

【解析】陆地上的界标和边界线应保持在易于辨认的状态。双方都应采取必要措施防止界标被移动、损坏或灭失。若一方发现界标出现上述情况，应尽速通知另一方，在双方代表在场的情况下修复或重建。国家有责任对移动、损坏或毁灭界标的行为给予严厉惩罚。故 A 选项错误。

对于毁损界标并偷渡到乙国的肇事者，甲国享有属人管辖权，乙国享有属地管辖权。故 B、C 选项错误。

边界邻国对于界标的维护负有共同的责任。故 D 选项正确。

第二讲　海洋法（海洋水域的一般构成及沿海国的权利）

考点 16：无害通过权

"青田"号是甲国的货轮、"前进"号是乙国的油轮、"阳光"号是丙国的科考船，三船通过丁国领海。依《联合国海洋法公约》，下列哪些选项是正确的？（　　　）[2]（2016-1-76 多选）

A. 丁国有关对油轮实行分道航行的规定是对"前进"号油轮的歧视

B. "阳光"号在丁国领海进行测量活动是违反无害通过的

C. "青田"号无须事先通知或征得丁国许可即可连续不断地通过丁国领海

D. 丁国可以对通过其领海的外国船舶征收费用

【考点】无害通过

【解析】沿海国在其领海对行使无害通过权的船舶可以实行分道航行制管理。故 A 选项错误。

外国船舶通过沿海国领海的时候，不得采取任何与通过无关的行为。故 B 选项正确。

行使无害通过权不必事先通知或征得沿海国同意，沿海国也无权对无害通过的外国船舶征收费用。故选项 C 正确，选项 D 错误。综上所述，本题的正确答案为 BC。

考点 17：毗连区法律制度

A 公司和 B 公司于 2011 年 5 月 20 日签订合同，由 A 公司将一批平板电脑售卖给 B 公司。A 公司和 B 公司营业地分别位于甲国和乙国，两国均为《联合国国际货物销售合同公

---

〔1〕答案：D

〔2〕答案：BC

约》缔约国。合同项下的货物由丙国 C 公司的"潇湘"号商船承运，装运港是甲国某港口，目的港是乙国某港口。在运输途中，B 公司与中国 D 公司就货物转卖达成协议。"潇湘"号运送该批平板电脑的航行路线要经过丁国的毗连区。根据《联合国海洋法公约》，下列选项正确的是（　　）[1]（2011-1-97 不定项）

A. "潇湘"号在丁国毗连区通过时的权利和义务与在丁国领海的无害通过相同

B. 丁国可在"潇湘"号通过时对毗连区上空进行管制

C. 丁国可根据其毗连区领土主权对"潇湘"号等船舶规定分道航行

D. "潇湘"号应遵守丁国在海关、财政、移民和卫生等方面的法律规定

【考点】毗邻区法律制度

【解析】沿海国可以在领海以外毗邻领海划定一定宽度的海水带，在此区域中，沿海国对海关、财政、移民和卫生等特定事项行使某种管制权，这个区域称为毗连区。

领海是国家领土的一部分，领海水体及其上空和底土都处于沿海国的主权管辖和支配之下，只是外国船舶在领海享有无害通过权，毗邻区不是沿海国领土，沿海国对毗邻区仅对海关、财政、移民和卫生等特定事项行使某种管制权。因此，外国船舶在丁国的领海进行无害通过的权利、义务与在毗邻区的权利、义务是不同的。故 A 选项错误。

丁国可以在毗连区内行使必要管制的事项包括：（1）防止在其领土或海域内违反其海关、财政、移民或卫生的法律或规章；（2）惩处在其领土或海域内违反上述法规的行为。据此可知，沿海国对其毗连区的管制范围仅包括领土或海域，不包括其领空。故 B 选项错误。

沿海国对毗邻区不享有领土主权，因此，"丁国可根据其毗连区领土主权"的说法错误。故 C 选项错误。

沿海国可以在其毗邻区内对海关、财政、移民和卫生等特定事项行使某种管制权，通过船舶应当遵守沿海国的相关法律规定。D 选项正确。综上所述，本题的正确答案为 D。

考点 18：专属经济区

1. 甲国在其宣布的专属经济区水域某暗礁上修建了一座人工岛屿。乙国拟铺设一条通过甲国专属经济区的海底电缆。根据《联合国海洋法公约》，下列哪一选项是正确的？（　　）[2]（2010-1-31 单选）

A. 甲国不能在该暗礁上修建人工岛屿

B. 甲国对建造和使用该人工岛屿拥有管辖权

C. 甲国对该人工岛屿拥有领土主权

D. 乙国不可在甲国专属经济区内铺设海底电缆

【考点】专属经济区

【解析】专属经济区的法律地位既不是领海也不是公海。沿海国对于专属经济区不拥有领土主权，只享有公约规定的某些主权权利。沿海国对在其专属经济区内建造和使用人工岛屿和设施、海洋科学研究、海洋环境保护事项拥有管辖权。所以，甲国在其宣布的专属经济区水域某暗礁上有权修建人工岛屿，对建造和使用该人工岛屿拥有管辖权，但甲国对该人工岛屿没有领土主权。故 A、C 选项错误，B 选项正确。

---

[1] 答案：D

[2] 答案：B

其他国家在专属经济区仍享有航行和飞越、铺设海底电缆和管道的自由以及与此有关的其他合法活动的权利。故 D 选项错误。综上所述，本题的正确答案为 B。

2. 甲国注册的渔船"踏浪号"应乙国注册的渔船"风行号"之邀，在乙国专属经济区进行捕鱼作业时，乙国海上执法船赶来制止，随后将"踏浪号"带回乙国港口。甲乙两国都是《联合国海洋法公约》的缔约国，且两国之间没有其他相关的协议。据此，根据海洋法的有关规则，下列哪些选项是正确的？（　　）〔1〕（2008-1-78 多选）

A. 只要"踏浪号"向乙国有关部门提交适当保证书和担保，乙国必须迅速释放该船

B. 只要"踏浪号"向乙国有关部门提交适当保证书和担保，乙国必须迅速释放该船船员

C. 如果"踏浪号"未能向乙国有关部门及时提交适当担保，乙国有权对该船船长和船员处以 3 个月以下的监禁

D. 乙国有义务将该事项迅速通知甲国

【考点】 沿海国在专属经济区的执法权

【解析】《联合国海洋法公约》第 73 条第 2 项规定："被逮捕的船只及其船员，在提出适当的保证书或其他担保后，应迅速获得释放。"故 A、B 选项正确。

《联合国海洋法公约》第 73 条第 3 项规定："沿海国对于在专属经济区内违犯渔业法律和规章的处罚，如有关国家无相反的协议，不得包括监禁，或任何其他方式的体罚。"故 C 选项错误。

《联合国海洋法公约》第 73 条第 4 项规定："在逮捕或扣留外国船只的情形下，沿海国应通过适当途径将其所采取的行动及随后所施加的任何处罚迅速通知船旗国。"D 选项正确。综上所述，本题的正确答案为 ABD。

3. 依据《联合国海洋法公约》，甲国在本国专属经济区的下列哪项行为符合公约？（　　）〔2〕（2019-单选-网络回忆版）

A. 击落上空的乙国无人机

B. 击落海面的丙国军舰

C. 在海上修建风力发电站

D. 破坏丁国铺设的海底电缆

【考点】 专属经济区

【解析】 沿海国对在其专属经济区内建造和使用人工岛屿和设施、海洋科学研究、海洋环境保护事项拥有管辖权。所以，本题的正确答案为 C。

考点 19：公海自由

1. 甲国军舰"克罗将军号"在公海中航行时，发现远处一艘名为"斯芬克司号"的商船，悬挂甲国船旗。当"克罗将军号"驶近该船时，发现其已换挂乙国船旗。根据国际法的有关规则，下列哪些选项是错误的？（　　）〔3〕（2007-1-79 多选）

A. "斯芬克司号"被视为悬挂甲国船旗的船舶

B. "斯芬克司号"被视为具有双重船旗的船舶

---

〔1〕 答案：ABD
〔2〕 答案：C
〔3〕 答案：ABD

C. "斯芬克司号" 被视为无船旗船舶

D. "斯芬克司号" 被视为悬挂方便旗的船舶

【考点】 公海船舶航行自由制度中的船旗悬挂规则

【解析】《联合国海洋法公约》中规定了船舶的航行制度:"任何国家的船舶都可以悬挂其旗帜在公海的中自由通过,其他国家不得加以干涉和阻碍。在公海上航行的船舶必须在一国进行登记并悬挂该国国旗。在公海航行的船舶必须并且只能悬挂一国旗帜,悬挂两国或两国以上旗帜航行或视方便而换用旗帜的,可视为无国籍船舶。此时,其他国家军舰发现可登临检查。"根据上述规定,本题中,"斯芬克司号"应被视为无船旗船舶。有些国家(如巴拿马)对船舶的登记采用开放登记政策,很少监管登记为其国籍的船舶,这种船舶被称为"方便旗船"。综上所述,本题的正确答案为 ABD。

2. 乙国军舰 A 发现甲国渔船在乙国领海走私,立即发出信号开始紧追,渔船随即逃跑。当 A 舰因机械故障被迫返航时,令乙国另一艘军舰 B 在渔船逃跑必经的某公海海域埋伏。A 舰返航半小时后,渔船出现在 B 舰埋伏的海域。依《联合国海洋法公约》及相关国际法规则,下列哪一选项是正确的?( )[1](2009-1-30 单选)

A. B 舰不能继续 A 舰的紧追

B. A 舰应从毗连区开始紧追,而不应从领海开始紧追

C. 为了紧追成功,B 舰不必发出信号即可对渔船实施紧追

D. 只要 B 舰发出信号,即可在公海继续对渔船紧追

【考点】 紧追权

【解析】 紧追可以追入公海中继续进行,直至追上并依法采取措施,但必须是连续不断的。另外,紧追应在被紧追船舶的视听范围内发出信号后,才可开始。故 A 选项正确,C、D 选项错误。

紧追可以开始于一国内水、领海、毗连区或专属经济区。故 B 选项错误。综上所述,本题的正确答案为 A。

3. 甲国 A 公司向乙国 B 公司出口一批货物,双方约定适用 2010 年《国际贸易术语解释通则》中 CIF 术语。该批货物由丙国 C 公司 "乐安" 号商船承运,运输途中船舶搁浅,为起浮抛弃了部分货物。船舶起浮后继续航行中又因恶劣天气,部分货物被海浪打入海中。到目的港后发现还有部分货物因固有缺陷而损失。"乐安" 号运送该货物的航行路线要经过丁国的领海和毗连区。根据《联合国海洋法公约》,下列选项正确的是:( )[2](2012-1-97 不定项)

A. "乐安" 号可不经批准穿行丁国领海,并在其间停泊转运货物

B. "乐安" 号在丁国毗连区走私货物,丁国海上执法船可行使紧追权

C. "乐安" 号在丁国毗连区走私货物,丁国海上执法机关可出动飞机行使紧追权

D. 丁国海上执法机关对 "乐安" 号的紧追权在其进入公海时立即终止

【考点】 领海无害通过权、毗连区、紧追权

【解析】《联合国海洋法公约》规定,外国船舶在领海中享有无害通过权。无害通过或无害通过权是指外国船舶在不损害沿海国和平安宁和正常秩序的条件下,拥有无须事先通

---

[1] 答案:A

[2] 答案:BC

知或征得沿海国许可而连续不断地通过其领海的航行权利。据此可知，无害通过必须是连续不断地通过他国领海，所以，"乐安"号可不经批准穿行丁国领海，但在其间停泊转运货物则不符合《联合国海洋法公约》。故 A 选项错误。

按照《联合国海洋法公约》规定，紧追权是沿海国拥有对违反其法规并从该国管辖范围内的海域向公海行驶的外国船舶进行追逐的权利。沿海国行使紧追权的条件：第一，紧追行为只能由军舰、军用飞机或得到正式授权且有清楚可识别标志的政府船舶或飞机从事。第二，紧追可以开始于一国内水、领海、毗连区或专属经济区。由毗连区开始的紧追限于外国船舶对该区所管制事项有关法律的违背。第三，紧追应在被紧追船舶的视听范围内发出视觉或听觉的停止信号后，才可开始。第四，紧追可以追入公海中继续进行，直至追上并依法采取措施，但必须是连续不断的。第五，紧追权在被紧追船舶进入其本国或第三国领海时立即终止。本题中，"乐安"号在丁国毗连区走私货物，违反丁国对该区所管制事项有关法律，所以，丁国海上执法机关可出动飞机行使紧追权。紧追可以追入公海中继续进行。故 B、C 选项正确，D 选项错误。综上所述，本题的正确答案为 BC。

考点 20：国际海底区域的开发制度

甲国是 1982 年《联合国海洋法公约》的缔约国。甲国的船舶在各国管辖以外的某海底进行矿产开采作业时，其活动应遵守国际法的哪一种制度？（   ）[1]（2003-1-19 单选）

A. 公海海底的开发制度
B. 甲国有关海洋采矿的国内法
C. 国际海底区域的开发制度
D. 公海自由制度

【考点】国际海底区域的开发制度（平行开发制）

【解析】A 选项，因为公海海底有可能是某沿海国的大陆架，而大陆架是属于沿海国管辖范围内的海底，沿海国对大陆架上的非生物资源和定居种的生物资源享有专属的固有的权利，他国不经沿海国允许不得在大陆架上进行开采活动。故 A 选项不当选。

B 选项错误，因为《联合国海洋法公约》规定国际海底区域指的是内海、领海海底以及各国大陆架以外的海底区域，这些区域不属于任何国家管辖的范围，而由国际海底管理局来代表全人类对这些区域进行管辖，其开发制度实行平行开发制，任何国家的国内法都不得适用于这些区域。

D 选项错误，因为公海自由指的是在公海区域各国享有航行自由、飞越自由、铺设海底电缆和管道的自由、科考自由、捕鱼自由、建设人工岛屿和设施的自由，并不包括开采矿产资源的自由。综上所述，本题的正确答案为 C。

考点 21：两极地区的法律地位

甲乙丙三国均为南极地区相关条约缔约国。甲国在加入条约前，曾对南极地区的某区域提出过领土要求。乙国在成为条约缔约国后，在南极建立了常年考察站。丙国利用自己靠近南极的地理优势，准备在南极大规模开发旅游。根据《南极条约》和相关制度，下列哪些判断是正确的？（   ）[2]（2010-1-78 多选）

---

〔1〕 答案：C
〔2〕 答案：CD

A. 甲国加入条约意味着其放弃或否定了对南极的领土要求

B. 甲国成为条约缔约国，表明其他缔约国对甲国主张南极领土权利的确认

C. 乙国上述在南极地区的活动，并不构成对南极地区提出领土主张的支持和证据

D. 丙国旅游开发不得对南极环境系统造成破坏

【考点】 南极地区的法律地位

【解析】 冻结对南极的领土要求，包括对南极领土不得提出新的要求或扩大现有要求；《南极条约》不构成对任何现有的对南极领土主张的支持或否定；条约有效期间进行的任何活动也不构成主张支持或否定对南极领土要求的基础。故 A、B 选项错误，C 选项正确。

在南极进行的任何活动不得破坏南极的环境或生态。D 选项正确。综上所述，本题的正确答案为 CD。

第三讲　民用航空与外层空间法

考点 22：民用航空法

1. 甲国发生内战，乙国拟派民航包机将其侨民接回，飞机需要飞越丙国领空。根据国际法相关规则，下列哪些选项是正确的？（　　）[1]（2011-1-75 多选）

A. 乙国飞机因接其侨民，得自行飞越丙国领空

B. 乙国飞机未经甲国许可，不得飞入甲国领空

C. 乙国飞机未经允许飞越丙国领空，丙国有权要求其在指定地点降落

D. 丙国军机有权在警告后将未经许可飞越丙国领空的乙国飞机击落

【考点】 领空主权原则

【解析】 根据领空主权原则，国家对其领空拥有完全的和排他的主权。外国航空器进入国家领空须经领空国许可并遵守该国有关法律。对于非法入境的外国民用航空器，国家可以行使主权，采取符合国际法有关规则的任何适当手段，包括要求其终止此类侵犯立即离境或要求其在指定地点降落，但不得危及航空器内人员的生命和航空器的安全，避免使用武器。综上所述，本题的正确答案为 BC。

2. 甲国某航空公司国际航班在乙国领空被乙国某公民劫持，后乙国将该公民控制，并拒绝了甲国的引渡请求。两国均为 1971 年《关于制止危害民用航空安全的非法行为的公约》等三个国际民航安全公约缔约国。对此，下列哪一说法是正确的？（　　）[2]（2013-1-33 单选）

A. 劫持未发生在甲国领空，甲国对此没有管辖权

B. 乙国有义务将其引渡到甲国

C. 乙国可不引渡，但应由本国进行刑事审判

D. 本案属国际犯罪，国际刑事法院可对其行使管辖权

【考点】 或引渡或起诉原则

【解析】 国际民航安全有关公约规定，对危害国际民航安全的非法行为，以下几类国家

---

[1] 答案：BC

[2] 答案：C

有管辖权：（1）航空器的登记国；（2）航空器降落时，被指称的嫌疑犯仍在该航空器内，该航空器的降落地国有管辖权；（3）在租来时不带机组的航空器内发生犯罪或针对航空器的犯罪，承租人的主要营业地国或其永久居所地国有管辖权；（4）罪行发生地国有管辖权；（5）嫌疑犯发现地国；（6）依各国国内法规定的其他管辖权。据此可知，航空器登记国对于危害民航安全罪行具有管辖权。本案中，甲国是航空器登记国，因此甲国拥有管辖权。故 A 选项错误。

危害民航安全罪行是一种可引渡的罪行，但各国没有强制引渡的义务。故 B 选项错误。

对危害民航安全的行为，适用"或引渡或起诉原则"，乙国可不引渡，但应由本国进行刑事审判。C 选项正确。

国际刑事法院只对四种犯罪行使管辖权：灭绝种族罪、侵略罪、战争罪、反人类罪。据此可知，危害国际民航安全的非法行为，不属于国际刑事法院的管辖范围。故 D 选项错误。综上所述，本题的正确答案为 C。

3. 乘坐乙国航空公司航班的甲国公民，在飞机进入丙国领空后实施劫机，被机组人员制服后交丙国警方羁押。甲、乙、丙三国均为 1963 年《东京公约》、1970 年《海牙公约》及 1971 年《蒙特利尔公约》缔约国。据此，下列哪一选项是正确的？（　　　）[1] （2017-1-32 单选）

A. 劫机发生在丙国领空，仅丙国有管辖权

B. 犯罪嫌疑人为甲国公民，甲国有管辖权

C. 劫机发生在乙国航空器上，仅乙国有管辖权

D. 本案涉及国际刑事犯罪，应由国际刑事法院管辖

【考点】危害民航安全行为的管辖权

【解析】根据 1963 年《东京公约》、1970 年《海牙公约》及 1971 年《蒙特利尔公约》的规定，下列国家均拥有对于危害民航安全罪行的管辖权：航空器登记国；当犯罪嫌疑人仍在航空器内航空器降落地国；当航空器是不带机组的出租，承租人的营业地国或常住地国；嫌疑人所在国；嫌疑人国籍国或永久居所国；犯罪行为发生地国；罪行后果涉及国，包括受害人国籍国或永久居所国、后果涉及领土国、罪行危及其安全的国家；根据本国法行使管辖权的其他国家。本题中，甲国为嫌疑人国籍国，有管辖权；乙国为航空器登记国，有管辖权；丙国为犯罪行为发生地国，有管辖权。因此，B 项正确，A、C 项错误。本题的正确答案为 B。

考点 23：外层空间法

1. 月球主人公司是甲国人汤姆在甲国注册的公司，专门从事出售月球土地的生意。该公司把月球分为若干部分供购买者选购，并称通过与该公司订立"月球契约"，买方就拥有了其购买的月球特定部分的所有权。对此，根据外层空间法的有关规则，下列判断哪一项是正确的？（　　　）[2] （2004-1-31 单选）

A. 该类契约规定的所有权，必须得到甲国国家的特别批准方能在国际法上成立

B. 该类契约可以构成甲国国家对月球相关部分主张主权的证据

C. 即使该类契约受甲国国内法的保护，该所有权在国际法上也不能成立

---

[1]　答案：B

[2]　答案：C

D. 该类契约必须在联合国外空委员会登记，以确立购买者在国际法上的所有权

【考点】 外层空间的法律地位

【解析】 根据《外空条约》的规定，国家从事外空活动应遵循的基本原则之一就是"不得据为己有"原则，即任何国家不得通过主权要求、使用或占领的方法，或采取其他任何措施，将外空据为己有。这项原则包括外空不得被任何国家占有，也包括不许任何自然人或团体占有。因此，本题中的"月球主人公司"无权从事"出售月球土地"的生意。综上所述，本题的正确答案为 C。

2. 甲国发射的气象卫星"雷公号"撞上了乙国飞行的遥感卫星"神眼号"，造成"神眼号"卫星坠落。"神眼号"的碎片撞上了丙国境内正在飞行的丙国民航飞机，造成该飞机坠落。同时卫星碎片还将丙国地面的一个行人砸死。甲乙丙三国都是外空一系列公约的当事国。根据外空法的有关制度，下列哪些表述是正确的？（   ）[1]（2003-1-59 多选）

A. 甲乙两国对卫星碎片造成的丙国行人的损害应承担绝对责任

B. 甲乙两国对卫星碎片带来的丙国飞机的损害应承担绝对责任

C. 对于卫星碎片造成的丙国飞机的坠落，甲乙丙三国应各自承担过错责任

D. 对于"雷公号"和"神眼号"的相撞，甲乙两国应根据各自的过错，承担相应的责任

【考点】 外空法中的责任制度

【解析】 根据《空间物体造成损害的国际责任公约》的规定，发射国对其空间物体在地球表面或给飞行中的飞机造成的损害，应负有赔偿的绝对责任。故 A、B 选项正确，C 选项错误。同时，根据公约的规定，发射国对于其空间物体在地球表面以外的其他任何地方，对于其他国家的空间物体，或所载人员或财产造成损害，负有赔偿的过失责任。D 选项正确。综上所述，本题的正确答案为 ABD。

3. 乙国与甲国航天企业达成协议，由甲国发射乙国研制的"星球一号"卫星。因发射失败卫星碎片降落到甲国境内，造成人员和财物损失。甲乙两国均为《空间物体造成损害的国际责任公约》缔约国。下列选项正确的是：（   ）[2]（2009-1-98 不定项）

A. 如"星球一号"发射成功，发射国为技术保密可不向联合国办理登记

B. 因"星球一号"由甲国的非政府实体发射，甲国不承担国际责任

C. "星球一号"对甲国国民的损害不适用《责任公约》

D. 甲国和乙国对"星球一号"碎片造成的飞机损失承担绝对责任

【考点】 外层空间法的登记制度、责任制度

【解析】 发射国应对其发射的空间物体进行登记。故 A 选项错误。

国家对其外空活动承担国家责任，不论这种活动是其政府部门或非政府实体从事。故 B 选项错误。

发射国空间物体对于下面两种人员造成的损害不适用《空间物体造成损害的国际责任公约》：该国的国民；在空间物体从发射至降落的任何阶段内参加操作的或者应发射国的邀请而留在紧接预定发射或回收区的外国公民。C 选项正确。

发射国对其空间物体在地球表面或给飞行中的飞机造成的损害，应负有赔偿的绝对责

---

[1] 答案：ABD

[2] 答案：CD

任。D 选项正确。综上所述，本题的正确答案为 CD。

第四讲　国际环境保护法

考点 24：控制危险废物的越境转移的条件（《巴塞尔公约》）

甲国白鹭公司与乙国黑鹰公司签订了一项进口化工废料到甲国的合同。该化工废料是被《控制危险废物越境转移及其处置的巴塞尔公约》列为附件中的危险废物，现位于乙国境内。甲乙两国都是公约的缔约国。根据相关的国际法规则，下列判断哪些是正确的？（　　）[1]（2004-1-68 多选）

A. 乙国政府或黑鹰公司应将拟出口废料事项通知甲国政府，并得到甲国政府的书面准许，才能出口

B. 甲国政府必须证实黑鹰公司和白鹭公司对该废料已作出无害环境的处置安排，包括详尽的处置办法和相关合同，才有准许进口

C. 该种废料如果进行越境转移，必须有相关的保险或担保

D. 如果甲国退出了《巴塞尔公约》，这种废料就不得再由乙国向甲国出口

【考点】危险废物越境转移及其处置

【解析】依据《控制危险废物的越境转移及其处置公约》（《巴塞尔公约》）对于列举在其附件中的危险废物的越境转移，规定了严格的条件。包括：（1）缔约国禁止向另一缔约国出口危险废物，除非进口国没有一般地禁止该废物的进口，并且以书面形式对某一进口向出口国表示同意……（2）出口国有理由认为拟出口的废物不会被以符合有关标准的对环境无害的方式在进口国或其他地方处理，则不得出口。（3）不得向非缔约国出口或自非缔约国进口危险废物。综上所述，本题的正确答案为 ABCD。

考点 25：控制和限制温室气体的排放

甲乙两国是温室气体的排放大国，甲国为发达国家，乙国为发展中国家。根据国际环境法原则和规则，下列哪一选项是正确的？（　　）[2]（2008-1-34 单选）

A. 甲国必须停止排放，乙国可以继续排放，因为温室气体效应主要是由发达国家多年排放积累造成的

B. 甲国可以继续排放，乙国必须停止排放，因为乙国生产效率较低，并且对于环境治理的措施和水平远远低于甲国

C. 甲乙两国的排放必须同等地被限制，包括排放量、排放成分标准、停止排放时间等各方面

D. 甲乙两国在此问题上都承担责任，包括进行合作，但在具体排量标准，停止排放时间等方面承担的义务应有所区别

【考点】控制和限制温室气体的排放

【解析】作为国际社会成员的所有国家都应该并且有权参与保护与改善国际环境的行动。所以甲国和乙国都应当在温室气体排放上承担责任。国际环境法规定了以下四个原则：

---

〔1〕　答案：ABCD

〔2〕　答案：D

国家环境主权和不损害其管辖范围以外环境的原则；国际环境合作原则；共同但有区别的责任原则；可持续发展原则。根据上述四条原则可知，在解决环境问题上，有赖于国际社会成员的普遍参与和合作，而且由于各国工业、经济、科技发展水平不同，以及在环境恶化成因中所起作用不同，在承担责任上要有所区别。

综上，在甲乙两国解决温室气体排放的问题上，双方都应承担责任，要进行合作，在具体减排标准和时间上，要根据各自的工业、经济、科技发展水平区别对待。本题的正确答案为 D。

第四章　国际法上的个人

第一讲　国　籍

考点 26：中国国籍的取得与丧失

1. 中国公民陆某 2001 年通过其在甲国的亲戚代为申请甲国国籍，2002 年获甲国批准。2004 年 5 月陆某在中国因违法行为被刑事拘留。此时，陆某提出他是甲国公民，要求我有关部门通知甲国驻华领事。经查，根据甲国法律陆某持有的甲国护照真实有效；陆某本人到案发时从未离开中国，也从未申请退出中国国籍。根据中国国籍法有关规定，下列哪一项判断是正确的？（　　）[1]（2005-1-32 单选）

　　A. 陆某仍是中国人

　　B. 陆某是中国境内的外国人

　　C. 陆某是中国法律承认的具有双重国籍的人

　　D. 陆某的国籍状态不确定

【考点】国籍的取得与丧失

【解析】《国籍法》第 9 条规定，定居外国的中国公民，自愿加入或取得外国国籍的，即自动丧失中国国籍。第 10 条规定，中国公民具有下列情形之一的，可以经申请批准退出中国国籍：（1）外国人的近亲属；（2）定居在外国的；（3）有其他正当理由。

《国籍法》之所以在第 9 条和第 10 条分别规定，自动丧失中国国籍的情形和经申请退出中国国籍的情形，是由于这两条的适用对象不一样。定居外国的中国国民，可以适用第 9 条和第 10 条而丧失中国国籍。而非定居外国的中国公民，要丧失中国国籍，则只能采取第 10 条规定的申请方式。由于本题中的陆某并未离开中国，也未申请退出中国国籍，因此其仍然拥有中国国籍。A 选项正确，B、D 选项错误。

由于中国国籍法并不承认双重国籍，陆某又没有申请退出中国国籍，因此其申请的甲国国籍在中国法上不具有法律效力，即中国法律不承认其为具有双重国籍的人。故 C 选项错误。综上所述，本题的正确答案为 A。

2. 戴某为某省政府的处级干部。两年前，戴父在甲国定居，并获甲国国籍。2006 年 7 月，戴父去世。根据有效遗嘱，戴某赴甲国继承了戴父在甲国的一座楼房。根据甲国法律，取得该不动产后，戴某可以获得甲国的国籍，但必须首先放弃中国国籍。于是戴某当时就在甲国填写了有关表格，声明退出中国国籍。其后，戴某返回国内继续工作。针对以上事实，根据我国《国籍法》的规定，下列哪项判断是正确的？（　　）[2]（2006-1-32 单选）

　　A. 戴某现在已自动丧失了中国国籍

---

〔1〕　答案：A

〔2〕　答案：D

B. 戴某现在只要在中国特定媒体上刊登相关声明，即退出中国国籍

C. 戴某现在只要向中国有关部门申请退出中国国籍，就应当得到批准

D. 戴某现在不能退出中国国籍

【考点】国籍的取得与丧失

【解析】我国《国籍法》第 12 条规定："国家工作人员和现役军人，不得退出中国国籍。"而题目中戴某为某省政府的处级干部，属于国家工作人员，不得退出中国国籍。本题的正确答案为 D。

3. 中国人姜某（女）与甲国人惠特尼婚后在甲国定居，后姜某在甲国生下一女。根据我国国籍法，下列哪一选项是正确的？（   ）[1]（2007-1-31 单选）

A. 如姜某之女出生时未获其他国家国籍，可以获得中国国籍

B. 姜某之女一出生就无条件获得中国国籍

C. 如姜某之女出生时已获得甲国国籍，她也可以同时获得中国国籍

D. 姜某之女出生地在甲国，因而不能获得中国国籍

【考点】国籍的取得与丧失

【解析】根据《国籍法》第 4 条和第 5 条的规定。父母双方或一方为中国公民，本人出生在中国，具有中国国籍。父母双方或一方为中国公民，本人出生在外国，具有中国国籍；但父母双方或一方为中国公民并定居在外国，本人出生时即具有外国国籍的，不具有中国国籍。所以 A 项正确。

4. 中国人王某定居美国多年，后自愿加入美国国籍，但没有办理退出中国国籍的手续。根据我国相关法律规定，下列哪些选项是正确的？（   ）[2]（2010-1-80 多选）

A. 由于王某在中国境外，故须向在国外的中国外交代表机关或领事机关办理退出中国国籍的手续

B. 王某无需办理退出中国国籍的手续

C. 王某具有双重国籍

D. 王某已自动退出了中国国籍

【考点】国籍的取得与丧失

【解析】《国籍法》第 9 条规定，定居外国的中国公民，自愿加入或取得外国国籍的，即自动丧失中国国籍。本题中，王某是定居美国多年的中国人，其自愿加入美国国籍，因此即自动丧失中国国籍，无须办理申请批准退出中国国籍的手续。故本题的正确答案为 BD。

5. 中国公民王某与甲国公民彼得于 2013 年结婚后定居甲国并在该国产下一子，取名彼得森。关于彼得森的国籍，下列哪些选项是正确的？（   ）[3]（2015-1-75 多选）

A. 具有中国国籍，除非其出生时即具有甲国国籍

B. 可以同时拥有中国国籍与甲国国籍

C. 出生时是否具有甲国国籍，应由甲国法确定

D. 如出生时即具有甲国国籍，其将终生无法获得中国国籍

[1] 答案：A
[2] 答案：BD
[3] 答案：AC

【考点】 国籍的取得与丧失

【解析】《国籍法》第5条规定，父母双方或一方为中国公民，本人出生在外国，具有中国国籍；但父母双方或一方为中国公民并定居在外国，本人出生时即具有外国国籍的，不具有中国国籍。A选项正确。

《国籍法》第3条规定，中华人民共和国不承认中国公民具有双重国籍。故B选项错误。

在因出生取得国籍方面，各国的立法中采取的原则有血统主义、出生地主义和混合制原则三种。所以，出生时是否具有甲国国籍，应由甲国法确定。故C选项正确。

《国籍法》第7条规定，外国人或无国籍人，愿意遵守中国宪法和法律，并具有下列条件之一的，可以经申请批准加入中国国籍：一、中国人的近亲属；二、定居在中国的；三、有其它正当理由。据此可知，即使出生时具有甲国国籍，满足法定条件时也可以经申请批准加入中国国籍。故D选项错误。综上所述，本题的正确答案为AC。

6. 中国公民李某与俄罗斯公民莎娃结婚，婚后定居北京，并育有一女李莎。依我国《国籍法》，下列哪些选项是正确的？（   ）〔1〕（2017-1-75 多选）

    A. 如李某为中国国家机关公务员，其不得申请退出中国国籍

    B. 如莎娃申请中国国籍并获批准，不得再保留俄罗斯国籍

    C. 如李莎出生于俄罗斯，不具有中国国籍

    D. 如李莎出生于中国，具有中国国籍

【考点】 国籍的取得与丧失

【解析】《国籍法》第12条规定："国家工作人员和现役军人，不得退出中国国籍。"故A选项正确。

《国籍法》第8条规定："申请加入中国国籍获得批准的，即取得中国国籍；被批准加入中国国籍的，不得再保留外国国籍。"故B选项正确。

《国籍法》第5条规定："父母双方或一方为中国公民，本人出生在外国，具有中国国籍；但父母双方或一方为中国公民并定居在外国，本人出生时即具有外国国籍的，不具有中国国籍。"本题中，如李莎出生于俄罗斯，属于父母一方为中国公民，本人出生在外国的情形，李莎应具有中国国籍。在父母双方或一方为中国公民的情况下，只有父母定居外国，且本人出生时即具有外国国籍的，才不具有中国国籍。故C选项错误。

《国籍法》第4条规定："父母双方或一方为中国公民，本人出生在中国，具有中国国籍。"故D选项正确。综上所述，本题的正确答案为ABD。

第二讲　外国人的法律地位

考点27：外国人入境、居留和出境制度

1. 甲国公民杰克申请来中国旅游，关于其在中国出入境和居留期间的管理，下列哪些选项是正确的？（   ）〔2〕（2013-1-76 多选）

---

〔1〕答案：ABD
〔2〕答案：ABD

A. 如杰克患有严重精神障碍，中国签证机关不予签发其签证

B. 如杰克入境后可能危害中国国家安全和利益，中国出入境边防检查机关可不准许其入境

C. 杰克入境后，在旅馆以外的其他住所居住或者住宿的，应当在入住后 48 小时内由本人或者留宿人，向居住地的公安机关办理登记

D. 如杰克在中国境内有未了结的民事案件，法院决定不准出境的，中国出入境边防检查机关有权阻止其出境

【考点】外国人入境、居留和出境

【解析】《出境入境管理法》第 21 条第 1 款第（2）项规定，患有严重精神障碍、传染性肺结核病或者有可能对公共卫生造成重大危害的其他传染病的外国人，不予签发签证。故 A 选项正确。

《出境入境管理法》第 21 条第 1 款第（3）项规定，可能危害中国国家安全和利益、破坏社会公共秩序或者从事其他违法犯罪活动的外国人，不予签发签证。故 B 选项正确。

《出境入境管理法》第 39 条第 2 款规定，外国人在旅馆以外的其他住所居住或者住宿的，应当在入住后二十四小时内由本人或者留宿人，向居住地的公安机关办理登记。故 C 选项错误。

《出境入境管理法》第 28 条第（2）项规定，外国人有未了结的民事案件，人民法院决定不准出境的，不准出境。故 D 选项正确。综上所述，本题的正确答案为 ABD。

2. 王某是定居美国的中国公民，2013 年 10 月回国为父母购房。根据我国相关法律规定，下列哪一选项是正确的？（　　）[1]（2014-1-34 单选）

A. 王某应向中国驻美签证机关申请办理赴中国的签证

B. 王某办理所购房产登记需提供身份证明的，可凭其护照证明其身份

C. 因王某是中国公民，故需持身份证办理房产登记

D. 王某回中国后，只要其有未了结的民事案件，就不准出境

【考点】外国人入境、居留和出境

【解析】根据《出境入境管理法》第 11 条第 1 款规定，中国公民出境入境，应当向出入境边防检查机关交验本人的护照或者其他旅行证件等出境入境证件，履行规定的手续，经查验准许，方可出境入境。本题中，王某是定居美国的中国公民，因此，其出境入境无需办理签证。故 A 选项错误。

《出境入境管理法》第 14 条规定，定居国外的中国公民在中国境内办理金融、教育、医疗、交通、电信、社会保险、财产登记等事务需要提供身份证明的，可以凭本人的护照证明其身份。故 B 选项正确，C 选项错误。

根据《出境入境管理法》第 12 条的规定，有未了结的民事案件，人民法院决定不准出境的，才不准出境。故 D 选项错误。综上所述，本题的正确答案为 B。

3. 马萨是一名来华留学的甲国公民，依中国法律规定，下列哪些选项是正确的？（　　）[2]（2017-1-76 多选）

A. 马萨入境中国时，如出入境边防检查机关不准其入境，可以不说明理由

---

[1] 答案：B

[2] 答案：AC

B. 如马萨留学期间发现就业机会，即可兼职工作

C. 马萨留学期间在同学家中短期借住，应按规定向居住地的公安机关办理登记

D. 如马萨涉诉，则不得出境

【考点】外国人入境、居留和出境

【解析】《出境入境管理法》第25条规定："外国人有下列情形之一的，不准入境：（一）未持有效出境入境证件或者拒绝、逃避接受边防检查的；（二）具有本法第二十一条第一款第一项至第四项规定情形的；（三）入境后可能从事与签证种类不符的活动的；（四）法律、行政法规规定不准入境的其他情形。对不准入境的，出入境边防检查机关可以不说明理由。"故 A 选项正确。

《出境入境管理法》第41条规定："外国人在中国境内工作，应当按照规定取得工作许可和工作类居留证件。……"第42条规定："……国务院教育主管部门会同国务院有关部门建立外国留学生勤工助学管理制度，对外国留学生勤工助学的岗位范围和时限作出规定。"第43条规定："外国人有下列行为之一的，属于非法就业：……（三）外国留学生违反勤工助学管理规定，超出规定的岗位范围或者时限在中国境内工作的。"如果外国留学生在留学期间发现就业机会，必须根据勤工助学管理规定，在规定的岗位范围或者时限内兼职。B 项"马萨留学期间发现就业机会，即可兼职工作"的表述是错误的。故 B 选项错误。

《出境入境管理法》第39条规定："外国人在中国境内旅馆住宿的，旅馆应当按照旅馆业治安管理的有关规定为其办理住宿登记，并向所在地公安机关报送外国人住宿登记信息。外国人在旅馆以外的其他住所居住或者住宿的，应当在入住后二十四小时内由本人或者留宿人，向居住地的公安机关办理登记。"可见，外国人不管在哪住宿，都要向公安机关登记或报送登记信息。马萨留学期间在同学家中短期借住，应按规定在入住后二十四小时内向居住地的公安机关办理登记。故 C 选项正确。

《出境入境管理法》第28条规定："外国人有下列情形之一的，不准出境：（一）被判处刑罚尚未执行完毕或者属于刑事案件被告人、犯罪嫌疑人的，但是按照中国与外国签订的有关协议，移管被判刑人的除外；（二）有未了结的民事案件，人民法院决定不准出境的；（三）拖欠劳动者的劳动报酬，经国务院有关部门或者省、自治区、直辖市人民政府决定不准出境的；（四）法律、行政法规规定不准出境的其他情形。"可见，仅仅涉诉，不构成不准出境的理由，在涉及民事诉讼的情况下，只有人民法院决定不准出境的，才不得出境。故 D 选项错误。综上所述，本题的正确答案为 AC。

4. 甲国人汉斯因公务来华，在北京已居住两年。在此期间，汉斯与一名中国籍女子在北京结婚并生有一子。根据中国相关法律规定，下列哪些判断是正确的？（   ）[1] (2019-多选-网络回忆版)

A. 汉斯有尚未完结的民事诉讼，边检机关可限制其出境

B. 北京是汉斯的经常居所地

C. 汉斯利用周末假期在某语言培训机构兼职教课，属于非法工作

D. 汉斯的儿子具有中国国籍

【考点】外国人出境及居留制度、国籍的取得

---

[1] 答案：CD

【解析】本题部分知识点参见上题解析。在涉及民事诉讼的情况下，只有人民法院决定不准出境的，才不得出境，故 A 选项错误。

《法律适用法司法解释》第 15 条规定："自然人在涉外民事关系产生或者变更、终止时已经连续居住一年以上且作为其生活中心的地方，人民法院可以认定为涉外民事关系法律适用法规定的自然人的经常居所地，但就医、劳务派遣、公务等情形除外"。选项 B 中，汉斯在北京居住两年，但是是因来华公务，所以不认定北京为经常居所地。故选项 B 错误。

外国人在中国工作，应当按照规定取得工作许可和工作类居留证件。汉斯未取得相应证件，属于非法工作。故 C 选项正确。

我国《国籍法》第 4 条规定："父母双方或一方为中国公民，本人出生在中国，具有中国国籍"。故 D 选项正确。综上所述，本题的正确答案为 CD。

考点 28：外交保护

1. 甲国公民詹某在乙国合法拥有一幢房屋。乙国某公司欲租用该房屋，被詹某拒绝。该公司遂强行占用该房屋，并将詹某打伤。根据国际法中的有关规则，下列救济方式哪一项是正确的？（　　）[1]（2004-1-32 单选）

A. 詹某应向乙国提出外交保护请求

B. 詹某可以将此事件诉诸乙国行政及司法当局

C. 詹某应向甲国驻在乙国的外交团提出外交保护的请求

D. 甲国可以立即行使外交保护权

【考点】外交保护

【解析】外交保护或外交保护权，是指一国国民在外国受到不法侵害，且依该外国法律程序得不到救济时，其国籍国可以通过外交方式要求该外国进行救济或承担责任，以保护其国民或国家的权益。行使外交保护，必须满足以下条件：（1）该国民或法人合法权益受到所在国的侵害；（2）该所在国的行为构成了违反国际义务，应当承担国际责任的行为；（3）用尽当地救济，且未获合理补偿。因此，在本题所述情形下，詹某还不具备行使外交保护所要求达到的条件，但其可向所在国请求救济。综上所述，本题的正确答案为 B。

2. 甲国公民廖某在乙国投资一家服装商店，生意兴隆，引起一些从事服装经营的当地商人不满。一日，这些当地商人煽动纠集一批当地人，涌入廖某商店哄抢物品。廖某向当地警方报案。警察赶到后并未采取措施控制事态，而是袖手旁观。最终廖某商店被洗劫一空。根据国际法的有关规则，下列对此事件的哪些判断是正确的？（　　）[2]（2006-1-77 多选）

A. 该哄抢行为可以直接视为乙国的国家行为

B. 甲国可以立即行使外交保护权

C. 乙国中央政府有义务调查处理肇事者，并追究当地警察的渎职行为

D. 廖某应首先诉诸乙国行政当局和司法机构，寻求救济

【考点】外交保护

【解析】国家行为的情形有以下几种：（1）国家机关的行为；（2）授权行使政府权力的其他实体的行为；（3）国家官员的行为；（4）在一国指示、指挥或控制之下实际上代表

---

〔1〕答案：B

〔2〕答案：CD

该国行事的一个人或一群人的行为；（5）别国或国际组织交与东道国支配的机关的行为；（6）上述可归因于国家行为的国家机关和国家授权人员的行为，一般也包括他们以此种资格执行职务内事项时的越权行为或不法行为；（7）叛乱运动机关的行为，不视为该国的国家行为，但正在组成新国家的叛乱运动的行为，将被视为该新国家的行为；（8）一个行为可以归因于几个国家时，相关国家对于其各自相关的行为承担单独或共同责任。可见，选项 A 中的哄抢行为不能视为国家行为。故 A 选项错误。

外交保护必须满足以下条件：（1）该国民或法人合法权益受到所在国的侵害；（2）该所在国的行为构成了违反国际义务，应当承担国际责任的行为；（3）用尽当地救济，且未获合理补偿。因此，廖某应先诉诸乙国行政当局和司法机构，寻求救济，甲国不能立即行使外交保护权。故 B 选项错误，C、D 选项正确。综上所述，本题的正确答案为 CD。

第三讲　引渡和庇护

考点 29：引渡

1. 甲国人詹氏，多次在公海对乙国商船从事海盗活动，造成多人死亡；同时詹氏曾在丙国实施抢劫，并将丙国一公民杀死。现詹氏逃匿于丁国。如果甲乙丙丁四国间没有任何司法协助方面的多边或双边协议，根据国际法中有关规则，下列哪项判断是正确的？（　　）[1]（2002-1-17 单选）

A. 丁国有义务将詹氏引渡给乙国

B. 丁国有义务将詹氏引渡给丙国

C. 丁国有权拿捕詹氏并独自对其进行审判

D. 甲国有权派出警察到丁国缉拿詹氏归案

【考点】引渡

【解析】引渡是国家间的一种司法协助行为。在国际法上，除非两国之间有关于相互引渡的双边条约，否则国家没有引渡的义务，一国是否接受他国引渡请求，由被请求国自行决定。本题中，甲乙丙丁四国间没有司法协助条约，所以丁国没有义务将犯罪嫌疑人詹氏引渡给任何一国。故 A、B 选项错误。

由于詹氏多次在公海从事海盗活动，而海盗行为是国际犯罪行为，各国依据国际法都对其享有管辖权，因此丁国可以逮捕詹氏并进行审判。故 C 选项正确。

詹氏虽是甲国人，但一国警察制度只是各国国内治安行政管理制度，警察行使职权仅限于一国之内特定的社会治安事务，不可能到他国行使职权。故 D 项错误。综上所述，本题的正确答案为 C。

2. 中国公民李某（曾任某国有企业总经理）2004 年携贪污的巨款逃往甲国。根据甲国法律，对李某贪污行为的最高量刑为 15 年。甲国与我国设有引渡条约。甲国表示，如果中国对李某被指控的犯罪有确凿的证据，并且做出对其量刑不超过 15 年的承诺，可以将其引渡给中国。根据我国引渡法的有关规定，下列哪些判断是正确的？（　　）[2]（2005-1-79

---

〔1〕答案：C

〔2〕答案：ACD

多选）

A. 我国对于甲国上述引渡所附条件，是否做出承诺表示接受，由最高人民法院决定

B. 我国对于甲国上述引渡所附条件，是否做出承诺表示接受，由最高人民检察院提请最高人民法院做出决定

C. 如果我国决定接受甲国上述引渡条件，表示接受该条件的承诺由外交部向甲国做出

D. 一旦我国做出接受上述条件的承诺并引渡成功，我国司法机关在对李某审判和量刑时，应当受该承诺的约束

【考点】引渡

【解析】我国《引渡法》第 50 条规定，被请求国就准予引渡附加条件的，对于不损害中华人民共和国主权、国家利益、公共利益的，可以由外交部代表中华人民共和国政府向被请求国作出承诺。对于限制追诉的承诺，由最高人民检察院决定；对于量刑的承诺，由最高人民法院决定。在对被引渡人追究刑事责任时，司法机关应当受所作出的承诺的约束。据此，A、C、D 选项正确。本题的正确答案为 ACD。

3. 中国人高某在甲国探亲期间加入甲国国籍，回中国后健康不佳，也未申请退出中国国籍。后甲国因高某在该国的犯罪行为，向中国提出了引渡高某的请求，乙国针对高某在乙国实施的伤害乙国公民的行为，也向中国提出了引渡请求。依我国相关法律规定，下列哪一选项是正确的？（　　）[1]（2009-1-32 单选）

A. 如依中国法律和甲国法律均构成犯罪，即可准予引渡

B. 中国应按照收到引渡请求的先后确定引渡的优先顺序

C. 由于高某健康不佳，中国可以拒绝引渡

D. 中国应当拒绝引渡

【考点】引渡

【解析】A 选项中，只说明了符合引渡的部分条件，不能就此就判断可准予引渡。实际上存在不得引渡的情形，即仍然具有中国国籍。故 A 选项错误。

在确定引渡的优先顺序时，应综合考虑收到引渡请求的先后、中国与请求国是否存在引渡条约等因素，而不能仅根据引渡请求的先后来决定引渡的优先顺序，且本题中实际上中国是应当拒绝引渡高某的。故 B 选项错误。

年龄、健康等原因是可以拒绝引渡的理由，这一表述本身没错。但在本题中应当拒绝引渡高某，而不是可以拒绝。故 C 选项错误。

我国《引渡法》第 8 条规定，被请求引渡人如果具有中国国籍，中国应当拒绝引渡。《国籍法》第 9 条规定："定居外国的中国公民，自愿加入或取得外国国籍的，即自动丧失中国国籍。"第 11 条规定："申请退出中国国籍获得批准的，即丧失中国国籍。"由此可以看出，因获得外国国籍而自动丧失中国国籍必须有个先决条件，即"定居外国"，而高某是在甲国探亲期间加入甲国国籍，之后即回国，并未在甲国定居，因此高某不能自动丧失中国国籍，而且高某没有申请退出中国国籍，所以高某仍然具有中国国籍。故 D 选项正确。综上所述，本题的正确答案为 D。

4. 甲国公民彼得，在中国境内杀害一中国公民和一乙国在华留学生，被中国警方控制。乙国以彼得杀害本国公民为由，向中国申请引渡，中国和乙国间无引渡条约。关于引渡事

---

[1] 答案：D

项，下列哪些选项是正确的？（   ）[1]（2012-1-76 多选）

　　A. 中国对乙国无引渡义务

　　B. 乙国的引渡请求应通过外交途径联系，联系机关为外交部

　　C. 应由中国最高法院对乙国的引渡请求进行审查，并作出裁定

　　D. 在收到引渡请求时，中国司法机关正在对引渡所指的犯罪进行刑事诉讼，故应当拒绝引渡

【考点】引渡

【解析】在国际法中，国家没有一般的引渡义务，因此引渡需要根据有关的引渡条约进行。当他国在没有引渡条约的情况下提出引渡时，一国可以自由裁量，包括根据其有关国内法或其他因素作出决定。故 A 选项正确。

　　《引渡法》第 4 条规定，中华人民共和国和外国之间的引渡，通过外交途径联系。中华人民共和国外交部为指定的进行引渡的联系机关。故 B 选项正确。

　　《引渡法》第 16 条规定，外交部收到请求国提出的引渡请求后，应当对引渡请求书及其所附文件、材料是否符合本法第二章第二节和引渡条约的规定进行审查。最高人民法院指定的高级人民法院对请求国提出的引渡请求是否符合本法和引渡条约关于引渡条件等规定进行审查并作出裁定。最高人民法院对高级人民法院作出的裁定进行复核。故 C 选项错误。

　　根据请求国的请求，在不影响中华人民共和国领域内正在进行的其他诉讼，不侵害中华人民共和国领域内任何第三人的合法权益的情况下，可以在作出符合引渡条件的裁定的同时，作出移交与案件有关财物的裁定。所以在收到引渡请求时，中国司法机关正在对引渡所指的犯罪进行刑事诉讼，在满足一定条件下，可以作出引渡决定。故 D 选项错误。综上所述，本题的正确答案为 AB。

　　5. 甲国公民汤姆于 2012 年在本国故意杀人后潜逃至乙国，于 2014 年在乙国强奸一名妇女后又逃至中国。乙国于 2015 年向中国提出引渡请求。经查明，中国和乙国之间没有双边引渡条约。依相关国际法及中国法律规定，下列哪一选项是正确的？（   ）[2]（2015-1-33 单选）

　　A. 乙国的引渡请求应向中国最高人民法院提出

　　B. 乙国应当作出互惠的承诺

　　C. 最高人民法院应对乙国的引渡请求进行审查，并由审判员组成合议庭进行

　　D. 如乙国将汤姆引渡回本国，则在任何情况下都不得再将其转引

【考点】引渡

【解析】《引渡法》第 10 条规定，请求国的引渡请求应当向中华人民共和国外交部提出。故 A 选项错误。

　　《引渡法》第 15 条规定，在没有引渡条约的情况下，请求国应当作出互惠的承诺。故 B 选项正确。

　　《引渡法》第 16 条规定，外交部收到请求国提出的引渡请求后，应当对引渡请求书及其所附文件、材料是否符合本法第二章第二节和引渡条约的规定进行审查。最高人民法院

---

[1]　答案：AB

[2]　答案：B

指定的高级人民法院对请求国提出的引渡请求是否符合本法和引渡条约关于引渡条件等规定进行审查并作出裁定。最高人民法院对高级人民法院作出的裁定进行复核。故 C 选项错误。

根据转引渡需经原引出国同意原则，如果引渡国打算将被引渡人转引给第三国，则一般应经原引出国的同意。故 D 选项错误。综上所述，本题的正确答案为 B。

6. 甲国人张某侵吞中国某国企驻甲国办事处的大量财产。根据中国和甲国的法律，张某的行为均认定为犯罪。中国与甲国没有司法协助协定。根据国际法相关规则，下列哪一选项是正确的？（　　）[1]（2011-1-33 单选）

A. 张某进入中国境内时，中国有关机关可依法将其拘捕

B. 中国对张某侵吞财产案没有管辖权

C. 张某乘甲国商船逃至公海时，中国有权派员在公海将其缉拿

D. 甲国有义务将张某引渡给中国

【考点】域外犯罪管辖与引渡

【解析】张某进入中国境内时，中国有关机关可依法直接行使管辖权，将其拘捕。故 A 选项正确。

张某侵吞了中国某国企驻甲国办事处的大量财产，属于危害中国国家利益的犯罪，中国司法机关可以根据保护性管辖原则对其行使管辖权。故 B 选项错误。

公海上的船舶管辖权包括船旗国管辖和普遍管辖。这里甲国商船的船旗国并非中国，且这里也没有提及该商船有海盗、非法广播、贩奴行为，故中国的执法部门无权登临检查该商船，无权缉拿其乘客。故 C 选项错误。

在国际实践中，除非有关引渡条约或国内法有特殊规定，一般地各国有权拒绝引渡本国公民，因此，甲国没有义务将张某引渡给中国。故 D 选项错误。综上所述，本题的正确答案为 A。

考点 30：庇护

1. 甲国人兰某和乙国人纳某在甲国长期从事跨国人口和毒品贩卖活动，事发后兰某逃往乙国境内，纳某逃入乙国驻甲国领事馆中。兰某以其曾经从事过反对甲国政府的政治活动为由，要求乙国提供庇护。甲乙两国之间没有关于引渡和庇护的任何条约。根据国际法的有关规则和制度，下列哪一项判断是正确的？（　　）[2]（2005-1-31 单选）

A. 由于兰某曾从事反对甲国政府的活动，因此乙国必须对兰某提供庇护

B. 由于纳某是乙国人，因此乙国领事馆有权拒绝把纳某交给甲国

C. 根据《维也纳领事关系公约》的规定，乙国领馆可以行使领事裁判权，即对纳某进行审判并做出判决后，交由甲国予以执行

D. 乙国可以对兰某的涉嫌犯罪行为在乙国法院提起诉讼，但乙国没有把兰某交给甲国审判的义务

【考点】庇护

【解析】提供庇护是国家的权利，而不是国家的义务。因此，A 项中，甲国人兰某向乙国政府要求庇护，乙国政府可以庇护也可以不庇护。故 A 选项错误。

---

[1] 答案：A

[2] 答案：D

B 选项中，纳某虽为乙国人，但他在甲国犯罪，甲国有权对他的犯罪行为行使属地管辖权。乙国领事馆在甲国提出管辖要求的情况下，应当把纳某交给甲国审理，无权拒绝，因为一般国际法上不承认域外庇护，即通过一国驻他国领事馆或者船舶等进行庇护。故 B 选项错误。

关于选项 C，在现代国际法上，各国审判权一般只能由本国法院行使，外国驻本国领事馆是无权在本国行使该权力的。故 C 选项错误。

D 项正确，因为兰某的行为属于普遍管辖权的罪行，因此乙国对其犯罪行为有权管辖。由于甲乙两国间无引渡条约，"无条约、无义务"，乙国没有义务把兰某交给甲国审判。综上所述，本题的正确答案为 D。

2. 甲国 1999 年发生未遂军事政变，政变领导人朗曼逃到乙国。甲国法院缺席判决朗曼 10 年有期徒刑。甲乙两国之间没有相关的任何特别协议。根据国际法有关规则，下列哪一选项是正确的？（   ）〔1〕（2007-1-29 单选）

A. 甲国法院判决生效后，甲国可派出军队进入乙国捉拿朗曼，执行判决

B. 乙国可以给予朗曼庇护

C. 乙国有义务给予朗曼庇护

D. 甲国法院的判决生效后，乙国有义务将朗曼逮捕并移交甲国

【考点】庇护

【解析】在国际法中，国家没有一般的引渡义务，因此引渡需要根据相关的引渡条约进行。当他国在没有引渡条约的情况下提出引渡时，一国可以自由裁量。所以甲国法院判决生效之后，乙国没有引渡朗曼的义务。根据主权平等原则和不得使用威胁或武力原则，A、D 选项的说法是错误的。庇护是国家基于领土主权而引申出的权利，决定给予哪些人庇护是国家的权利，国家通常没有必须给予哪些人庇护的义务。同时，朗曼的行为不是战争犯罪、反和平罪和反人类罪，不是种族灭绝或者种族隔离罪行，不是非法劫持航空器罪，不是侵害包括外交代表等罪行，所以乙国可以给予朗曼庇护，而不是有义务给予庇护。故 B 选项正确，C 选项错误。综上所述，本题的正确答案为 B。

---

〔1〕　答案：B

第五章　外交关系法与领事关系法

第一讲　外交关系法

考点 31：外交机关

1. 经乙国同意，甲国派特别使团与乙国进行特定外交任务谈判，甲国国民贝登和丙国国民奥马均为使团成员，下列哪些选项是正确的？（　　）[1]（2009-1-79 多选）

A. 甲国对奥马的任命需征得乙国同意，乙国一经同意则不可撤销此项同意

B. 甲国特别使团下榻的房舍遇到火灾而无法获得使团团长明确答复时，乙国可以推定获得同意进入房舍救火

C. 贝登在公务之外开车肇事被诉诸乙国法院，因贝登有豁免权乙国法院无权管辖

D. 特别使团也适用对使馆人员的"不受欢迎的人"的制度

【考点】特别使团的相关规定

【解析】任命接受国或第三国国民为代表或外交人员时，应征得接受国同意，并且接受国可随时撤销此项同意。故 A 选项错误。

特别使团的房舍不可侵犯，但在遇到火灾或其他严重的灾难而无法获得使团团长明确答复的情况下，接受国可以推定获得同意而进入房舍。故 B 选项正确。

有关人员公务以外使用车辆的交通肇事引起的诉讼，接受国可以管辖。故 C 选项错误。

特别使团也适用接受国对使馆人员的"不受欢迎的人"和"不能接受"的制度。故 D 选项正确。综上所述，本题的正确答案为 BD。

2. 甲乙丙三国因历史原因，冲突不断，甲国单方面暂时关闭了驻乙国使馆。艾诺是甲国派驻丙国使馆的二秘，近日被丙国宣布为不受欢迎的人。根据相关国际法规则，下列哪些选项是正确的？（　　）[2]（2014-1-74 多选）

A. 甲国关闭使馆应经乙国同意后方可实现

B. 乙国驻甲国使馆可用合法手段调查甲国情况，并及时向乙国作出报告

C. 丙国宣布艾诺为不受欢迎的人，须向甲国说明理由

D. 在丙国宣布艾诺为不受欢迎的人后，如甲国不将其召回或终止其职务，则丙国可拒绝承认艾诺为甲国驻丙国使馆人员

【考点】使馆的职务

【解析】在外交关系建立并互设使馆之后，由于某种原因，一国也可以单方面暂时关闭使馆，甚至断绝与另一国的外交关系。如果两国关系改善或恶化，任何一方都可以提出将已有的外交关系升格或降级，经另一方同意后实现。可知，关闭使馆可由派出国自主决定。

---

［1］答案：BD

［2］答案：BD

故 A 选项错误。

根据《维也纳外交关系公约》，使馆的职务包括调查和报告，即可以以一切合法的手段，调查接受国的各种情况，并及时向派遣国作出报告。故 B 选项正确。

对于派遣国的使馆馆长和外交人员，接受国可以随时不加解释地宣布其为"不受欢迎的人"。故 C 选项错误。

对于被宣布为"不受欢迎的人"或"不能接受"的使馆人员，如果在其到达接受国境内以前被宣告，则接受国可以拒绝给予其签证或拒绝其入境；如果在其入境以后被宣告，则派遣国应酌情召回该人员或终止其使馆人员的职务。否则，接受国可以拒绝承认该人员为使馆人员，甚至令其限期离境。故 D 选项正确。综上所述，本题的正确答案为 BD。

考点 32：使馆的特权与豁免

甲乙二国建有外交及领事关系，均为《维也纳外交关系公约》和《维也纳领事关系公约》缔约国。乙国为举办世界杯足球赛进行城市改建，将甲国使馆区域、大使官邸、领馆区域均纳入征用规划范围。对此，乙国作出了保障外国使馆、领馆执行职务的合理安排，并对搬迁使领馆给予及时、有效、充分的补偿。根据国际法相关规则，下列哪些判断是正确的？（　　）[1]（2010-1-79 多选）

A. 如甲国使馆拒不搬迁，乙国可采取强制的征用搬迁措施

B. 即使大使官邸不在使馆办公区域内，乙国也不可采取强制征用搬迁措施

C. 在作出上述安排和补偿的情况下，乙国可征用甲国总领馆办公区域

D. 甲国总领馆馆舍在任何情况下均应免受任何方式的征用

【考点】使馆的特权与豁免

【解析】根据《维也纳外交关系公约》第 22 条第 3 款的规定，使馆馆舍及设备，以及馆舍内其他财产与使馆交通工具免受搜查、征用、扣押或强制执行。本题中，如果甲国使馆拒不搬迁，乙国不得采取强制的征用搬迁措施。故 A 选项错误，B 选项正确。

根据《维也纳领事关系公约》第 31 条第 4 款规定，领馆馆舍、馆舍设备以及领馆之财产与交通工具应免受为国防或公用目的而实施之任何方式之征用。如为此等目的确有征用之必要时，应采取一切可能步骤以免领馆职务之执行受有妨碍，并应向派遣国为迅速、充分及有效之赔偿。本题中，乙国为举办世界杯足球赛需要进行城市改建，将甲国领馆区域纳入征用规划范围。乙国在作出了保障外国领馆执行职务的合理安排，并对搬迁领馆给予及时、有效、充分补偿的情况下，可征用甲国总领馆办公区域。故 C 选项正确，D 选项错误。综上所述，本题的正确答案为 BC。

考点 33：外交人员的特权与豁免

1. 甲乙两国都是维也纳外交关系公约的缔约国。赵某为甲国派驻乙国的商务参赞。在乙国任职期间，赵某遇到的下列哪些争议可以由乙国法院管辖？（　　）[2]（2003-1-60 多选）

A. 赵某以使馆的名义，向乙国某公司购买一栋房屋，因欠款而被售房公司起诉

B. 赵某在乙国的叔叔去世，其遗嘱言明将一栋位于乙国的楼房由赵某继承，但其叔叔

---

[1] 答案：BC

[2] 答案：BC

之子对此有异议，而诉诸法院

　　C. 赵某工作之余，为乙国一学生教授外语并收取酬金，但其未能如约按时辅导该学生，该学生诉诸法院，要求其承担违约责任

　　D. 赵某与使馆的另一位参赞李某，因国内债务问题发生纠纷，李某试图将此纠纷诉诸乙国法院解决

　　【考点】外交人员的特权与豁免

　　【解析】（1）外交人员享有完全的对接受国刑事管辖的豁免。（2）除例外情况以外，接受国的法院不对外交人员进行民事管辖。（3）在行政管辖事项上，接受国对外交人员也给予一定的豁免，如免除外交人员的户籍和婚姻登记，对其违反行政法规的行为不实行行政制裁等。

　　外交人员的民事和行政管辖豁免的例外情况有：外交人员在接受国境内私有不动产物权的诉讼，但其代表派遣国为使馆用途置有的不动产不在此列，故 A 选项不当选。

　　外交人员以私人身份并不代表派遣国而作为遗嘱执行人、遗产管理人、继承人或受赠人之继承事项的诉讼，故 B 选项当选。

　　外交人员在接受国内在公务范围以外所从事的专业或商务活动的诉讼，故 C 选项当选。

　　外交人员主动起诉而引起的与该诉讼直接有关的反诉。D 选项依管辖原则应由甲国管辖，故 D 选项不当选。综上所述，本题的正确答案为 BC。

　　2. 康某是甲国驻华使馆的官员。与康某一起生活的还有其妻、其子（26 岁，已婚）和其女（15 岁）。该三人均具有甲国国籍。一日，四人在某餐厅吃饭，与邻桌发生口角，引发斗殴并致对方重伤。警方赶到时，斗殴已结束。甲国为《维也纳外交关系公约》的缔约国，与我国没有相关的其他协议。根据国际法和我国法律的相关规定，下列哪一选项是正确的？（　　）[1]（2007-1-33 单选）

　　A. 警方可直接对康某采取强制措施，包括立即限制其人身自由

　　B. 警方可直接对其妻依法采取强制措施，包括立即限制其人身自由

　　C. 警方可直接对其子依法采取强制措施，包括立即限制其人身自由

　　D. 警方不得对康家的任何人采取任何强制措施，包括立即限制其人身自由

　　【考点】外交人员的特权与豁免

　　【解析】根据《外交特权与豁免条例》第 20 条的规定，与外交代表共同生活的配偶及未成年子女，如果不是中国公民，享有第 12 条至第 18 条所规定的特权与豁免。其中第 12 条规定，外交代表人身不受侵犯，不受逮捕或者拘留。中国有关机关应当采取适当措施，防止外交代表的人身自由和尊严受到侵犯。第 14 条规定，外交代表享有刑事管辖豁免。外交代表享有民事管辖豁免和行政管辖豁免，但下列各项除外：（一）外交代表以私人身份进行的遗产继承的诉讼；（二）外交代表违反第 25 条第 3 项规定在中国境内从事公务范围以外的职业或者商业活动的诉讼。外交代表免受强制执行，但对前款所列情况，强制执行对其人身和寓所不构成侵犯的，不在此限。外交代表没有以证人身份作证的义务。第 15 条规定，外交代表和第 20 条规定享有豁免的人员的管辖豁免可以由派遣国政府明确表示放弃。外交代表和第 20 条规定享有豁免的人员如果主动提起诉讼，对与本诉直接有关的反诉，不得援用管辖豁免。放弃民事管辖豁免或者行政管辖豁免，不包括对判决的执行也放弃豁免。

---

　　[1]　答案：C

放弃对判决执行的豁免须另作明确表示。康某的儿子 26 岁，不属于享有豁免和特权的范围。所以警方可以对其子依法采取强制措施，包括立即限制其人身自由。故 C 项正确。本题的正确答案为 C。

3. 甲乙丙 3 国均为《维也纳外交关系公约》缔约国。甲国汤姆长期旅居乙国，结识甲国驻乙国大使馆参赞杰克，2 人在乙国与丙国汉斯发生争执并互殴，汉斯被打成重伤后，杰克将汤姆秘匿于使馆休息室。关于事件的处理，下列哪一选项是正确的?(　　)〔1〕（2012-1-32 单选）

　　A. 杰克行为已超出职务范围，乙国可对其进行逮捕

　　B. 该使馆休息室并非使馆工作专用部分，乙国警察有权进入逮捕汤姆

　　C. 如该案件在乙国涉及刑事诉讼，杰克无作证义务

　　D. 因该案发生在乙国，丙国法院无权对此进行管辖

【考点】使馆的特权与豁免、外交人员的特权与豁免、保护性管辖

【解析】对接受国的刑事管辖，外交人员享有完全的对接受国刑事管辖的豁免，即接受国的司法机关不得对其进行刑事审判和处罚。所以因此，杰克作为外交人员享有完全的刑事豁免，乙国不得对其进行逮捕。故 A 选项错误。

使馆馆舍不得侵犯。使馆馆舍是指供使馆使用及供使馆馆长寓所之用的建筑物或建筑物的各部分，及其所附属的土地，不论其所有权属谁。使馆馆舍不可侵犯表现在：（1）接受国人员非经使馆馆长许可，不得进入使馆馆舍。（2）接受国对使馆馆舍负有特殊的保护责任，应采取一切适当步骤保护使馆馆舍免受侵入或损害，并防止一切扰乱使馆尊严和安宁的事情。（3）使馆馆舍及设备，以及馆舍内其他财产与使馆交通工具免受搜查、征用、扣押或强制执行。因此，乙国警察未经许可无权进入使馆休息室逮捕汤姆。故 B 选项错误。

外交人员免除作证义务，不仅没有被迫在法律程序中作为证人出庭作证的义务，而且没有提供证词的义务。据此，所以甲国驻乙国大使馆参赞杰克无作证义务。故 C 选项正确。

保护性管辖又称保护原则、安全原则，是指国家对于严重侵害本国国家或公民利益的行为及行为人进行的管辖，不论行为人的国籍，也不论行为发生在何地。因此，丙国法院享有管辖权。故 D 选项错误。综上所述，本题的正确答案为 C。

4. 甲、乙两国均为《维也纳外交关系公约》缔约国，甲国拟向乙国派驻大使馆工作人员。其中，杰克是武官，约翰是二秘，玛丽是甲国籍会计且非乙国永久居留者。依该公约，下列哪一选项是正确的? (　　)〔2〕（2017-1-33 单选）

　　A. 甲国派遣杰克前，无须先征得乙国同意

　　B. 约翰在履职期间参与贩毒活动，乙国司法机关不得对其进行刑事审判与处罚

　　C. 玛丽不享有外交人员的特权与豁免

　　D. 如杰克因参加斗殴意外死亡，其家属的特权与豁免自其死亡时终止

【考点】外交人员的特权与豁免

【解析】派遣国派遣使馆馆长和武官之前，应先将其拟派人选通知接受国，征得接受国同意后正式派遣。使馆的其他人员派遣国可直接委派，一般无须事先征求接受国同意，但如果委派接受国籍的人或第三国国籍的人为使馆外交人员，则仍须经接受国的同意方得

〔1〕 答案：C
〔2〕 答案：B

派遣。故 A 选项错误。

外交人员享有完全的对接受国刑事管辖的豁免，即接受国的司法机关不得对其进行刑事审判和处罚。除馆长外，使馆的一般外交人员是指具有外交职衔的使馆人员，包括参赞、武官、外交秘书和随员。约翰为二秘，是一般外交人员，享有完全的刑事管辖豁免。故 B 选项正确。

使馆的行政技术人员包括译员、工程师、行政主、会计等。玛丽是使馆的行政技术人员。根据《维也纳外交关系公约》规定，使馆的行政技术人员及与其构成同一户口的家属，如非接受国国民且不在该国永久居留者，也享有外交人员享有的一般特权与豁免，但有一些限制和修改，包括：其执行职务范围以外的行为不享有民事和行政管辖的豁免；除其最初到任时所输入的物品外不能免纳关税及其他课征；其行李不免除海关查验。因此，玛丽不享有外交人员的特权与豁免的表述是错误的。故 C 选项错误。

根据《维也纳外交关系公约》规定，除使馆馆长及外交人员享有外交特权与豁免外，与外交人员构成同一户口的家属，如系非接受国国民，亦享有与外交人员相同的特权与豁免。如遇使馆人员死亡，其家属应继续享有其应享有的特权与豁免，直到给予其离境的合理期间结束时为止。如杰克因参加斗殴意外死亡，其家属应继续享有特权与豁免，直到给予其离境的合理期间结束时为止，而不是自杰克死亡时终止。故 D 选项错误。综上所述，本题的正确答案为 B。

5. 甲乙两国因政治问题交恶，甲国将其驻乙国的大使馆降级为代办处。后乙国出现大规模骚乱，某乙国公民试图翻越围墙进入甲国驻乙国代办处，被甲国随员汤姆开枪打死。根据该案情以下说法正确的是：（　　）[1]（2018-单选-网络回忆版）

A. 因甲国主动将驻乙国使馆降级为代办处，根据相关公约的规定，代办处不再受到外交法的保护

B. 随员汤姆的行为是为了保护代办处的安全，因此不负任何刑事责任

C. 乙国可以因随员汤姆的开枪行为对其采取刑事强制措施

D. 如果甲国明示放弃汤姆的外交豁免权，则乙国可以对汤姆采取刑事强制措施

【考点】外交人员的特权与豁免

【解析】使馆馆长是使馆的最高首长，是一国派驻另一国的使节。根据《维也纳外交关系公约》，使馆馆长分为大使、公使、代办三级。以馆长的级别不同，使馆相应地分别称为大使馆、公使馆和代办处。很明显，代办处仍然为使馆，受外交法保护，享有特权和豁免。故 A 选项错误。除馆长外，使馆的一般外交人员是指具有外交职衔的使馆人员，包括参赞、武官、外交秘书和随员。随员是最低一级的外交人员。外交人员享有完全的对接受国刑事管辖的豁免，即接受国的司法机关不得对其进行刑事审判和处罚。故 C 选项错误。但外交人员的豁免权并不表明其不负任何刑事责任，只不过是接受国对之不能进行刑事审判和处罚，一般来讲，派遣国为之不法行为要承担国家责任，且有可能追究其个人刑事责任。故 B 选项错误。外交人员的特权和豁免可以由派遣国放弃，必须是明示放弃。一旦派遣国放弃外交人员的特权与豁免，则外交人员不再享有相应权利。故 D 选项正确。综上所述，本题的正确答案为 D。

6. 汉斯为甲国驻乙国大使馆的武官，甲乙都是《维也纳外交关系条约》的缔约国，下

[1]　答案：D

列哪些判断是正确的？（　　）[1]（2019-单选-网络回忆版）

　　A. 乙国应为甲国大使馆提供免费的物业服务

　　B. 甲国驻乙国大使馆爆发恶性传染病，乙国卫生部门人员可未经许可进入使馆馆舍消毒

　　C. 甲国大使馆未经许可，装置了使用无线电发报机

　　D. 汉斯射杀3个翻墙进入使馆的乙国人，乙国司法部门不得对其进行刑事审判与处罚

【考点】使馆的特权与豁免

【解析】使馆免纳捐税，但不免交水电费及其他服务费用。故A选项错误。

　　使馆馆舍不得侵犯。接受国人员非经馆长许可，不得进入使馆馆舍，即便是送达司法文书、遇火灾或流行病发生，也不例外。故B选项错误。

　　使馆通讯自由。使馆为一切公务目的有使用外交信差、外交邮袋及明密码电信的权利；但非经接受国同意，不得安装或使用无线电发报机。故C选项错误。

　　接受国法院不得对外交人员进行刑事审判和处罚。故D选项正确。综上所述，本题的正确答案为D。

第二讲　领事关系法

考点34：领事官员

　　甲国与乙国基于传统友好关系，兼顾公平与效率原则，同意任命德高望重并富有外交经验的丙国公民布朗作为甲乙两国的领事官员派遣至丁国。根据《维也纳领事关系公约》，下列哪一选项是正确的？（　　）[2]（2015-1-34单选）

　　A. 布朗既非甲国公民也非乙国公民，此做法违反《公约》

　　B.《公约》没有限制，此做法无须征得丁国同意

　　C. 如丁国明示同意，此做法是被《公约》允许的

　　D. 如丙国与丁国均明示同意，此做法才被《公约》允许

【考点】领事官员

【解析】根据《维也纳领事关系公约》第22条规定，领事官员原则上应属派遣国国籍，但如果经接受国明示同意，也可委派接受国国籍的人或第三国国籍的人为领事官员。故A选项错误。

　　根据《维也纳领事关系公约》第22条第2款和第3款规定，委派属接受国国籍的人或者第三国国民为领事官员，必须得到接受国的明示同意。故B选项错误。

　　《维也纳领事关系公约》第18条第2款规定："两个以上国家经接受之同意得委派同一人为驻该国之领事官员"。经丁国同意，甲、乙两国可以派遣布朗作为两国的领事官员至丁国。C选项正确，D选项错误。综上所述，本题的正确答案为C。

考点35：领事人员的特权与豁免

　　甲乙两国均为《维也纳领事关系公约》缔约国，阮某为甲国派驻乙国的领事官员。关

---

〔1〕答案：D

〔2〕答案：C

于阮某的领事特权与豁免，下列哪一表述是正确的？（　　）〔1〕（2013-1-32 单选）

    A. 如犯有严重罪行，乙国可将其羁押

    B. 不受乙国的司法和行政管辖

    C. 在乙国免除作证义务

    D. 在乙国免除缴纳遗产税的义务

【考点】领事特权与豁免及其例外

【解析】领事官员人身自由受到一定程度的保护。包括接受国对领事官员不得予以逮捕候审或羁押候审，不得监禁或以其他方式拘束领事官员的人身自由，但对犯有严重罪行或司法机关已裁判执行的除外。故 A 选项正确。

领事官员管辖豁免也有例外，其表述过于绝对。故 B 选项错误。

领事官员仅就职务行为免除作证义务。故 C 选项错误。

间接税、遗产税、服务费等不在领事官员免税的范围之内。故 D 选项错误。综上所述，本题的正确答案为 A。

---

〔1〕　答案：A

第六章　条约法

考点36：条约的缔结

1. 甲某为A国国家总统，乙某为B国国家副总统，丙某为C国政府总理，丁某为D国外交部长。根据条约法公约规定，上述四人在参加国际条约谈判时，哪一个需要出示其所代表国家颁发的全权证书？（　　）[1]（2003-1-20 单选）

A. 甲某　　　　　　B. 乙某　　　　　　C. 丙某　　　　　　D. 丁某

【考点】条约的缔结

【解析】全权证书，是一国主管当局所颁发，指派一人或数人代表该国谈判、议定或认证条约约文，表示该国同意受条约拘束，或完成与条约有关的任何其他行为的文件。国家元首、政府首脑和外交部长谈判缔约，或使馆馆长议定派遣国和接受国之间的条约约文，或国家向国际会议或国际组织或其机关之一派遣的代表，议定在该会议、组织或机关中的条约约文，由于他们所任职务，无须出具全权证书。故A、C、D选项错误，B选项正确。综上所述，本题的正确答案为B。

2. 甲国倡议并一直参与某多边国际公约的制订，甲国总统与其他各国代表一道签署了该公约的最后文本。根据该公约的规定，只有在2/3以上签字国经其国内程序予以批准并向公约保存国交存批准书后，该公约才生效。但甲国议会经过辩论，拒绝批准该公约。根据国际法的有关规则，下列哪一项判断是正确的？（　　）[2]（2005-1-30 单选）

A. 甲国议会的做法违反国际法

B. 甲国政府如果不能交存批准书，将会导致其国际法上的国家责任

C. 甲国签署了该公约，所以该公约在国际法上已经对甲国产生了条约的拘束力

D. 由于甲国拒绝批准该公约，即使该公约本身在国际法上生效，其对甲国也不产生条约的拘束力

【考点】条约的缔结

【解析】首先根据条约缔结自由的原则，各国可以自主决定是否批准一项条约，并受该条约约束。因此甲国议会不批准条约的行为不违反国际法。故A选项错误。条约的缔结必须有一定的程序。对于缔约程序，国际法上没有硬性规定。由于缔约权和缔约权的行使主要由国家和其他国际法主体的内部法律决定，国家或其他国际法主体一般都参照《维也纳条约法公约》在国内法中作出相应的规定。条约的签署，在一般情况下，仅具有认证条约约文的功能，除非条约本身规定签署即表示同意受条约的拘束。本题中的条约只有经过批准才能对相关国家产生拘束力。因此，签署以后，如果国内有关机构没有批准，由于此时该条约对该国并没有生效，因此国家不批准的行为并不违反国际法，也不会导致国际法上的国家责任的产生。实践中，条约签署以后，未获得批准的情况很多。一般而言，由政府

---

〔1〕 答案：B

〔2〕 答案：D

缔结条约，由国会批准条约；另一方面，由于采取多党制，政府与议会很有可能分属不同的政党控制。因此条约由政府签署以后，未获得议会的批准的情况非常多。故 B、C 选项错误，D 选项正确。综上所述，本题的正确答案为 D。

3. 中国拟与甲国就有关贸易条约进行谈判。根据我国相关法律规定，下列哪一选项是正确的？（   ）〔1〕（2010-1-32 单选）

A. 除另有约定，中国驻甲国大使参加该条约谈判，无须出具全权证书

B. 中国驻甲国大使必须有外交部长签署的全权证书方可参与谈判

C. 该条约在任何条件下均只能以中国和甲国两国的官方文字作准

D. 该条约在缔结后应由中国驻甲国大使向联合国秘书处登记

【考点】条约的缔结

【解析】《缔结条约程序法》第 6 条规定，在谈判、签署条约、协定时，谈判、签署与驻在国缔结条约、协定的中华人民共和国驻该国使馆馆长，无须出具全权证书，但是各方另有约定的除外。故 A 选项正确，B 选项错误。

《缔结条约程序法》第 13 条规定，中华人民共和国同外国缔结的双边条约、协定，以中文和缔约另一方的官方文字写成，两种文本同等作准；必要时，可以附加使用缔约双方同意的另一种第三国文字，作为同等作准的第三种正式文本或者作为起参考作用的非正式文本；经缔约双方同意，也可以规定对条约，协定的解释发生分歧时，以该第三种文本为准。某些属于具体业务事项的协定，以及同国际组织缔结的条约、协定，经缔约双方同意或者依照有关国际组织章程的规定，也可以只使用国际上较通用的一种文字。故 C 选项错误。

《缔结条约程序法》第 17 条规定，中华人民共和国缔结的条约和协定由外交部按照联合国宪章的有关规定向联合国秘书处登记。故 D 选项错误。综上所述，本题的正确答案为 A。

4. 假设甲、乙两国自愿经过谈判、签署和批准程序，缔结了一项条约。该条约内容包括：出于两国的共同利益。甲国将本国领土提供给乙国的军事力量使用，用来攻击并消灭丙国国内的某个种族。根据国际法，下列哪些说法是错误的？（   ）〔2〕（2003-1-58 多选）

A. 由于双方平等自愿缔约，满足条约成立的实质要件，因此该条约是合法有效的

B. 由于条约经过合法的缔结程序，因此该条约是合法有效的

C. 如果该条约的上述内容得到丙国同意，则缔约行为的不法性可以排除

D. 如果该条约的上述内容被实施，则乙国的行为构成国际不法行为，甲国的行为不构成不法行为

【考点】条约的有效要件

【解析】条约的有效成立必须具备形式要件和实质要件。一项书面条约，除必须具备条约文本，以及对条约的签署或批准等形式要件外，其有效性还须具备三个实质要件：具备完全的缔约权；自由同意；符合强行法。不具备这三个条件，一项文件就不能构成国际法上有效的条约。本题中甲乙两国签订的条约符合形式要件，但因为种族灭绝是一种国际社

---

〔1〕 答案：A
〔2〕 答案：ABCD

会公认的罪行，严重地违反了国际法，属于强行法的范畴，因此条约违反了实质要件中强行法规定，是无效的，故 A、B 选项说法错误，应当入选。违反强行法的行为，是国际不法行为，凡涉及者都应承担国家责任，故 C、D 选项也错误。应当入选。故本题的正确答案为ABCD。

5. 根据《维也纳条约法公约》和《中华人民共和国缔结条约程序法》，关于中国缔约程序问题，下列哪些表述是正确的？（　　）[1]（2013-1-74 多选）

A. 中国外交部长参加条约谈判，无需出具全权证书

B. 中国谈判代表对某条约作出待核准的签署，即表明中国表示同意受条约约束

C. 有关引渡的条约由全国人大常委会决定批准，批准书由国家主席签署

D. 接受多边条约和协定，由国务院决定，接受书由外交部长签署

【考点】 条约的缔结

【解析】 全权代表进行谈判缔结条约须具备全权证书。国家元首、政府首脑和外交部长谈判缔约无须出具全权证书，即被认为代表其国家。故 A 选项正确。

待核准的签署是等待政府确认的签署，表示一种特殊的待定状态。在签署人所代表的本国确认之前，它只有认证条约约文的效力；如待核准的签署经该国确认之前，即发生正式签署的效力。另外签署也不一定必然发生条约的约束力。故 B 选项错误。

根据《缔结条约程序法》第 7 条的规定，有关司法协助、引渡的条约、协定，由全国人民代表大会常务委员会决定批准。批准书由中华人民共和国主席签署，外交部长副署。故 C 选项正确。

《缔结条约程序法》第 12 条规定，接受多边条约和协定，由国务院决定。经中国代表签署的或者无须签署的载有接受条款的多边条约、协定，由外交部或者国务院有关部门会同外交部审查后，提出建议，报请国务院作出接受的决定。接受书由外交部长签署，具体手续由外交部办理。故 D 选项正确。综上所述，本题的正确答案为 ACD。

6. 依据《中华人民共和国缔结条约程序法》及中国相关法律，下列哪些选项是正确的？（　　）[2]（2015-1-76 多选）

A. 国务院总理与外交部长参加条约谈判，无需出具全权证书

B. 由于中国已签署《联合国国家及其财产管辖豁免公约》，该公约对我国具有拘束力

C. 中国缔结或参加的国际条约与中国国内法有冲突的，均优先适用国际条约

D. 经全国人大常委会决定批准或加入的条约和重要协定，由全国人大常委会公报公布

【考点】 条约的缔结、《缔结条约程序法》

【解析】 根据《缔结条约程序法》第 6 条第 2 款第（1）项的规定，国务院总理、外交部长谈判、签署条约、协定，无须出具全权证书。故 A 选项正确。

《联合国国家及其财产管辖豁免公约》尚未生效。故 B 选项错误。

对于条约在国内的适用和地位，目前我国宪法没有作出统一明确的规定。从一些涉及条约适用的国内立法看，条约的直接适用、条约与相关国内法并行适用、条约须经国内立法转化才能适用几种情况都存在。同时也有相当一部分法律对于条约事项未作出任何规定。故 C 选项错误。

---

[1] 答案：ACD
[2] 答案：AD

《缔结条约程序法》第 15 条规定，经全国人民代表大会常务委员会决定批准或者加入的条约和重要协定，由全国人民代表大会常务委员会公报公布。其他条约、协定的公布办法由国务院规定。故 D 选项正确。综上所述，本题的正确答案为 AD。

考点 37：条约的保留

1. 甲、乙、丙国同为一开放性多边条约缔约国，现丁国要求加入该条约。四国均为《维也纳条约法公约》缔约国。丁国对该条约中的一些条款提出保留，下列哪一判断是正确的？（　　）[1]（2009-1-29 单选）

A. 对于丁国提出的保留，甲、乙、丙国必须接受

B. 丁国只能在该条约尚未生效时提出保留

C. 该条约对丁国生效后，丁国仍然可以提出保留

D. 丁国的加入可以在该条约生效之前或生效之后进行

【考点】条约的保留

【解析】保留是一国单方面作出的。对于保留，其他的缔约国可以同意或反对。选项 A 错误。

选项 B 错误。没有这个限制，签署条约时，条约可能尚未生效，加入条约时，条约可能已经生效，所以，条约生效前和生效后都可提出保留。

条约的保留是指一国在签署、批准、接受、赞同或加入一个条约时所作的单方声明。所以，在条约已经对丁国生效后，就不能再提出条约保留了。故 C 选项错误。

加入一般没有期限的限制，因此加入可以在条约生效之前或生效之后进行。故 D 选项正确。综上所述，本题的正确答案为 D。

2. 中国参与某项民商事司法协助多边条约的谈判并签署了该条约，下列哪些表述是正确的？（　　）[2]（2012-1-74 多选）

A. 中国签署该条约后有义务批准该条约

B. 该条约须由全国人大常委会决定批准

C. 对该条约规定禁止保留的条款，中国在批准时不得保留

D. 如该条约获得批准，对于该条约与国内法有不同规定的部分，在中国国内可以直接适用，但中国声明保留的条款除外

【考点】条约的批准、条约的保留

【解析】是否批准及何时批准一项条约，由各国自行决定。批准条约不是一国的义务。因此，中国签署该条约后，可以批准，也可不批准该条约。故 A 选项错误。

我国《宪法》第 67 条第（15）项规定，全国人民代表大会常务委员会行使下列职权：决定同外国缔结的条约和重要协定的批准和废除。故 B 选项正确。

根据《维也纳条约法公约》的规定，下列情况下不得提出保留：（1）条约规定禁止保留。（2）条约准许特定的保留，而有关保留不在条约准许的保留范围内。（3）保留与条约的目的和宗旨不符。我国是《维也纳条约法公约》的缔约国，所以对该条约规定禁止保留的条款，中国在批准时不得保留。故 C 选项正确。

依据《民法通则》第 142 条第 2 款规定，中华人民共和国缔结或者参加的国际条约同

---

〔1〕　答案：D

〔2〕　答案：BCD

中华人民共和国的民事法律有不同规定的，适用国际条约的规定，但中华人民共和国声明保留的条款除外。故 D 选项正确。综上所述，本题的正确答案为 BCD。

考点 38：条约的冲突

1. 甲乙丙三国订有贸易条约。后甲乙两国又达成了新的贸易条约，其中许多规定与三国前述条约有冲突。新约中规定，旧约被新约取代。甲乙两国均为《维也纳条约法公约》的缔约国。根据条约法，下列判断哪一项是错误的？（　　）〔1〕（2004-1-33 单选）

A. 旧约尚未失效

B. 新约不能完全取代旧约

C. 新约须经丙国承认方能生效

D. 丙国与甲乙两国间适用旧约

【考点】条约法上的条约的冲突、条约对第三国的效力

【解析】条约的冲突是指一国就同一事项先后参加的两个或几个条约的规定相互冲突。解决条约的冲突一般采取以下几种方法：（1）先后就同一事项签订的两个条约的当事国完全相同时，不论是双边还是多边条约，一般适用后约取代前约的原则，即适用后约，先约失效。（2）先后就同一事项签订的两个条约的当事国部分相同，部分不同时，在同为两条约当事国之间，适用后约优于先约的原则。（3）适用条约本身关于解决条约冲突的规定。综上所述，本题的正确答案为 C。

2. 甲乙丙三国为某投资公约的缔约国，甲国在参加该公约时提出了保留，乙国接受该保留，丙国反对该保留，后乙丙丁三国又签订了涉及同样事宜的新投资公约。根据《维也纳条约法公约》，下列哪些选项是正确的？（　　）〔2〕（2014-1-76 多选）

A. 因乙丙丁三国签订了新公约，导致甲乙丙三国原公约失效

B. 乙丙两国之间应适用新公约

C. 甲乙两国之间应适用保留修改后的原公约

D. 尽管丙国反对甲国在原公约中的保留，甲丙两国之间并不因此而不发生条约关系

【考点】条约的冲突

【解析】先后就同一事项签订的两个条约的当事国部分相同、部分不同时，在同为两条约当事国之间，适用后约优于先约的原则。在同为两条约当事国与仅为其中一条约的当事国之间，适用两国均为当事国的条约。因此，虽然乙丙丁三国签订了新公约，但是甲并非该公约的当事国，甲乙丙三国原公约并未失效。乙丙两国均为新约和旧约的当事国，应适用新公约。故 A 选项错误，B 选项正确。

甲乙两国之间仅为前约的当事国，只能适用前约。在保留国和接受保留国之间，按保留的范围，修改了该保留所涉及的一些条款所规定的权利义务关系。对甲的保留，乙国表示同意，应按照保留范围改变相应条约条款，所以，甲乙两国之间应适用保留修改后的原公约。故 C 选项正确。

在保留国与反对保留国之间，若反对保留国并不反对该条约在保留国与反对保留国之间生效，则保留所涉及的规定，在保留范围内，不在该两国之间适用。丙国反对甲国的保留，但并未反对条约在两国之间生效，因此，保留所涉规定在两国之间视为不存在，但是

---

〔1〕 答案：C

〔2〕 答案：BCD

条约关系依旧在甲丙之间存在。故 D 选项正确。综上所述，本题的正确答案为 BCD。

考点 39：条约对第三国的效力

嘉易河是穿越甲、乙、丙三国的一条跨国河流。1982 年甲、乙两国订立条约，对嘉易河的航行事项作出了规定。其中特别规定给予非该河流沿岸国的丁国船舶在嘉易河中航行的权利，且规定该项权利非经丁国同意不得取消。事后，丙国向甲、乙、丁三国发出照会。表示接受该条约中给予丁国在嘉易河上航行权的规定。甲、乙、丙、丁四国都是《维也纳条约法公约》的缔约国。对此，下列哪项判断是正确的？（　　　）[1]（2006-1-33 单选）

A. 甲、乙两国可以随时通过修改条约的方式取消给予丁国的上述权利

B. 丙国可以随时以照会的方式，取消其承担的上述义务

C. 丁国不得拒绝接受上述权利

D. 丁国如果没有相反的表示，可以被推定为接受了上述权利

【考点】条约对第三国的效力

【解析】根据《维也纳条约法公约》规定，当一个条约有意为第三国创设权利时，原则上应征得第三国的同意。但是，如果第三国没有相反的表示，应推断其接受这项权利，不必以书面形式明示接受。故本题的正确答案为 D。

考点 40：条约的终止和暂停实施

1. 甲乙两国 1990 年建立大使级外交关系，并缔结了双边的《外交特权豁免议定书》。2007 年两国交恶，甲国先宣布将其驻乙国的外交代表机构由大使馆降为代办处，乙国遂宣布断绝与甲国的外交关系。之后，双方分别撤走了各自驻对方的使馆人员。对此，下列哪一选项是正确的？（　　　）[2]（2008-1-30 单选）

A. 甲国的行为违反国际法，应承担国家责任

B. 乙国的行为违反国际法，应承担国家责任

C. 上述《外交特权豁免议定书》终止执行

D. 甲国可以查封没收乙国使馆在甲国的财产

【考点】条约的终止和暂停实施

【解析】根据"国家主权独立"原则，双方都有权自主决定外交关系的存续和终止，因此，两国的行为并没有违反国际法，不用承担国家责任。故 A、B 选项错误。

国际法上，条约的终止和暂停实施的援引主要有条约本身规定；条约当事方共同的同意；单方解约和退约；条约履行完毕；条约因被代替而终止；条约履行不可能；条约当事方丧失国际人格；断绝外交关系或领事关系；战争；一方违约；情势变迁等十一项。本题所述的情况属于断绝外交关系，所以双方缔结的《外交特权豁免议定书》终止执行。故 C 选项正确。

乙国使馆财产是乙国的财产，甲国无权查封和没收。故 D 选项错误。综上所述，本题的正确答案为 C。

2. 菲德罗河是一条依次流经甲乙丙丁四国的多国河流。1966 年，甲乙丙丁四国就该河流的航行事项缔结条约，规定缔约国船舶可以在四国境内的该河流中通航。2005 年底，甲

---

[1] 答案：D

[2] 答案：C

国新当选的政府宣布：因乙国政府未能按照条约的规定按时维修其境内航道标志，所以甲国不再受上述条约的拘束，任何外国船舶进入甲国境内的菲德罗河段，均须得到甲国政府的专门批准。自2006年起，甲国开始拦截和驱逐未经其批准而驶入甲国河段的乙丙丁国船舶，并发生多起扣船事件。对此，根据国际法的有关规则，下列表述正确的是：（　　　）[1]（2008-1-98 不定项）

  A. 由于乙国未能履行条约义务，因此，甲国有权终止该条约

  B. 若乙丙丁三国一致同意，可以终止该三国与甲国间的该条约关系

  C. 若乙丙丁三国一致同意，可以终止该条约

  D. 甲乙两国应分别就其上述未履行义务的行为，承担同等的国家责任

【考点】条约的终止、国家责任

【解析】国际实践中，多国河流一般对所有沿岸国开放，而非沿岸国船舶未经许可不得航行。同时，对多国河流的航行、使用、管理等事项，一般都应由有关国家协议即条约解决。条约终止事由参见上题解析。其中，一国重大违约，缔约他方有权终止条约。本题中，A项仅提到乙国未能履行条约义务，并未涉及是否重大违约，所以甲国不一定有权终止条约。而甲国明显构成重大违约，属于终止条约事由之一。因此，A项错误，B、C项正确。甲乙两个未履行各自的义务，应该各自承担相应的国家责任，而非承担同等的国家责任，因此，D项说法正确。综上所述，本题的正确答案为BC。

---

[1] 答案：BC

第七章 国际争端解决

第一讲 国际争端的解决方法

考点 41：国际争端的解决方法

1. 甲、乙两国因历史遗留的宗教和民族问题，积怨甚深。2004 年甲国新任领导人试图缓和两国关系，请求丙国予以调停。甲乙丙三国之间没有任何关于解决争端方法方面的专门条约。根据国际法的有关规则和实践，下列哪一项判断是正确的？（   ）[1]（2005-1-33 单选）

A. 丙国在这种情况下，有义务充当调停者

B. 如果丙国进行调停，则乙国有义务参与调停活动

C. 如果丙国进行调停，对于调停的结果，一般不负有监督和担保的义务

D. 如果丙国进行调停，则甲国必须接受调停结果

【考点】国际争端的解决方式中的调停

【解析】调停是指第三方以调停者的身份，就争端的解决提出方案，并直接参加和主持谈判，以协助争端解决。调停国提出的方案本身没有拘束力，对进行调停及其成败不承担任何法律义务或后果。调停一般是第三方出于善意主动进行的，也可以是应当事国或各方邀请进行的，争端当事方或第三方可以对有关的行动加以拒绝，但不应将这种行为视为不友好。调停者可以是国家、组织或个人。

一国没有义务对国际争端进行调停，故选项 A 错误。争端当事国没有参加的义务，故 B 选项错。调停结果没有法律拘束力，争端当事方不是必须接受，故 D 选项错误。故本题的正确答案为 C。

2. 根据国际法相关规则，关于国际争端解决方式，下列哪些表述是正确的？（   ）[2]（2011-1-76 多选）

A. 甲乙两国就界河使用发生纠纷，丙国为支持甲国可出面进行武装干涉

B. 甲乙两国发生边界争端，丙国总统可出面进行调停

C. 甲乙两国可书面协议将两国的专属经济区争端提交联合国国际法院，国际法院对此争端拥有管辖权

D. 国际法院可就国际争端解决提出咨询意见，该意见具有法律拘束力

【考点】调停、国际法院管辖权

【解析】国际争端应当和平解决，第三国实施武装干涉违反了国际法原则。故 A 选项错误。

---

[1] 答案：C

[2] 答案：BC

为促进国际争端的和平解决，第三方可以调停人的身份，就争端的解决提出方案，并直接参加或主持谈判，以协助争端解决。故 B 选项正确。

对法律争端，当事国都可以在争端发生后，达成协议，将争端提交国际法院，国际法院对此争端具有管辖权。故 C 选项正确。

国际法院可就国际争端解决提出咨询意见，但该意见没有法律拘束力。故 D 选项错误。综上所述，本题的正确答案为 BC。

3. 甲乙两国就海洋的划界一直存在争端，甲国在签署《联合国海洋法公约》时以书面声明选择了海洋法法庭的管辖权，乙国在加入公约时没有此项选择管辖的声明，但希望争端通过多种途径解决。根据相关国际法规则，下列选项正确的是：（   ）[1]（2014-1-97 不定项）

A. 海洋法法庭的设立不排除国际法院对海洋活动争端的管辖

B. 海洋法法庭因甲国单方选择管辖的声明而对该争端具有管辖权

C. 如甲乙两国选择以协商解决争端，除特别约定，两国一般没有达成有拘束力的协议的义务

D. 如丙国成为双方争端的调停国，则应对调停的失败承担法律后果

【考点】调停、协商、国际法院管辖权

【解析】国际海洋法法庭是根据《联合国海洋法公约》设立的，它是在海洋活动领域的全球性国际司法机构。海洋法法庭的建立，不排除国际法院对海洋活动争端的管辖，争端当事国可以自愿选择将海洋争端交由哪个机构来审理。选项 A 正确。

只有争端各方都选择了法庭程序，法庭才对相关案件有管辖权。故选项 B 错误。

解决国际争端的政治（外交）方法有谈判与协商、斡旋与调停、调查与和解。谈判和协商可能达成协议，也可能破裂或无限期进行或延期。除非特别约定，一般地，谈判或协商的当事国没有达成有拘束力协议的义务。选项 C 正确。

调停是指第三方以调停人的身份，就争端的解决提出方案，并直接参加或主持谈判，以协助争端解决。调停国提出的方案本身没有拘束力，调停国对于进行调停或调停成败也不承担任何法律义务或后果。故选项 D 错误。综上所述，本题的正确答案为 AC。

第二讲　国际争端的法律解决方法

考点 42：国际法院法官

1. 甲乙两国都是联合国会员国，现因领土争端，甲国欲向国际法院提起诉讼，关于该问题以下说法正确的是：（   ）[2]（2018-1-17 单选·网络回忆版）

A. 如国际法院受理该案件，发现主审法官中有甲国公民，则乙国可以申请该法官回避

B. 如审理案件中甲国发现法官中有乙国法官，则可以申请增加本国国籍的法官为专案法官

C. 如法院判乙国败诉又不执行该判决，则甲国可以申请国际法院强制执行该判决

---

〔1〕 答案：AC
〔2〕 答案：B

D. 如果国际法院作出判决，则该判决可以成为国际法渊源对所有联合国成员国都有约束力

【考点】 国际法院法官、国际法院的判决

【解析】 国际法院法官对于涉及其国籍国的案件，不适用回避制度，除非其就任法官前曾参与该案件。因此，选项 A 错误。在法院受理案件中，如果双方当事国中仅仅其中一国有本国国籍的法官，则另一方当事国可以选派一人作为法官参加案件的审理。双方都没有，都可以选派一名专案法官参与案件的审理。因为其只担任该一案件的审理，故名曰"专案法官"。专案法官与正式法官具有完全平等的权利。故 B 选项正确。如有一方拒不履行国际法院判决，他方可向安理会提出申诉，安理会可作出建议或决定采取措施执行判决。国际法院无法强制执行判决。故 C 选项错误。

国际法院的判决是终局性的。判决一经作出，即对本案及本案当事国产生拘束力，当事国必须履行。但其并非国际法渊源，效力不具普遍性，只是确定国际法原则的辅助资料，或者叫做国际法的辅助渊源。题中判决对本案及甲乙两国产生拘束力，但并非对所有联合国成员国都有约束力，不能成为国际法渊源。故 D 选项错误。综上所述，本题的正确答案为 B。

考点 43：国际法院管辖权

1. 关于国际法院，依《国际法院规约》，下列哪一选项是正确的？（　　　）[1]（2016-1-34 单选）

A. 安理会常任理事国对法官选举拥有一票否决权
B. 国际法院是联合国的司法机关，有诉讼管辖和咨询管辖两项职权
C. 联合国秘书长可就执行其职务中的任何法律问题请求国际法院发表咨询意见
D. 国际法院做出判决后，如当事国不服，可向联合国大会上诉

【考点】 国际法院管辖权、判决的执行、法官的产生

【解析】 法官在联合国大会和安理会中分别独立进行选举，只有在这两个机关同时都获得绝对多数票方可当选。安理会常任理事国对法官选举没有否决权。故 A 选项错误。

国际法院管辖权包括两方面：一是咨询管辖权；二是诉讼管辖权。故 B 选项正确。

联合国大会及大会临时委员会、安理会、经社理事会、托管理事会、要求复核行政法庭所作判决的申请委员会以及经大会授权的联合国专门机构或其他机构，可以就执行其职务中的任何法律问题请求国际法院发表咨询意见。其他任何国家、团体、个人包括联合国秘书长都无权请求法院提供咨询意见。故选项 C 错误。

国际法院实行一审终审，无上诉程序。败诉方不履行的，胜诉方可以向联合国安理会申诉。故选项 D 错误。综上所述，本题的正确答案为 B。

2. 甲、乙是联合国会员国。甲作出了接受联合国国际法院强制管辖的声明，乙未作出接受联合国国际法院强制管辖的声明。甲、乙也是《联合国海洋法公约》的当事国，现对相邻海域中某岛屿归属产生争议。关于该争议的处理，下列哪一选项是不符合国际法的？（　　　）[2]（2012-1-33 单选）

A. 甲、乙可达成协议将争议提交联合国国际法院

---

［1］ 答案：B
［2］ 答案：C

B. 甲、乙可自愿选择将争议提交联合国国际法院或国际海洋法庭

C. 甲可单方将争议提交联合国国际法院

D. 甲、乙可自行协商解决争议

【考点】国际法院的管辖权、国际海洋法法庭的管辖权

【解析】在现行条约或协定中，规定各方同意将有关的争端提交国际法院解决。提交法院的争端及范围等可以通过在条约中设立专门条款，也可以在订立条约的同时，再订立专门的协定加以规定。所以，甲乙作为联合国的成员国可达成协议将争议提交联合国国际法院。选项 A 符合。

根据《联合国海洋法公约》规定，法庭的管辖权及于下列案件：（一）有关《联合国海洋法公约》的解释或适用的任何争端；（二）关于与《联合国海洋法公约》的目的有关的其他国际协定的解释或适用的任何争端；（三）如果同《联合国海洋法公约》主题事项有关的现行有效条约或公约的所有缔约国同意，有关这种条约或公约的解释或适用的争端，也可提交法庭。一般来说，法庭的管辖只限于《公约》所有缔约国。甲、乙是联合国会员国，也是《联合国海洋法公约》的当事国，现对相邻海域中某岛屿归属产生争议，所以，甲、乙可自愿选择将争议提交联合国国际法院或国际海洋法庭。选项 B 符合。

《国际法院规约》的当事国，可以通过发表声明，就具有下列性质之一的争端，对于接受同样义务的任何其他当事国，接受法院的管辖为当然具有强制性，而不需要再有特别的协定。这些争端是：对于条约的解释、违反国际义务的任何事实、违反国际义务而产生的赔偿的性质和范围等。这里"任择"是指当事国自愿选择是否作出声明；一旦作出声明，在声明接受的范围内，国际法院就具有了强制的管辖权，而不需其他协定。本题中，甲作出了接受联合国国际法院强制管辖的声明，乙未作出接受联合国国际法院强制管辖的声明。所以，甲单方将争议提交联合国国际法院的行为不符合国际法。故选项 C 不符合。

协商是解决国际争端的非强制性方法之一。协商曾被作为谈判的一个部分和步骤，但当代也常常被作为一个独立的方法使用。谈判一般仅限于当事国之间，协商有时也可以邀请中立国参加。所以，甲、乙可自行协商解决争议。选项 D 符合。综上所述，本题只能选 C。

考点 44：国际法院判决

1. 甲乙两国协议将其海洋划界争端提交联合国国际法院。国际法院就此案作出判决后，甲国拒不履行依该判决所承担的义务。根据《国际法院规约》，下列做法哪一个是正确的？（　　）[1]（2004-1-34 单选）

A. 乙国可以申请国际法院指令甲的国内法院强制执行该判决

B. 乙国可以申请由国际法院执行庭对该判决强制执行

C. 乙国可以向联合国安理会提出申诉，请求由安理会作出建议或采取行动，执行该判决

D. 乙国可以向联合国大会法律委员会提出申诉，由法律委员会决定采取行动，执行该判决

【考点】国际法院判决的执行

【解析】根据《国际法院规约》的规定，国际法院的判决是终局性的。判决一经作出，

---

[1]　答案：C

即对本案及本案当事国产生拘束力，当事国必须履行。如有一方拒不履行判决，他方得向安理会提出申诉，安理会可以作出有关建议或决定采取措施执行判决。法院成立以来尚无判决被拒绝履行案例。综上所述，本题的正确答案为 C。

2. 甲乙两国协议将其边界领土争端提交联合国国际法院。国际法院作出判决后，甲国拒不履行判决确定的义务。根据《国际法院规约》，关于乙国，下列哪一说法是正确的？（   ）[1]（2011-1-34 单选）

A. 可申请国际法院指令甲国国内法院强制执行

B. 可申请由国际法院强制执行

C. 可向联合国安理会提出申诉，请求由安理会作出建议或决定采取措施执行判决

D. 可向联大法律委员会提出申诉，由法律委员会决定采取行动执行判决

【考点】 国际法院的判决

【解析】《国际法院规约》规定，如有一方拒不执行判决，他方得向安理会提出申诉，安理会可以作出有关建议或决定采取措施执行判决。故本题的正确答案为 C。

考点 45：国际海洋法法庭管辖权

甲、乙、丙三国对某海域的划界存在争端，三国均为《联合国海洋法公约》缔约国。甲国在批准公约时书面声明海洋划界的争端不接受公约的强制争端解决程序，乙国在签署公约时口头声明选择国际海洋法法庭的管辖，丙国在加入公约时书面声明选择国际海洋法法庭的管辖。依相关国际法规则，下列哪一选项是正确的？（   ）[2]（2017-1-34 单选）

A. 甲国无权通过书面声明排除公约强制程序的适用

B. 国际海洋法法庭对该争端没有管辖权

C. 无论三国选择与否，国际法院均对该争端有管辖权

D. 国际海洋法法庭的设立排除了国际法院对海洋争端的管辖权

【考点】 国际海洋法法庭管辖权

【解析】《联合国海洋法公约》第 298 条规定，对于像海洋划界、领土争端、军事活动、涉及历史性海湾所有权的争端以及联合国安理会正在行使其管辖权的争端，缔约国可以通过书面声明来排除强制程序的适用。因此，对于海洋划界争端，甲国有权在批准公约时书面声明排除公约强制程序的适用。故选项 A 错误。

《联合国海洋法公约》规定，一国在签署、批准或加入本公约时，或在其后任何时间，可以自由用书面声明方式选择联合国海洋法法庭的管辖。只有争端各方都选择了联合国海洋法法庭程序，联合国海洋法法庭才有管辖权。本题中，只有丙国书面声明选择国际海洋法法庭的管辖，甲国书面声明海洋划界的争端不接受公约的强制争端解决程序，乙国口头声明而不是书面声明选择国际海洋法法庭的管辖。因此，国际海洋法法庭对该争端没有管辖权。故选项 B 正确，选项 C 错误。

选项 D 错误。如果《联合国海洋法公约》规定的强制争端解决程序适用，有 4 个处于平等并列地位的机构可供当事方选择，分别是联合国国际海洋法法庭、国际法院、依附件七组成的仲裁法庭和依附件八组成的特别仲裁法庭。因此，国际海洋法法庭不排除国际法院对海洋争端的管辖，当事国可自愿选择将争端交哪个机构审理。综上所述，本题的正确答案为 B。

---

[1] 答案：C

[2] 答案：B

第八章 战争与武装冲突法

考点46：战时中立

甲、乙国发生战争，丙国发表声明表示恪守战时中立义务。对此，下列哪一做法不符合战争法？（　　）[1]（2012-1-34单选）

A. 甲、乙战争开始后，除条约另有规定外，两国间商务条约停止效力

B. 甲、乙不得对其境内敌国人民的私产予以没收

C. 甲、乙交战期间，丙可与其任一方保持正常外交和商务关系

D. 甲、乙交战期间，丙同意甲通过自己的领土过境运输军用装备

【考点】战争开始的法律后果、中立国的义务

【解析】战争开始后，交战国间的政治、经济、军事等诸方面都处于敌对状态。断绝经贸往来是战争开始后敌国之间通常采取的措施。一般交战国人民之间的贸易和商务往来是被禁止的，但已履行的契约或已结算的债务则并不废除。所以，甲、乙战争开始后，除条约另有规定外，两国间商务条约停止效力是符合战争法的。选项A符合。

交战国在战争中对敌产的处理应区分公产和私产。交战国对于其境内的敌国人民的私产可予以限制，如禁止转移、冻结或征用，但不得没收。选项B符合。

中立国与交战国关系中的某些特殊权利。中立国有权与交战国的任一方保持正常的外交和商务关系。所以，丙作为中立国，在甲、乙交战期间可与其任一方保持正常外交和商务关系。选项C符合。

选项D不符合。中立国的义务一般可以分为不作为的义务、防止的义务和容忍的义务三个方面：①不作为的义务，是指中立国不得直接或间接地向任何交战国提供军事支持或帮助。包括不得提供军队、武器、给养、贷款或向交战国军队提供庇护场所等。②防止的义务，是指中立国有义务采取一切可能的措施，防止交战国在其领土或其管辖范围内的区域从事战争，或利用其资源准备从事战争敌对行动以及战争相关的行动，包括在该区域中征兵、备战、建立军事设施或捕获法庭、军队及军用装备过境等。③容忍的义务，指中立国须容忍交战国根据战争法对其国家和人民采取的有关措施，包括对其有关船舶的临检、对其从事非中立义务的船舶的拿捕审判、处罚或非常征用。所以，甲、乙交战期间，"丙同意甲通过自己的领土过境运输军用装备"不符合战争法。综上所述，本题的正确答案为D。

考点47：对作战手段和方法的限制

武器是战争的重要构成要素。在现代国际法上，下列武器类型中哪一种武器本身尚未被战争法规则明确地直接禁止？（　　）[2]（2005-1-34单选）

A. 核武器

---

[1] 答案：D

[2] 答案：A

B. 生物武器

C. 毒气化学类武器

D. 射入人体后爆炸的达姆弹

【考点】对作战手段和方法的限制

【解析】战争与武装冲突法从人道的角度出发，对作战的手段和方法规定了若干的限制。目的是在不能完全消灭战争与武装冲突之前，尽量减轻其给人类带来的残酷性。限制作战手段和方法的国际法规则，也被称作战争法中的"海牙体系规则"。它主要是以 1907 年的一系列海牙公约为基础，并在以后不断发展而形成的。其主要内容包括：（1）禁止具有过分杀伤力和滥杀滥伤作用的武器使用。（2）禁止不分皂白的战争手段和作战方法。不分皂白的战争手段和方法指在战争或武装冲突中，对平民、民用物体和战斗员、军事目标不加区别的作战手段和作战方法。（3）禁止改变环境的作战手段和方法。（4）禁止背信弃义的战争手段和作战方法。背信弃义的作战方法或行为，是指"以背弃敌人的信任为目的而诱取敌人的信任，使敌人相信其有权享受或有义务给予适用于武装冲突的国际法规则所规定的保护的行为。"

需要注意的是，核武器所具有的大规模杀伤性、长期的毒害及辐射作用以及难以对人员及目标区分打击等特性，使得其从理论上讲无疑应该属于被禁止的武器和方法之列，但目前的国际法还未对核武器的禁止做出全面明确的规定。国际法院在 1996 年针对"使用核武器是否合法"的问题所作的咨询意见中也认为，一般使用或威胁使用核武器是违反关于战争和武装冲突国际法规则的，特别是违反国际人道主义法的原则和规则的；但是就国际法目前的状况和法院所掌握的事实情况而言，对于在危及一国生死存亡时进行自卫的极端情况下，威胁或使用核武器是否合法，法院不能做出确定的结论。故本题的正确答案为 A。

考点 48：保护战时平民、战俘和伤病员

1. 甲国与乙国在一场武装冲突中，各自俘获了数百名对方的战俘。甲、乙两国都是 1949 年关于对战时平民和战争受难者保护的四个《日内瓦公约》的缔约国。根据《日内瓦公约》中的有关规则，下列哪种行为不违背国际法？（   ）[1]（2006-1-34 单选）

A. 甲国拒绝战俘与其家庭通信或收发信件

B. 甲国把乙国的战俘作为战利品在电视中展示

C. 乙国没收了甲国战俘的所有贵重物品，上缴乙国国库

D. 乙国对被俘的甲国军官和甲国士兵给予不同的生活待遇

【考点】战俘的待遇和权利

【解析】根据《日内瓦公约》，战俘应享有规定的合法待遇和相关权利。主要包括：准许战俘和其家庭通讯和收寄信件；不得侮辱战俘的人格和尊严；战俘的金钱和贵重物品可以由拘留国保存，但不得没收；战俘除因其军职等级、性别、健康、年龄及职业资格外，一律享有平等待遇，不得歧视。故本题的正确答案为 D。

2. 甲乙两国由于边界纠纷引发武装冲突，进而彼此宣布对方为敌国。目前乙国军队已突入甲国境内，占领了甲国边境的桑诺地区。根据与武装冲突相关的国际法规则，下列哪些选项符合国际法？（   ）[2]（2008-1-79 多选）

---

[1] 答案：D

[2] 答案：AD

A. 甲国对位于其境内的乙国国家财产，包括属于乙国驻甲国使馆的财产，不可予以没收

B. 甲国对位于其境内的乙国国民的私有财产，予以没收

C. 乙国对桑诺地区的甲国公民的私有财产，予以没收

D. 乙国强令位于其境内的甲国公民在规定时间内进行敌侨登记

【考点】武装冲突及平民保护

【解析】根据国际法的规则，战争开始后，交战国间的外交关系和领事关系一般自动断绝。交战国关闭其在敌国的使、领馆。接受国有一般的义务尊重馆舍财产和档案安全。对于派遣国的馆舍以及侨民的利益，可以委托接受国认可的第三国予以照料。交战国的外交代表和领事官员以及使、领馆的有关人员有返回其派遣国的权利。故 A 选项是正确的。

《日内瓦公约》规定，对于在战争或武装冲突发生时，位于交战国境内的敌国平民一般应允许离境。（1）平民不得成为攻击的对象；（2）禁止对平民的攻击实施报复；（3）保障平民的合法权益，不得把他们安置在某一地点或地区，以使该地点或地区免受军事攻击；（4）不得在身体上和精神上对平民施加压力，强迫提供情报；（5）禁止对平民施以体刑和酷刑，特别禁止非为医疗的医学和科学实验；（6）禁止实行集体刑罚和扣为人质；（7）应给予平民以维持生活的机会，但不得强迫他们从事与军事行动直接相关的工作；（8）只有在安全的绝对必要的情况下，才可以把有关敌国平民拘禁或安置于指定居所；（9）对妇女和儿童的特殊保护。因此，为了保证平民维持生活，不能没收在本国境内的敌国国民的私有财产。故 B 选项是错误的。而 D 选项是国际法没有禁止的，符合国际法的规定。

《日内瓦公约》还规定："军事占领是指交战国一方击败或驱逐敌方军队后临时控制敌国领土的行为。在军事占领下，占领当局只能在国际法许可的范围内行使军事管辖权，并对平民应给予以下人道主义待遇：①不得剥夺平民的生存权。……"因此，乙国对其占领的桑诺地区的甲国公民的私有财产予以没收，是不被国际法所允许的。所以 C 选项是错误的。综上所述，本题的正确答案为 AD。

3. 甲乙两国因边境冲突引发战争，甲国军队俘获数十名乙国战俘。依《日内瓦公约》，关于战俘待遇，下列哪些选项是正确的？（　　）[1]（2009-1-78 多选）

A. 乙国战俘应保有其被俘时所享有的民事权利

B. 战事停止后甲国可依乙国战俘的情形决定遣返或关押

C. 甲国不得将乙国战俘扣为人质

D. 甲国为使本国某地区免受乙国军事攻击可在该地区安置乙国战俘

【考点】《日内瓦公约》有关战俘待遇的规定

【解析】战俘应保有其被俘时所享有的民事权利。战俘的个人财物除武器、马匹、军事装备和军事文件以外的自用物品一律归其个人所有；战俘的金钱和贵重物品可由拘留国保存，但不得没收。故 A 选项正确。

战事停止后，战俘应立即予以释放并遣返，不得迟延。故 B 选项错误。

不得将战俘扣为人质；禁止对战俘施以暴行或恫吓及侮辱，使其免予遭受公众好奇的烦扰；不得对战俘实行报复，进行人身残害或肢体残伤，或供任何医学或科学实验；不得

---

[1] 答案：AC

侮辱战俘的人格和尊严。故 C 选项正确。

　　交战方应将战俘拘留所设在比较安全的地带，无论何时都不得把战俘送往或拘留在战斗地带或炮火所及的地方，也不得为使某地点或某地区免受军事攻击而在这些地区安置战俘。故 D 选项错误。综上所述，本题的正确答案为 AC。

第一章　国际私法总论

考点 1：涉外民事法律关系

下列在我国法院提起的诉讼中，构成涉外民事法律关系的有哪些？（　　　）[1]（2002-1-59 多选）

A. 发生在美国的犯罪行为因在我国发生结果而对犯罪嫌疑人追究刑事责任

B. 中国公民和美国公民之间的婚姻关系

C. 中国公民和德国公民之间的继承关系

D. 因发生在印度的交通事故而产生的侵权行为关系

【考点】涉外民事法律关系

【解析】国际私法的调整对象是国际民商事关系，从一个国家的角度来讲，就是涉外民事法律关系。涉外民事法律关系，是指主体、客体和内容方面含有一个或一个以上的涉外因素的民事法律关系。《最高人民法院关于适用〈中华人民共和国涉外民事关系法律适用法〉若干问题的解释（一）》（以下简称《法律适用法司法解释》）第 1 条明确民事法律关系具有下列情形之一的，人民法院可以认定为涉外民事法律关系：（1）当事人一方或双方是外国公民、外国法人或者其他组织、无国籍人；（2）当事人一方或双方的经常居所地在中华人民共和国领域外；（3）标的物在中华人民共和国领域外；（4）产生、变更或者消灭民事关系的法律事实发生在中华人民共和国领域外；（5）可以认定为涉外民事关系的其他情形。

本题中，A 项属于刑事法律关系，不选。B、C 选项属于第（1）种情形，D 选项属于第（4）种情形。综上所述，本题的正确答案为 BCD。

考点 2：自然人经常居所地的确定

张某居住在深圳，2008 年 3 月被深圳某公司劳务派遣到马来西亚工作，2010 年 6 月回深圳，转而受雇于香港某公司，其间每周一到周五在香港上班，周五晚上回深圳与家人团聚。2012 年 1 月，张某离职到北京治病，2013 年 6 月回深圳，现居该地。依《中华人民共和国涉外民事关系法律适用法》（以下简称《涉外民事关系法律适用法》）（不考虑该法生

---

[1]　答案：BCD

效日期的因素）和司法解释，关于张某经常居所地的认定，下列哪一表述是正确的？
（   ）[1]（2013-1-37 单选）

    A. 2010 年 5 月，在马来西亚

    B. 2011 年 12 月，在香港

    C. 2013 年 4 月，在北京

    D. 2008 年 3 月至今，一直在深圳

【考点】自然人经常居所地的认定

【解析】根据《法律适用法司法解释》第 15 条规定，自然人在涉外民事关系产生或者变更、终止时已经连续居住一年以上且作为其生活中心的地方，人民法院可以认定为涉外民事关系法律适用法规定的自然人的经常居所地，但就医、劳务派遣、公务等情形除外。本案张某在马来西亚和北京连续居住一年以上分别因为劳务派遣和就医，受雇于香港某公司期间，每周一到周五在香港上班，周五晚上回家与家人团聚，香港不构成张某的生活中心。马来西亚、香港和北京均未形成新的经常居所地，因此认定为其在 2008 年至今经常居所地在一直在深圳，故 D 选项正确，A、B、C 选项错误。

---

[1] 答案：D

第二章　冲突规范与准据法

考点 3：冲突规范

1. "在中华人民共和国境内履行的中外合资经营企业合同、中外合作经营企业合同、中外合作勘探开发自然资源合同，适用中华人民共和国法律。"该条款属于下列选项中哪一类型的冲突规范？（　　　）[1]（2003-1-21 单选）

A. 单边冲突规范

B. 双边冲突规范

C. 重叠适用的冲突规范

D. 选择适用的冲突规范

【考点】冲突规范的类型

【解析】冲突规范是由国内法或国际条约规定的，指明某种国际民商事法律关系应适用何种法律的规范，因此又称法律适用规范或法律选择规范，是国际私法特有的规范。根据冲突规范对应适用的法律的规定的不同，冲突规范可以分为单边、双边、重叠、选择适用的冲突规范。

所谓单边冲突规范，是指直接规定某涉外民商事法律关系应适用某国法律的冲突规范，既可以是明确规定适用内国法，也可以直接规定只适用外国法，典型的单边冲突规范其连接点为某一国家名称，如本题题干所举的例子，它规定三类合同只能适用中华人民共和国的法律，其连接点是中国，在这样一个明确的连接点的指引下由于没有其他选择，因此称之为单边冲突规范，故本题的正确答案为 A 选项。

所谓双边冲突规范是指冲突规范的系属并不直接规定适用内国法还是外国法，而只是规定一个可推定的系属，再根据这个系属并结合民商事法律关系的具体情况去推定应适用某法律的冲突规范，如"不动产所有权，适用不动产所在地法"即是一个双边冲突规范，在这个冲突规范中，系属部分"不动产所在地法"没有直接指明适用哪个国家的法律，需要结合具体案情才能确定。

所谓选择适用的冲突规范，是指其系属有两个或两个以上，规定了两种或两种以上可以适用的法律，但只选其中之一来调整国际民商事法律关系的冲突规范。根据允许选择的方式和条件的不同又分为：无条件选择适用的冲突规范，如"侵权行为的损害赔偿适用侵权行为实施地法或侵权结果发生地法"；有条件选择适用的冲突规范，如我国《合同法》第 126 规定："涉外合同的当事人可以选择处理合同争议所适用的法律，但法律另有规定的除外。涉外合同的当事人没有选择的，适用与合同有最密切联系的国家的法律。"

所谓重叠适用的冲突规范，是指其系属有两个或两个以上，并且同时适用于某种民商事法律关系的冲突规范。例如，我国《中华人民共和国涉外民事关系法律适用法》（以下简称《法律适用法》）第 28 条规定："收养的条件和手续，适用收养人和被收养法人经常

---

[1] 答案：A

居所地法律。"综上，本题的正确答案为 A。

2.《涉外民事关系法律适用法》规定：结婚条件，适用当事人共同经常居所地法律；没有共同经常居所地的，适用共同国籍国法律；没有共同国籍，在一方当事人经常居所地或者国籍国缔结婚姻的，适用婚姻缔结地法律。该规定属于下列哪一种冲突规范？（　　）[1]（2011-1-38 单选）

A. 单边冲突规范

B. 重叠适用的冲突规范

C. 无条件选择适用的冲突规范

D. 有条件选择适用的冲突规范

【考点】 冲突规范的类型

【解析】 本题所涉知识点同上题。

本题涉及的法条中，各系属间有先后选择适用的次序，因此，属于有条件选择适用的冲突规范，故 A、B、C 选项错误，D 选项正确。综上，本题的正确答案为 D。

考点 4：准据法

1. 在国际私法上，准据法的特点有哪些？（　　）[2]（2002-1-60 多选）

A. 准据法必须是通过冲突规范所指定的法律

B. 准据法是能够具体确定当事人权利义务的实体法

C. 准据法可以是国际统一实体规范

D. 准据法一般是依据冲突规范中的系属并结合国际民商事案件的具体情况来确定的

【考点】 准据法的特点

【解析】 准据法是指经冲突规范指定援引用来具体确定民商事法律关系当事人的权利与义务的特定的实体法律。其特征包括：（1）是按照冲突规范的指定所援引的法律；（2）是能够确定当事人之间的权利义务内容的实体法；（3）是依据冲突规范中的系属，并结合国际民商事案件的具体情况来确定的。故 A、B、D 选项的表述正确。综上所述，本题的正确答案为 ABD。需要说明的是，C 项本身表述并没有问题，但它并非是准据法的特点，所以不选。

2. 在一个涉外民事案件中，我国某法院根据我国的冲突规则确定应适用外方当事人的本国法处理该争议，但该外国的不同地区实施着不同的法律。在此情况下，下列哪一选项是正确的？（　　）[3]（2007-1-40 单选）

A. 应以该国首都所在地的法律为外方当事人的本国法

B. 应以外方当事人的住所地法代替其本国法

C. 应直接以与该民事关系有最密切联系的法律为外国当事人的本国法

D. 应先依据该国的区际冲突规则加以确定；如该国法律未作规定，再以与该民事关系有最密切联系的法律为外国当事人的本国法

【考点】 区际法律冲突下准据法的确定

【解析】 根据《法律适用法》第 6 条规定，涉外民事关系适用外国法律，该国不同区

---

[1] 答案：D

[2] 答案：ABD

[3] 答案：C

域实施不同法律的，适用与该涉外民事关系有最密切联系区域的法律，故 C 选项正确，A、B、D 选项错误。

3. 中国某法院受理一涉外民事案件后，依案情确定应当适用甲国法。但在查找甲国法时发现甲国不同州实施不同的法律。关于本案，法院应当采取下列哪一做法？（　　　）[1]（2011-1-39 单选）

　　A. 根据意思自治原则，由当事人协议决定适用甲国哪个州的法律

　　B. 直接适用甲国与该涉外民事关系有最密切联系的州法律

　　C. 首先适用甲国区际冲突法确定准据法，如甲国没有区际冲突法，适用中国法律

　　D. 首先适用甲国区际冲突法确定准据法，如甲国没有区际冲突法，适用与案件有最密切联系的州法律

【考点】区际法律冲突下准据法的确定

【解析】根据《法律适用法》第 6 条规定，涉外民事关系适用外国法律，该国不同区域实施不同法律的，适用与该涉外民事关系有最密切联系区域的法律，故 B 选项正确。

4. 关于冲突规范和准据法，下列哪一判断是错误的？（　　　）[2]（2010-1-33 单选）

　　A. 冲突规范与实体规范相似

　　B. 当事人的属人法包括当事人的本国法和住所地法

　　C. 当事人的本国法指的是当事人国籍所属国的法律

　　D. 准据法是经冲突规范指引、能够具体确定国际民事法律关系当事人权利义务的实体法

【考点】冲突规范、准据法

【解析】冲突规范仅指明某种国际民商事法律关系应适用何种法律，并不直接规定当事人的实体权利和义务，因而它非实体规范，也非程序规范，而是法律适用规范，故选项 A 表述错误。

属人法是冲突规范的系属公式之一，主要用于解决与人身有关的法律问题，大陆法系通常以国籍为属人法的连接点，英美法系通常以住所为属人法的连接点，故 B 选项表述正确。

当事人的本国法就是指当事人的国籍国法，故 C 选项表述正确。

准据法，是指经冲突规范指定援用来具体确定民商事法律关系当事人的权利与义务的特定的实体法律，故选项 D 表述正确。

〔1〕　答案：B
〔2〕　答案：A

第三章　适用冲突规范的制度

考点 5：定性（识别）

一对夫妇，夫为泰国人，妻为英国人。丈夫在中国逝世后，妻子要求中国法院判决丈夫在中国的遗产归其所有。判断妻子对其夫财产的权利是基于夫妻财产关系的权利还是妻子对丈夫的继承权利的问题在国际私法上被称为什么？（　　　）[1]（2002-1-20 单选）

A. 二级识别 　　　　　　　　　　　　B. 识别

C. 法律适用 　　　　　　　　　　　　D. 先决问题

【考点】定性（识别）

【解析】本题中判断妻子对丈夫财产是基于夫妻财产关系的权利还是妻子对丈夫的继承权利的问题被称为识别。识别，又叫定性或归类，是指在适用冲突规范时，依照某一法律观念对有关事实或问题进行分析，将其归入一定的法律范畴，并对有关的冲突规范的范围或对象进行解释，从而确定何种冲突规范适用何种事实或问题的过程，故本题正确答案为 B。

考点 6：反致

1. 塞纳具有甲国国籍，住所在乙国，于 1988 年死亡。塞纳的亲属要求继承其遗留在丙国的不动产并诉至丙国法院。丙国法院按照本国的冲突规范应适用塞纳的本国法即甲国法；但依甲国冲突规范规定又应适用塞纳的住所地法即乙国法；而乙国冲突规范规定应适用不动产所在地法律即丙国法律。此时，丙国法院适用自己本国法律的行为属于下列哪一选项？（　　　）[2]（2002-1-21 单选）

A. 直接反致 　　　　　　　　　　　　B. 间接反致

C. 转致 　　　　　　　　　　　　　　D. 双重反致

【考点】反致

【解析】反致，是根据法院地国的冲突规范指引应适用他国的法律，而根据他国的冲突规范本案又应适用法院地国的法律，最后法院适用了本国的实体法。间接反致是根据法院地国冲突规范本案应适用他国的法律，而根据他国的冲突规范指引本案又应适用第三国法律，而根据第三国的冲突法规范，本案又应适用法院地国法律，最后法院适用了本国实体法；转致即根据法院地国的冲突法规范，本案应适用他国法律，而根据他国冲突法规定，本案又应适用第三国法律，法院最后直接适用了第三国的实体法来解决本案争议。双重反致又称"完全反致"，是英国冲突法中的一种独特的做法，其含义为英国法院法官在处理某一案件时，如果依英国法而适用外国法，应假定将自己置身于该外国法律体系，像该外国法官依据自己的法律来裁判案件一样，再依该外国法对反致所抱态度，最后决定应适用的

---

[1]　答案：B

[2]　答案：B

法律。

本题中法律适用流程是先由法院地国丙国指向甲国，再由甲国指向乙国，又从乙国返回丙国，所以是间接反致，故选项 B 正确，ACD 错误。

2. 墨西哥的甲在中国某法院涉诉，其纠纷依中国法应适用墨西哥法，依墨西哥法应适用中国法，根据我国《法律适用法》，下列哪项判断是正确的？（   ）[1]（2019-网络回忆版单选）

　　A. 该纠纷应适用墨西哥实体法

　　B. 依最密切联系原则选择实体法

　　C. 该纠纷应适用中国实体法

　　D. 因中国法和墨西哥法冲突，所以法院应驳回起诉

【考点】反致

【解析】根据《法律适用法》第 9 条的规定，涉外民事关系适用的外国法律，不包括外国的法律适用法。该条表明，我国司法实践中禁止反致与转致。因此，当法院受理涉外民事案件时，根据我国的冲突规范直接适用某一外国法时，应直接适用该外国的相关实体法，故 A 选项正确，B、C、D 选项错误。

考点 7：外国法的查明

1. 在某涉外合同纠纷案件审判中，中国法院确定应当适用甲国法律。关于甲国法的查明和适用，下列哪一说法是正确的？（   ）[2]（2011-1-35 单选）

　　A. 当事人选择适用甲国法律的，法院应当协助当事人查明该国法

　　B. 该案适用的甲国法包括该国的法律适用法

　　C. 不能查明甲国法的，适用中华人民共和国法律

　　D. 不能查明甲国法的，驳回当事人的诉讼请求

【考点】外国法的查明

【解析】《法律适用法》第 10 条第 1 款规定，涉外民事关系适用的外国法律，由人民法院、仲裁机构或者行政机关查明。当事人选择适用外国法律的，应当提供该国法律，故 A 选项错误。

《法律适用法》第 9 条规定，涉外民事关系适用的外国法律，不包括该国的法律适用法，故 B 选项错误。

《法律适用法》第 10 条第 2 款规定，不能查明外国法律或者该国法律没有规定的，适用中华人民共和国法律。据此可知，不能查明甲国法的，直接适用中国法律，而非驳回当事人的诉讼请求，故 C 选项正确，D 选项错误。

2. 根据《涉外民事关系法律适用法》和司法解释，关于外国法律的查明问题，下列哪一表述是正确的？（   ）[3]（2013-1-36 单选）

　　A. 行政机关无查明外国法律的义务

　　B. 查明过程中，法院应当听取各方当事人对应当适用的外国法律的内容及其理解与适用的意见

---

〔1〕答案：A

〔2〕答案：C

〔3〕答案：B

C. 无法通过中外法律专家提供的方式获得外国法律的，法院应认定为不能查明

D. 不能查明的，应视为相关当事人的诉讼请求无法律依据

【考点】 外国法的查明

【解析】《法律适用法》第 10 条第 1 款规定，涉外民事关系适用的外国法律，由人民法院、仲裁机构或者行政机关查明。当事人选择适用外国法律的，应当提供该国法律。若是行政机关审理案件应当适用外国法，该外国法又并非因当事人的选择而被适用，审案的行政机关就有义务查明该外国法，故 A 选项错误。

《法律适用法司法解释》第 18 条规定，人民法院应当听取各方当事人对应当适用的外国法律的内容及其理解与适用的意见，当事人对该外国法律的内容及其理解与适用均无异议的，人民法院可以予以确认；当事人有异议的，由人民法院审查认定，故 B 选项正确。

《法律适用法司法解释》第 17 条第 1 款规定，人民法院通过由当事人提供、已对中华人民共和国生效的国际条约规定的途径、中外法律专家提供等合理途径仍不能获得外国法律的，可以认定为不能查明外国法律，故 C 选项错误。

《法律适用法》第 10 条第 2 款规定，不能查明外国法律或者该国法律没有规定的，适用中华人民共和国法律，而非视为是相关当事人的诉讼请求无法律依据，故 D 选项错误。

3. 波兰甲公司和中国乙公司签订买卖合同，合同约定争议适用波兰法。后双方发生纠纷，中国乙公司在中国某法院起诉，下列哪些判断是正确的？（　　）〔1〕(2019- 网络回忆版多选)

A. 甲乙公司应查明并提供外国法

B. 若波兰甲公司对外国法的查明的法律表示异议，应由法院审查认定

C. 双方可以在起诉前变更适用德国法

D. 若波兰甲公司认为本案由波兰法院管辖更为方便，中国法院应裁定撤诉

【考点】 外国法的查明、协议选择法律、不方便管辖

【解析】 本题关于外国法查明所涉及的知识点见上题。

《法律适用法》第 3 条规定，当事人依照法律规定可以明示选择涉外民事关系适用的法律。《法律适用法司法解释》第 8 条规定，当事人在一审法庭辩论终结前协议选择或者变更选择适用的法律的，人民法院应予准许。各方当事人援引相同国家的法律且未提出法律适用异议的，人民法院可以认定当事人已经就涉外民事关系适用的法律做出了选择。

根据《民事诉讼法司法解释》第 532 条，不方便管辖需同时符合六个条件：（1）被告提出；（2）无选择中国法院的协议；（3）非中国法院专属管辖；（4）与中方利益无关；（5）事实未发生在中国，不适用中国法，法院有困难；（6）外国法院有管辖权，审理更方便。即便这六个条件都具备，我国法院的处理方式也是可以裁定驳回原告起诉，告知其向更方便的法院起诉，而不是必须驳回。

本题因双方当事人选择了外国法，所以当事人应查明并提供外国法，A 项正确；当事人对外国法的内容、理解与适用有异议的，由人民法院审查认定，B 项正确；当事人协议选择变更要适用的法律的最后时间是一审辩论终结前，所以 C 项正确；当事人认为外国法院管辖更方便，不是我国法院根据不方便管辖驳回起诉的理由，故 D 项不正确。综上，本题应选 ABC。

---

〔1〕 答案：ABC

考点8：公共秩序保留

世界各国都将公共秩序保留作为捍卫本国根本利益的一项重要法律制度。关于这一制度，下列哪项判断是错误的？（   ）[1]（2006-1-11 单选）

A. 我国的公共秩序保留制度仅在适用外国法律将违反我国社会公共利益的情况下才可以适用，其结果为排除相关外国法律的适用

B. 在英美普通法系国家中，"公共秩序"的概念一般表述为"公共政策"

C. 公共秩序保留制度已经为国际条约所规定

D. 我国法律中常常采用"社会公共利益"来表述"公共秩序"的概念

【考点】公共秩序保留

【解析】根据《法律适用法司法解释》第9条规定，当事人在合同中援引尚未对中华人民共和国生效的国际条约的，人民法院可以根据该国际条约的内容确定当事人之间的权利义务，但违反中华人民共和国社会公共利益或中华人民共和国法律、行政法规强制性规定的除外。此条款说明公共秩序保留是在满足条件的情况下可以排除国际条约的适用的，故A选项错误。

英国以"公共政策"这一概念代替欧洲大陆国家所适用的"公共秩序"概念，其法院在实践中对于违反英国公共政策的法律可以拒绝适用，故B选项正确。

我国法律中常常采用"社会公共利益"来表述"公共秩序"这一概念。故C、D选项正确。综上所述，本题应选A。

考点9：法律规避

根据我国相关法律规定，关于合同法律适用问题上的法律规避，下列哪些选项是正确的？（   ）[2]（2010-1-81 多选）

A. 当事人规避中国法律强制性规定的，应当驳回起诉

B. 当事人规避中国法律强制性规定的，不发生适用外国法律的效力

C. 如果当事人采用明示约定的方式，则其规避中国法律强制性规定的行为将为法院所认可

D. 当事人在合同关系中规避中国法律强制性规定的行为无效，该合同应适用中国法

【考点】法律规避

【解析】根据《法律适用法司法解释》第11条规定，一方当事人故意制造涉外民事关系的连结点，规避中华人民共和国法律、行政法规的强制性规定的，人民法院应认定为不发生适用外国法律的效力，故A选项错误，B、D选项正确。

法律规避的构成要件是"故意制造"涉外民事关系的连接点，规避中华人民共和国法律、行政法规的强制性规定的，故意制造在司法实践中当然包括明示约定，故C选项错误。综上所述，本题的正确答案为BD。

考点10：直接适用的法

1. 中国甲公司与德国乙公司进行一项商事交易，约定适用英国法律。后双方发生争议，

甲公司在中国法院提起诉讼。关于该案的法律适用问题，下列哪一选项是错误的？（　　　）[1] （2013-1-35单选）

　　A. 如案件涉及食品安全问题，该问题应适用中国法

　　B. 如案件涉及外汇管制问题，该问题应适用中国法

　　C. 应直接适用的法律限于民事性质的实体法

　　D. 法院在确定应当直接适用的中国法律时，无需再通过冲突规范的指引

　　【考点】直接适用的法

　　【解析】根据《法律适用法司法解释》第10条的规定，有下列情形之一，涉及中华人民共和国社会公共利益、当事人不能通过约定排除适用、无需通过冲突规范指引而直接适用于涉外民事关系的法律、行政法规的规定，人民法院应当认定为涉外民事关系法律适用法第四条规定的强制性规定：（一）涉及劳动者权益保护的；（二）涉及食品或公共卫生安全的；（三）涉及环境安全的；（四）涉及外汇管制等金融安全的；（五）涉及反垄断、反倾销的；（六）应当认定为强制性规定的其他情形。故A、B选项正确，直接适用的法不限于民事性质的实体法，商事性质的实体法同样适用。C选项错误。

　　所谓"直接适用的法"就是强化某些强制性规定在我国涉外民商事纠纷中有直接适用的效力，这些强制性的规定无须通过冲突规范的指引，故D选项正确。

　　本题为否定命题，答案为C选项。

　　2. 中国甲公司与巴西乙公司因合同争议在中国法院提起诉讼。关于该案的法律适用，下列哪些选项是正确的？（　　　）[2] （2014-1-77多选）

　　A. 双方可协议选择合同争议适用的法律

　　B. 双方应在一审开庭前通过协商一致，选择合同争议适用的法律

　　C. 因法院地在中国，本案的时效问题应适用中国法

　　D. 如案件涉及中国环境安全问题，该问题应适用中国法

　　【考点】合同的法律适用、时效的法律适用、直接适用的法

　　【解析】合同之债法律适用的顺序是意思自治优先，没有意思自治的适用最密切联系原则确定准据法，故A选项正确。

　　根据《法律适用法司法解释》第8条第1款的规定，当事人在一审法庭辩论终结前协议选择或者变更选择适用的法律的，人民法院应予准许。协议选择适用的法律应在一审法庭辩论终结前而不是一审开庭前，故B选项错误。

　　根据《法律适用法》第7条规定，诉讼时效，适用相关涉外民事关系应当适用的法律。诉讼时效适用相关涉外民事关系应当适用的法律不是适用法院地法，故C选项错误。

　　根据《法律适用法司法解释》第10条规定：有下列情形之一，涉及中华人民共和国社会公共利益、当事人不能通过约定排除适用、无需通过冲突规范指引而直接适用于涉外民事关系的法律、行政法规的规定，人民法院应当认定为涉外民事关系法律适用法第四条规定的强制性规定：（一）涉及劳动者权益保护的；（二）涉及食品或公共卫生安全的；（三）涉及环境安全的；（四）涉及外汇管制等金融安全的；（五）涉及反垄断、反倾销的；（六）应当认定为强制性规定的其他情形。环境安全方面的强制性规定属于我国涉外民事案件中必

---

[1]　答案：C

[2]　答案：AD

须直接适用的规定，故 D 选项正确。综上所述，本题的正确答案为 AD。

3. 根据我国法律和司法解释，关于涉外民事关系适用的外国法律，下列说法正确的是（　　）[1]（2014-1-98 不定项）

A. 不能查明外国法律，适用中国法律

B. 如果中国法有强制性规定，直接适用该强制性规定

C. 外国法律的适用将损害中方当事人利益的，适用中国法

D. 外国法包括该国法律适用法

【考点】反致、外国法的查明、公共秩序保留、直接适用的法

【解析】《法律适用法》第 10 条规定，涉外民事关系适用的外国法律，由人民法院、仲裁机构或者行政机关查明。当事人选择适用外国法律的，应当提供该国法律。不能查明外国法律或者该国法律没有规定的，适用中华人民共和国法律，故 A 选项正确。

《法律适用法》第 4 条规定，中华人民共和国法律对涉外民事关系有强制性规定的，直接适用该强制性规定。故 B 选项正确。

《法律适用法》第 5 条规定，外国法律的适用将损害中华人民共和国社会公共利益的，适用中华人民共和国法律。社会公共利益不同于当事人的利益，故 C 选项错误。

《法律适用法》第 9 条规定，涉外民事关系适用的外国法律，不包括该国的法律适用法。也就是说我国不承认反致，故 D 选项错误。综上所述，本题的正确答案为 AB。

4. 沙特某公司在华招聘一名中国籍雇员张某。为规避中国法律关于劳动者权益保护的强制性规定，劳动合同约定排他性地适用菲律宾法。后因劳动合同产生纠纷，张某向中国法院提起诉讼。关于该劳动合同的法律适用，下列哪一选项是正确的？（　　）[2]（2015-1-35 单选）

A. 适用沙特法

B. 因涉及劳动者权益保护，直接适用中国的强制性规定

C. 在沙特法、中国法与菲律宾法中选择适用对张某最有利的法律

D. 适用菲律宾法

【考点】直接适用的法

【解析】本题所涉知识点参见本考点第 1 题解析。涉及劳动者权益保护的属于我国法上的强制性规定，当事人不能通过约定排除适用，人民法院无需通过冲突规范指引而应直接适用。在本题中，沙特某公司与张某的合同约定排他性地适用菲律宾法，系为通过约定排除适用中国法关于劳动者权益保护的强制性规定，是无效的，故 B 选项正确，A、C、D 选项错误。

---

[1]　答案：AB
[2]　答案：B

第四章 国际民商事关系的法律适用

第一讲 民商事法律适用的原则性规定

考点 11：法律适用中的意思自治原则

1. 根据我国有关法律规定，关于涉外民事关系的法律适用，下列哪些领域采用当事人意思自治原则？（   ）[1]（2011-1-77 多选）

A. 合同

B. 侵权

C. 不动产物权

D. 诉讼离婚

【考点】法律适用中的意思自治

【解析】《法律适用法》第41条规定，当事人可以协议选择合同适用的法律。当事人没有选择的，适用履行义务最能体现该合同特征的一方当事人经常居所地法律或者其他与该合同有最密切联系的法律，故 A 选项正确。

《法律适用法》第44条规定，侵权责任，适用侵权行为地法律，但当事人有共同经常居所地的，适用共同经常居所地法律。侵权行为发生后，当事人协议选择适用法律的，按照其协议，故 B 选项正确。

《法律适用法》第36条规定，不动产物权，适用不动产所在地法律，故 C 选项错误。

《法律适用法》第27条规定，诉讼离婚，适用法院地法律，故 D 选项错误。综上所述，本题的正确答案为 AB。

2. 在涉外民事关系中，依《涉外民事关系法律适用法》和司法解释，关于当事人意思自治原则，下列表述中正确的是（   ）[2]（2013-1-98 不定项）

A. 当事人选择的法律应与所争议的民事关系有实际联系

B. 当事人仅可在具有合同性质的涉外民事关系中选择法律

C. 在一审法庭辩论终结前，当事人有权协议选择或变更选择适用的法律

D. 各方当事人援引相同国家的法律且未提出法律适用异议的，法院可以认定当事人已经就涉外民事关系适用的法律作出了选择

【考点】法律适用中的意思自治

【解析】根据《法律适用法司法解释》第7条规定，一方当事人以双方协议选择的法律与系争的涉外民事关系没有实际联系为由主张选择无效的，人民法院不予支持。故 A 选项错误。

---

[1] 答案：AB

[2] 答案：CD

除了合同领域，当事人还可以在其他领域的涉外民事关系中选择法律。例如不当得利、无因管理、婚姻家庭等，适用当事人协议选择适用的法律，故 B 选项错误。

根据《法律适用法司法解释》第 8 条第 1 款规定，当事人在一审法庭辩论终结前协议选择或者变更选择适用的法律的，人民法院应予准许，故 C 选项正确。

根据《法律适用法司法解释》第 8 条第 2 款规定，各方当事人援引相同国家的法律且未提出法律适用异议的，人民法院可以认定当事人已经就涉外民事关系适用的法律做出了选择，故 D 选项正确。综上所述，本题的正确答案为 CD。

3. 在某合同纠纷中，中国当事方与甲国当事方协议选择适用乙国法，并诉至中国法院。关于该合同纠纷，下列哪些选项是正确的？（　　）[1]（2015-1-77 多选）

A. 当事人选择的乙国法，仅指该国的实体法，既不包括其冲突法，也不包括其程序法

B. 如乙国不同州实施不同的法律，人民法院应适用该国首都所在地的法律

C. 在庭审中，中国当事方以乙国与该纠纷无实际联系为由主张法律选择无效，人民法院不应支持

D. 当事人在一审法庭辩论即将结束时决定将选择的法律变更为甲国法，人民法院不应支持

【考点】准据法、意思自治原则

【解析】《法律适用法》第 9 条规定，涉外民事关系适用的外国法律，不包括该国的法律适用法。涉外民事关系适用的外国法指的是外国的实体法，不包括外国的冲突法和程序法，故 A 选项正确。

《法律适用法》第 6 条规定，涉外民事关系适用外国法律，该国不同区域实施不同法律的，适用与该涉外民事关系有最密切联系区域的法律。因此，如乙国不同州实施不同的法律，法院应适用与该涉外民事关系有最密切联系区域的法律，而不是适用该国首都所在地的法律，故 B 选项错误。

根据《法律适用法司法解释》第 7 条规定："一方当事人以双方协议选择的法律与系争的涉外民事关系没有实际联系为由主张选择无效的，人民法院不予支持。"可见，在涉外民事关系中，只要允许当事人协议选择适用的法律，当事人可以协议选择和案件没有联系的地方的法律，故 C 选项正确。

根据《法律适用法司法解释》第 8 条规定："当事人在一审法庭辩论终结前协议选择或者变更选择适用的法律的，人民法院应予准许。"可见，当事人选择或变更选择法律的时间为一审法庭辩论终结前。本题中，当事人在一审法庭辩论即将结束时决定将选择的法律变更为甲国法，人民法院应当支持，故 D 选项错误。综上所述，本题的正确答案为 AC。

考点 12：法律适用中的最密切联系原则

中国豫达公司向甲国来科公司出售一批成套设备，该设备将安装在乙国。合同约定有关的纠纷将由被告一方法院管辖但未约定合同的准据法。后双方因履约发生争议，来科公司在中国法院起诉豫达公司。根据最高人民法院《关于审理涉外民事或商事合同纠纷案件法律适用若干问题的规定》，关于我国法院在该案中应推定适用的法律，下列哪一选项是正确的？（　　）[2]（2008-1-37 单选）

---

[1]　答案：AC

[2]　答案：C

A. 中国法，因豫达公司为设备供应方

B. 甲国法，因来科公司为该批设备的买方

C. 乙国法，因乙国为该批设备的安装地

D. 《国际商事合同通则》，因该通则确定的规则具有更广泛的国际性

【考点】最密切联系原则

【解析】最高人民法院《关于审理涉外民事或商事合同纠纷案件法律适用若干问题的规定》第 5 条规定："当事人未选择合同争议应适用的法律的，适用与合同有最密切联系的国家或者地区的法律。

人民法院根据最密切联系原则确定合同争议应适用的法律时，应根据合同的特殊性质，以及某一方当事人履行的义务最能体现合同的本质特性等因素，确定与合同有最密切联系的国家或者地区的法律作为合同的准据法。（一）买卖合同，适用合同订立时卖方住所地法；如果合同是在买方住所地谈判并订立的，或者合同明确规定卖方须在买方住所地履行交货义务的，适用买方住所地法。（二）来料加工、来件装配以及其他各种加工承揽合同，适用加工承揽人住所地法。（三）成套设备供应合同，适用设备安装地法。（四）不动产买卖、租赁或者抵押合同，适用不动产所在地法。（五）动产租赁合同，适用出租人住所地法。（六）动产质押合同，适用质权人住所地法。（七）借款合同，适用贷款人住所地法。（八）保险合同，适用保险人住所地法。（九）融资租赁合同，适用承租人住所地法。（十）建设工程合同，适用建设工程所在地法。（十一）仓储、保管合同，适用仓储、保管人住所地法。（十二）保证合同，适用保证人住所地法。（十三）委托合同，适用受托人住所地法。（十四）债的发行、销售和转让合同，分别适用债券发行地法、债券销售地法和债券转让地法。（十五）拍卖合同，适用拍卖举行地法。（十六）行纪合同，适用行纪人住所地法。（十七）居间合同，适用居间人住所地法。

如果上述合同明显与另一国家或者地区有更密切联系的，适用该另一国家或者地区的法律。"所以本案应该适用成套设备安装地，即乙国的法律，故本题的正确答案是 C。

第二讲　民商事主体的法律适用

考点 13：自然人权利能力和行为能力的法律适用

1. 甲国公民汤姆 19 岁，1989 年在我国境内购买了一件民间工艺品，价值 1500 元，现汤姆以其本国法上 20 岁为成年才具有行为能力为由，要求解除合同。我国法院在审理此案时应如何处理？（　　）[1]（2002-1-62 多选）

A. 汤姆的行为无效，可以解除合同，买卖不成立

B. 汤姆的行为有效

C. 法院可以适用 1980 年《国际货物买卖合同公约》处理该案

D. 合同成立

【考点】自然人的行为能力的法律适用

【解析】自然人的行为能力是行为人以自己的行为取得民事权利和承担民事义务的资

---

[1]　答案：BD

格。根据《法律适用法》第 12 条的规定，自然人的民事行为能力，适用经常居所地法律。自然人从事民事活动，依照经常居所地法律为无民事行为能力，依照行为地法律为有民事行为能力的，适用行为地法律，但涉及婚姻家庭、继承的除外。同时《民法总则》规定公民年满 18 周岁即为完全民事行为能力人。所以本题中，该买卖合同是汤姆在我国境内订立，虽然依据汤姆属人法甲国法律规定年满 19 岁的自然人不具备完全行为能力，但依据其行为地法即我国法律规定，汤姆却具有完全行为能力，因此汤姆购买工艺品的民事法律行为有效，该合同成立，故 A 选项错误，B、D 选项正确。

《联合国国际货物销售合同公约》只适用于营业地在不同国家的当事人之间的买卖合同，不考虑当事人国籍，并且同时公约第 2 条规定排除公约对仅供私人或家庭使用的货物销售合同的适用，因此本题中汤姆购买民间工艺品的合同不适用该公约，故 C 选项错误。综上所述，本题的正确答案为 BD。

2. 某国公民杰克逊 18 岁，在上海某商店购买一款手机，价值 4000 元人民币。三天之后，杰克逊在另一商店发现该款手机的价格便宜许多，便到前一商店要求返货，被拒绝。杰克逊遂向上海某法院起诉，理由是根据其本国法，男子满 20 岁为成年人，自己未届成年，购买手机行为应属无效。对此，下列哪一种说法是正确的？（　　）〔1〕（2005-1-37 单选）

　　A. 认定杰克逊的行为无效，手机可以退

　　B. 认定杰克逊的行为有效，手机不能退货

　　C. 认定杰克逊为限制行为能力人，但因本案所涉金额不大，判购买行为有效

　　D. 法院应根据 1980 年《联合国国际货物销售合同公约》处理该案

【考点】　自然人行为能力的法律适用

【解析】　本题所涉知识点参见上一题。

本题中，该买卖合同是杰克逊在我国境内订立，虽然依据杰克逊属人法甲国法律规定，其未满 20 岁的自然人不具备完全行为能力，但依据其行为地法即我国法律规定，杰克逊却具有完全行为能力，因杰克逊购买手机的民事法律行为有效，该合同成立，故 B 选项正确，A、C 选项错误。

杰克逊购买手机的合同属于不适用《联合国国际货物销售合同公约》的六类合同中的购买供私人或家庭使用或消费的合同，故 D 选项错误。综上所述，本题的正确答案为 B。

3. 中国籍人李某 2008 年随父母定居甲国，甲国法律规定自然人具有完全民事行为能力的年龄为 21 周岁。2009 年 7 月李某 19 周岁，在其回国期间与国内某电脑软件公司签订了购买电脑软件的合同，合同分批履行。李某在部分履行合同后，以不符合甲国有关完全民事行为能力年龄法律规定为由，主张合同无效，某电脑软件公司即向我国法院起诉。依我国相关法律规定，下列哪一说法是正确的？（　　）〔2〕（2009-1-36 单选）

　　A. 应适用甲国法律认定李某不具有完全行为能力

　　B. 应适用中国法律认定李某在中国的行为具有完全行为能力

　　C. 李某已在甲国定居，在中国所为行为应适用定居国法

　　D. 李某在甲国履行该合同的行为应适用甲国法律

---

〔1〕　答案：B

〔2〕　答案：B

【考点】自然人行为能力的法律适用

【解析】本题所涉知识点参见本考点第 1 题。

本题中，李某具有中国籍，定居甲国，甲国应为其经常居所地。李某购买电脑的行为发生在中国，中国为行为地。依据甲国的法律，李某为无民事行为能力。而依据中国的法律，年满 18 周岁即具有完全民事行为能力，所以应当适用中国的法律，认定李某具有完全民事行为能力。故 B 选项正确，A、C、D 选项错误。

4. 甲国公民琼斯的经常居住地在乙国，其在中国居留期间，因合同纠纷在中国法院参与民事诉讼。关于琼斯的民事能力的法律适用，下列哪一选项是正确的？（　　）[1]（2012-1-35 单选）

A. 民事权利能力适用甲国法

B. 民事权利能力适用中国法

C. 民事行为能力应重叠适用甲国法和中国法

D. 依照乙国法琼斯为无民事行为能力，依照中国法为有民事行为能力的，其民事行为能力适用中国法

【考点】自然人民事权利和行为能力的法律适用

【解析】根据《法律适用法》第 12 条的规定，自然人的民事行为能力，适用经常居所地法律。自然人从事民事活动，依照经常居所地法律为无民事行为能力，依照行为地法律为有民事行为能力的，适用行为地法律，但涉及婚姻家庭、继承的除外。故选项 D 正确，ABC 错误。

考点 14：法人权利能力和行为能力的法律适用

1. 甲国 A 公司和乙国 B 公司共同出资组建了 C 公司，C 公司注册地和主营业地均在乙国，同时在甲国、乙国和中国设有分支机构，现涉及中国某项业务诉诸中国某法院。根据我国相关法律规定，该公司的民事行为能力应当适用哪国法律？（　　）[2]（2011-1-36 单选）

A. 甲国法

B. 乙国法

C. 中国法

D. 乙国法或者中国法

【考点】法人权利能力和行为能力的法律适用

【解析】根据《法律适用法》第 14 条规定，法人及其分支机构的民事权利能力、民事行为能力、组织机构、股东权利义务等事项，适用登记地法律。法人的主营业地与登记地不一致的，可以适用主营业地法律。法人的经常居所地，为其主营业地。本案中，C 公司注册地和主营业地均在乙国，因此，确定其民事行为能力应当适用乙国法，故 B 选项正确，A、C、D 选项错误。

2. 德国甲公司与中国乙公司在中国共同设立了某合资有限责任公司，后甲公司以确认其在合资公司的股东权利为由向中国某法院提起诉讼。关于本案的法律适用，下列哪一选

---

〔1〕 答案：D

〔2〕 答案：B

项是正确的?（　　）[1]（2014-1-35 单选）

A. 因合资公司登记地在中国，故应适用中国法

B. 因侵权行为地在中国，故应适用中国法

C. 因争议与中国的联系更密切，故应适用中国法

D. 当事人可协议选择纠纷应适用的法律

【考点】法人权利能力和行为能力的法律适用

【解析】根据《法律适用法》第 14 条规定："法人及其分支机构的民事权利能力、民事行为能力、组织机构、股东权利义务等事项，适用登记地法律。法人的主营业地与登记地不一致的，可以适用主营业地法律。法人的经常居所地，为其主营业地。"本题考查的是法人股东权利义务的法律适用，本题中合资公司的登记地在中国，其股东权利义务事项应适用中国法，故选项 A 正确，BCD 错误。

3. 韩国公民金某在新加坡注册成立一家公司，主营业地设在香港地区。依中国法律规定，下列哪些选项是正确的?（　　）[2]（2016-1-77 多选）

A. 该公司为新加坡籍

B. 该公司拥有韩国与新加坡双重国籍

C. 该公司的股东权利义务适用中国内地法

D. 该公司的民事权利能力与行为能力可适用香港地区法或新加坡法

【考点】法人权利能力和行为能力的法律适用

【解析】《公司法》第 2 条规定："本法所称的公司是依照本法在中国境内设立的有限责任公司和股份有限公司。"第 191 条规定："本法所称的外国公司是依照中国法律在中国境外设立的公司。"从《公司法》的上述规定可以看出，目前我国采用设立地说来确定法人的国籍，本题公司在新加坡注册成立，该公司是新加坡籍，故 A 项正确。

《法律适用法》第 14 条规定："法人及其分支机构的民事权利能力、民事行为能力、组织机构、股东权利义务等事项，适用登记地法律。法人的主营业地与登记地不一致的，可以适用主营业地法律。法人的经常居所地，为其主营业地。"则该公司股东权利义务适用登记地新加坡法或者主营业地香港法，B、C 项错误。故 D 项正确。综上所述，本题的正确答案为 AD。

考点 15：宣告失踪和宣告死亡的法律适用

1. 经常居住于中国的英国公民迈克，乘坐甲国某航空公司航班从甲国出发，前往中国，途经乙国领空时，飞机失去联系。若干年后，迈克的亲属向中国法院申请宣告其死亡。关于该案件应适用的法律，下列哪一选项是正确的?（　　）[3]（2014-1-36 单选）

A. 中国法　　　　　　　　　　　B. 英国法

C. 甲国法　　　　　　　　　　　D. 乙国法

【考点】宣告死亡的法律适用

【解析】《法律适用法》第 13 条规定："宣告失踪或者宣告死亡，适用自然人经常居所地法律。"本案中，当事人的经常居所地在中国，因此迈克宣告死亡的问题应适用中国法，

故选项 A 正确。

2. 经常居所同在上海的越南公民阮某与中国公民李某结伴乘新加坡籍客轮从新加坡到印度游玩。客轮在公海遇风暴沉没，两人失踪。现两人亲属在上海某法院起诉，请求宣告两人失踪。依中国法律规定，下列哪一选项是正确的？（　　）[1]（2016-1-35 单选）

A. 宣告两人失踪，均应适用中国法

B. 宣告阮某失踪，可适用中国法或越南法

C. 宣告李某失踪，可适用中国法或新加坡法

D. 宣告阮某与李某失踪，应分别适用越南法与中国法

【考点】 宣告失踪的法律适用

【解析】《法律适用法》第 13 条规定："宣告失踪或者宣告死亡，适用自然人经常居所地法律。"本案中，失踪的两人经常居所地都是中国上海，故适用中国法，选项 A 正确，BCD 错误。

第三讲　时效、代理和信托的法律适用

考点 16：时效的法律适用

1. 依照我国的司法解释，涉外民事诉讼法律关系的诉讼时效，应当依照下列哪一判断确定？（　　）[2]（2002-1-22 单选）

A. 法院地法

B. 原告住所地法

C. 被告住所地法

D. 冲突规范确定的民事法律关系的准据法

【考点】 时效的法律适用

【解析】 根据《法律适用法》第 7 条的规定，诉讼时效，适用相关涉外民事关系应当适用的法律，即时效的准据法应当与基础法律关系的准据法一致，故选项 D 正确。

2. 甲乙均为俄罗斯公民。甲定居中国，乙定居韩国，双方在汉城订立了一借贷合同，其中约定有关该合同的争议由中国法院排他管辖，英国法律为合同准据法。后双方因执行该合同发生争议而诉至我国法院。关于该合同争议的诉讼时效所应适用的法律，下列哪一个选项是正确的？（　　）[3]（2005-1-35 单选）

A. 当事人双方都是俄罗斯公民，该合同争议的诉讼时效应适用俄罗斯法律

B. 当事人在汉城订立合同，该合同争议的诉讼时效应适用韩国法律

C. 当事人选择英国法为合同准据法，该合同争议的诉讼时效应适用英国法律

D. 当事人选择由我国法院管辖，该合同争议的诉讼时效应适用我国法律

【考点】 时效的法律适用

【解析】 根据《法律适用法》第 7 条的规定，诉讼时效，适用相关涉外民事关系应当适用的法律，即时效的准据法应当与基础法律关系的准据法一致。本题基础法律关系是借

---

[1] 答案：A

[2] 答案：D

[3] 答案：C

贷关系，根据合同中的双方约定应适用英国法。而准据法与基础法律关系的准据法一致，也应适用英国法，故 C 选项正确，A、B、D 选项错误。

3. 中国甲公司与英国乙公司签订一份商事合同，约定合同纠纷适用英国法。合同纠纷发生 4 年后，乙公司将甲公司诉至某人民法院。英国关于合同纠纷的诉讼时效为 6 年。关于本案的法律适用，下列哪些选项是正确的？（   ）[1]（2017-1-79 多选）

A. 本案的诉讼时效应适用中国法

B. 本案的实体问题应适用英国法

C. 本案的诉讼时效与实体问题均应适用英国法

D. 本案的诉讼时效应适用中国法，实体问题应适用英国法

【考点】时效的法律适用

【解析】根据《法律适用法》第 7 条的规定，诉讼时效，适用相关涉外民事关系应当适用的法律，即时效的准据法应当与基础法律关系的准据法一致。本题基础法律关系是合同关系，根据合同中的双方约定应适用英国法。而准据法与基础法律关系的准据法一致，也应适用英国法，故 B、C 选项正确，A、D 选项错误。综上所述，本题正确答案是 BC。

考点 17：信托的法律适用

新加坡公民王颖与顺捷国际信托公司在北京签订协议，将其在中国的财产交由该公司管理，并指定受益人为其幼子李力。在管理信托财产的过程中，王颖与顺捷公司发生纠纷，并诉至某人民法院。关于该信托纠纷的法律适用，下列哪些选项是正确的？（   ）[2]（2017-1-77 多选）

A. 双方可协议选择适用瑞士法

B. 双方可协议选择适用新加坡法

C. 如双方未选择法律，法院应适用中国法

D. 如双方未选择法律，法院应在中国法与新加坡法中选择适用有利于保护李力利益的法律

【考点】信托的法律适用

【解析】根据《法律适用法》第 17 条规定，当事人可以协议选择信托适用的法律。当事人没有选择的，适用信托财产所在地法律或者信托关系发生地法律，故 A、B 选项正确。本题中信托财产地是中国，信托关系发生地也在中国，故在当事人没有协议选择法律时，法院只能适用中国法，故 C 选项正确，D 项错误。综上所述，本题正确答案是 ABC。

第四讲　物权的法律适用

考点 18：物权的法律适用

1. 中国南方某航运公司将其所有的一艘悬挂巴拿马国旗的远洋货轮转让给印度一家航运公司，该船舶所有权的转让应适用下列哪一国法律？（   ）[3]（2003-1-22 单选）

---

[1]　答案：BC

[2]　答案：ABC

[3]　答案：B

A. 中国法律　　　　　　　　　　B. 巴拿马法
C. 印度法　　　　　　　　　　　D. 船舶所在地国法律

【考点】 船舶物权的法律适用

【解析】《中华人民共和国海商法》（以下简称《海商法》）第 270 条规定，船舶所有权的取得、转让和消灭，适用船旗国法律。本题中的远洋货轮悬挂的是巴拿马国旗，所有权转让应适用巴拿马法，故 B 选项正确。

2. 依我国《民用航空法》的规定，民用航空器的转让、抵押，应当适用哪国法律？（　　）〔1〕（2004-1-37 单选）

A. 民用航空器转让、抵押地国法律
B. 民用航空器所在地国法律
C. 民用航空器国籍登记国法律
D. 受理案件的法院所在地国法律

【考点】 民用航空器物权的法律适用

【解析】 根据《中华人民共和国民用航空法》（以下简称《民用航空法》）：（1）关于民用航空器的所有权，第 185 条规定：民用航空器所有权的取得、转让和消灭，适用民用航空器国籍登记国法律。（2）关于民用航空器的抵押权，第 186 条规定：民用航空器抵押权适用民用航空器国籍登记国法律。（3）关于民用航空器的优先权，第 187 条规定：民用航空器优先权适用受理案件的法院所在地法律，故 C 选项正确，A、B、D 选项错误。

3. 根据我国《海商法》关于船舶物权问题的规定，下列表述哪些是正确的？（　　）〔2〕（2004-1-71 多选）

A. 船舶抵押权适用抵押地法律
B. 船舶优先权适用受理案件的法院所在地法律
C. 船舶所有权的取得、转让和消灭适用行为地法律
D. 船舶在光船租赁期间设立船舶抵押权的，适用原船舶登记国法律

【考点】 船舶物权的法律适用

【解析】《海商法》第 270 条规定：船舶所有权的取得、转让和消灭，适用船旗国法律，故 C 选项错误。第 271 条规定：船舶抵押权适用船旗国法律，故 A 选项错误。船舶在光船租赁以前或者光船租赁期间，设立船舶抵押权的，适用原船舶登记国的法律，故 D 选项正确。第 272 条规定：船舶优先权，适用受理案件的法院所在地法律。故 B 选项正确。综上所述，本题的正确答案为 BD。

4. 依照我国《海商法》相关规定，下列哪些诉讼应适用受理案件的法院所在地法律？（　　）〔3〕（2006-1-82 多选）

A. 我国法院受理的关于海事赔偿责任限制的诉讼
B. 我国法院受理的关于船舶优先权的诉讼
C. 同一国籍的船舶在公海上发生碰撞而在我国法院进行的诉讼
D. 不同国籍的外国船舶在公海上发生的碰撞而在我国法院进行的诉讼

〔1〕 答案：C
〔2〕 答案：BD
〔3〕 答案：ABD

【考点】 船舶物权的法律适用、海事关系的法律适用

【解析】《海商法》第 275 条规定："海事赔偿责任限制，适用受理案件的法院所在地法律。"故 A 选项正确。

《海商法》第 272 条规定："船舶优先权，适用受理案件的法院所在地法律。"故 B 选项正确。

《海商法》第 273 条规定："船舶碰撞的损害赔偿，适用侵权行为地法律。船舶在公海上发生碰撞的损害赔偿，适用受理案件的法院所在地法律。同一国籍的船舶，不论碰撞发生于何地，碰撞船舶之间的损害赔偿适用船旗国法律。"故 C 选项错误，D 选项正确。综上所述，本题答案为 ABD。

5. B 公司与 D 公司就运往乙国某港口的平板电脑的所有权产生了争议，D 公司将争议诉诸中国某法院。根据我国有关法律适用的规定，关于平板电脑所有权的法律适用，下列选项正确的是（　　）[1]（2011-1-98 不定项）

A. 当事人有约定的，可以适用当事人选择的法律，也可以适用乙国法

B. 当事人有约定的，应当适用当事人选择的法律

C. 当事人没有约定的，应当适用甲国法

D. 当事人没有约定的，应当适用乙国法

【考点】 运输中动产物权的法律适用

【解析】《法律适用法》第 38 条规定，当事人可以协议选择运输中动产物权发生变更适用的法律。当事人没有选择的，适用运输目的地法律。本题中，平板电脑属于运输中的动产，目的港是乙国，意思自治有限，对于当事人有约定的，适用约定的法律，若没有约定的，适用运输目的地法律即乙国法，故选项 BD 正确。综上所述，本题答案为 BD。

6. 2014 年 1 月，北京居民李某的一件珍贵首饰在家中失窃后被窃贼带至甲国。同年 2 月，甲国居民陈某在当地珠宝市场购得该首饰。2015 年 1 月，在获悉陈某将该首饰带回北京拍卖的消息后，李某在北京某法院提起原物返还之诉。关于该首饰所有权的法律适用，下列哪一选项是正确的？（　　）[2]（2015-1-36 单选）

A. 应适用中国法

B. 应适用甲国法

C. 如李某与陈某选择适用甲国法，不应支持

D. 如李某与陈某无法就法律选择达成一致，应适用甲国法

【考点】 动产物权的法律适用

【解析】《法律适用法》第 37 条规定："当事人可以协议选择动产物权适用的法律。当事人没有选择的，适用法律事实发生时动产所在地法律。"本题中，陈某在甲国珠宝市场购得该首饰，即引起物权变动的法律事实发生时该动产位于甲国。由于当事人可以协议选择动产物权适用的法律，因此，如李某与陈某选择适用甲国法，应该得到法院的支持，故选项 C 错误；如果李某与陈某无法就法律选择达成一致，则应适用法律事实发生时动产所在地法，即甲国法，故选项 A 和 B 错误，选项 D 正确。

---

〔1〕 答案：BD
〔2〕 答案：D

第五讲　债权的法律适用

考点 19：合同之债的法律适用

1. 依照我国法律的规定，下列哪些合同必须适用我国法律？（　　　）[1] （2002－1－63 多选）

A. 德国甲公司与法国乙公司依照《中华人民共和国外资企业法》，为共同投资在中国设立企业丙而订立的合同

B. 美国甲公司与我国乙公司依照《中华人民共和国中外合资经营企业法》，为共同投资在中国设立企业丙而订立的合同

C. 日本国甲公司与意大利国乙公司及中国丁公司依照《中华人民共和国中外合作经营企业法》，为共同投资在中国设立企业丙而订立的合同

D. 中国甲公司与新加坡乙公司签订的在中国境内履行的中外合作勘探开发自然资源合同

【考点】外资合同的法律适用

【解析】合同争议适用的准据法一般由当事人协议选择，但对某些特殊类型合同，法律有例外的规定。我国《合同法》第 126 条第 2 款规定：在中国境内履行的中外合资经营企业合同、中外合作经营企业合同、中外合作勘探开发自然资源合同，适用中华人民共和国法律。

本题中，B、C、D 选项所指为上述列举合同类型，因此必须适用中国法律，故选项 BCD 正确。本题中 A 项中所指的外商投资企业合同，非《合同法》第 126 条第 2 款所列的合同类型，而且没有其他法律要求必须适用中国法，故 A 选项错误。综上所述，本题的正确答案为 BCD。

2. 甲国公司与乙国航运公司订立海上运输合同，由丙国籍船舶"德洋"号运输一批货物，有关"德洋"号的争议现在中国法院审理。根据我国相关法律规定，下列哪一选项是正确的？（　　　）[2] （2010－1－35 单选）

A. 该海上运输合同应适用船旗国法律

B. 有关"德洋"号抵押权的受偿顺序应适用法院地法律

C. 有关"德洋"号船舶优先权的争议应适用丙国法律

D. 除法律另有规定外，甲国公司与乙国航运公司可选择适用于海上运输合同的法律

【考点】船舶物权和运输合同的法律适用

【解析】《海商法》第 269 条规定，合同当事人可以选择合同适用的法律，法律另有规定的除外。合同当事人没有选择的，适用与合同有最密切联系的国家的法，故 A 选项错误，D 选项正确。

《海商法》第 271 条规定，船舶抵押权适用船旗国法律。船舶在光船租赁以前或者光船租赁期间，设立船舶抵押权的，适用原船舶登记国的法律。本题中，有关"德洋"号抵押

权的受偿顺序应适用船旗国法丙国法，故 B 选项错误。

《海商法》第 272 条规定，船舶优先权，适用受理案件的法院所在地法律。本题中，有关"德洋"号的船舶优先权争议应适用法院地法中国法，故 C 选项错误。综上，本题的正确答案为 D。

3. 甲国公民大卫被乙国某公司雇佣，该公司主营业地在丙国，大卫工作内容为巡回于东亚地区进行产品售后服务，后双方因劳动合同纠纷诉诸中国某法院。关于该纠纷应适用的法律，下列哪一选项是正确的？（　　）[1]（2014-1-38 单选）

A. 中国法　　　　　　　　　　　B. 甲国法

C. 乙国法　　　　　　　　　　　D. 丙国法

【考点】劳动合同的法律适用

【解析】《法律适用法》第 43 条规定："劳动合同，适用劳动者工作地法律；难以确定劳动者工作地的，适用用人单位主营业地法律。劳务派遣，可以适用劳务派出地法律。"本题中，大卫工作内容为巡回于东亚地区进行产品售后服务，属于难以确定劳动者工作地的情形，故应适用用人单位主营业地法即丙国法，故 D 选项正确，A、B、C 选项错误。

4. 法国公民皮埃尔与主营业地在深圳的旭日公司签订劳动合同，根据劳动合同被派往在尼日利亚的分公司工作。后皮埃尔被解雇，诉至中国深圳某法院。法院应适用哪个国家的法律？（　　）[2]（2019-网络回忆版单选）

A. 法国法、中国法或尼日利亚法中对皮埃尔有利的法律

B. 法国法，因为皮埃尔为法国籍

C. 中国法，因为旭日公司主营业地在中国

D. 尼日利亚法，因为皮埃尔工作地在尼日利亚

【考点】劳动合同的法律适用

【解析】根据《法律适用法》第 43 条的规定，劳动合同，适用劳动者工作地法律；难以确定劳动者工作地的，适用用人单位主营业地法律。劳务派遣，可以适用劳务派出地法律。本题中，劳动者工作地在尼日利亚，所以应适用尼日利亚法，故 D 选项正确，A、B、C 选项错误。

考点 20：侵权之债的法律适用

1. 新加坡民用航空公司一架客机飞往印度尼西亚途中，因机上物体坠落使在公海上捕鱼的越南渔船受损。后该渔船开往中国港口修理，并就该飞机造成的损害赔偿诉诸我国法院。对于该案，依《中华人民共和国民用航空法》规定，法院应适用下列哪个国家的法律？（　　）[3]（2005-1-39 单选）

A. 新加坡法律　　　　　　　　　B. 印度尼西亚法律

C. 越南法律　　　　　　　　　　D. 中国法律

【考点】民用航空器物权的法律适用

【解析】根据《民用航空法》第 189 条规定，民用航空器在公海上空对水面第三人的损害赔偿，适用受理案件的法院所在地法律。因此，本案应当适用法院地国即中国的法律，

─────────────────

〔1〕答案：D

〔2〕答案：D

〔3〕答案：D

故 D 选项正确。

2. 巴拿马籍货轮"安达号"承运一批运往中国的货物，中途停靠韩国。"安达号"在韩国停靠卸载同船装运的其他货物时与利比里亚籍"百利号"相碰。"安达号"受损但能继续航行，并得知"百利号"最后的目的港也是中国港口。"安达号"继续航行至中国港口卸货并在中国某海事法院起诉"百利号"，要求其赔偿碰撞损失。依照我国法律，该法院处理该争议应适用下列哪一国法律？（　　）〔1〕（2007-1-37 单选）

A. 中国法律，因为本案两船国籍不同，应适用法院地法处理争议

B. 巴拿马法律，因为它是本案原告船舶的国籍国

C. 利比里亚法律，因为它是本案被告船舶的国籍国

D. 韩国法律，因为韩国是侵权行为地

【考点】船舶碰撞的法律适用

【解析】根据《海商法》第 273 条关于船舶碰撞的法律适用的规定，侵权行为的损害赔偿适用侵权行为地法律，故 D 选项正确。

3. 甲国人特里长期居于乙国，丙国人王某长期居于中国，两人在北京经营相互竞争的同种产品。特里不时在互联网上发布不利于王某的消息，王某在中国法院起诉特里侵犯其名誉权、肖像权和姓名权。关于该案的法律适用，根据我国相关法律规定，下列哪些选项是错误的？（　　）〔2〕（2011-1-78 多选）

A. 名誉权的内容应适用中国法律，因为权利人的经常居住地在中国

B. 肖像权的侵害适用甲国法律，因为侵权人是甲国人

C. 姓名权的侵害适用乙国法律，因为侵权人的经常居所地在乙国

D. 网络侵权应当适用丙国法律，因为被侵权人是丙国人

【考点】人格权侵权的法律适用

【解析】《法律适用法》第 15 条规定，人格权的内容，适用权利人经常居所地法律。同时根据《法律适用法》第 46 条规定，通过网络或者采用其他方式侵害姓名权、肖像权、名誉权、隐私权等人格权的，适用被侵权人经常居所地法律。本题中，权利人（被侵权人）王某的经常居所地在中国，因此适用中国法，故 A 选项正确，B、C、D 选项说法错误。综上所述，本题的答案为 BCD。

4. 甲国公民 A 与乙国公民 B 的经常居住地均在中国，双方就在丙国境内发生的侵权纠纷在中国法院提起诉讼。关于该案的法律适用，下列哪些选项是正确的？（　　）〔3〕（2012-1-79 多选）

A. 如侵权行为发生后双方达成口头协议，就纠纷的法律适用做出了选择，应适用协议选择的法律

B. 如侵权行为发生后双方达成书面协议，就纠纷的法律适用做出了选择，应适用协议选择的法律

C. 如侵权行为发生后双方未选择纠纷适用的法律，应适用丙国法

D. 如侵权行为发生后双方未选择纠纷适用的法律，应适用中国法

---

〔1〕 答案：D
〔2〕 答案：BCD
〔3〕 答案：ABD

【考点】侵权之债的法律适用

【解析】依据《法律适用法》第44条规定，侵权责任，适用侵权行为地法律，但当事人有共同经常居所地的，适用共同经常居所地法律。侵权行为发生后，当事人协议选择适用法律的，按照其协议。本题中，甲国公民A与乙国公民B双方达成协议就纠纷的法律适用做出了选择，应按照其协议选择适用的法律。对于协议的方式，法律中并未明确要求是口头或书面的，A、B选项正确。甲国公民A与乙国公民B的经常居住地均在中国，二者有共同经常居所地的，所以双方未选择纠纷适用的法律，应适用中国法。故D选项正确，C选项错误。综上所述，本题的答案为ABD。

5. 甲国游客杰克于2015年6月在北京旅游时因过失导致北京居民孙某受重伤。现孙某在北京以杰克为被告提起侵权之诉。关于该侵权纠纷的法律适用，下列哪一选项是正确的？（　　）〔1〕（2015-1-37 单选）

A. 因侵权行为发生在中国，应直接适用中国法

B. 如当事人在开庭前协议选择适用乙国法，应予支持，但当事人应向法院提供乙国法的内容

C. 因本案仅与中国、甲国有实际联系，当事人只能在中国法与甲国法中进行选择

D. 应在中国法与甲国法中选择适用更有利于孙某的法律

【考点】侵权之债的法律适用、意思自治原则

【解析】《法律适用法》第44条规定："侵权责任，适用侵权行为地法律，但当事人有共同经常居所地的，适用共同经常居所地法律。侵权行为发生后，当事人协议选择适用法律的，按照其协议。"在涉外侵权案件中，首先适用的是当事人选择的法律，当事人没有选择的，适用共同经常居所地法律，当事人没有选择法律也没有共同经常居所地的，才适用侵权行为地法律，故A、D项均错误。

《法律适用法司法解释》第8条第1款规定，"当事人在一审法庭辩论终结前协议选择或者变更选择适用的法律的，人民法院应予准许。"因此，当事人在开庭前协议选择适用乙国法应予支持的表述是正确的。《法律适用法》第10条第1款规定："涉外民事关系适用的外国法律，由人民法院、仲裁机构或者行政机关查明。当事人选择适用外国法律的，应当提供该国法律。"因此，在当事人协议选择适用乙国法的情况下，当事人应向法院提供乙国法的内容，故选项B正确。

《法律适用法司法解释》第7条规定："一方当事人以双方协议选择的法律与系争的涉外民事关系没有实际联系为由主张选择无效的，人民法院不予支持。"故C项错误。

6. 经常居所在广州的西班牙公民贝克，在服务器位于西班牙的某网络论坛上发帖诽谤经常居所在新加坡的中国公民王某。现王某将贝克诉至广州某法院，要求其承担侵害名誉权的责任。关于该纠纷的法律适用，下列哪一选项是正确的？（　　）〔2〕（2017-1-35 单选）

A. 侵权人是西班牙公民，应适用西班牙法

B. 被侵权人的经常居所在新加坡，应适用新加坡法

C. 被侵权人是中国公民，应适用中国法

---

〔1〕 答案：B

〔2〕 答案：B

D. 论坛服务器在西班牙，应适用西班牙法

【考点】人格权侵权的法律适用

【解析】《法律适用法》第15条规定，人格权的内容，适用权利人经常居所地法律。同时根据《法律适用法》第46条规定，通过网络或者采用其他方式侵害姓名权、肖像权、名誉权、隐私权等人格权的，适用被侵权人经常居所地法律。本案中，权利人（被侵权人）王某经常居所地在新加坡，故适用新加坡法。故B选项正确，A、C、D项说法错误。综上所述，本题正确答案为B。

7. 中国甲公司将其旗下的东方号货轮光船租赁给韩国乙公司，为便于使用，东方号的登记国由中国变更为巴拿马。现东方号与另一艘巴拿马籍货轮在某海域相撞，并被诉至中国某海事法院。关于本案的法律适用，下列哪一选项是正确的？（   ）[1]（2017-1-37单选）

A. 两船碰撞的损害赔偿应适用中国法

B. 如两船在公海碰撞，损害赔偿应适用《联合国海洋法公约》

C. 如两船在中国领海碰撞，损害赔偿应适用中国法

D. 如经乙公司同意，甲公司在租赁期间将东方号抵押给韩国丙公司，该抵押权应适用中国法

【考点】船舶碰撞法律适用、船舶物权的法律适用

【解析】《海商法》规定：同一国籍的船舶碰撞，损害赔偿适用船旗国法律。不同国籍船舶的碰撞，在公海上发生碰撞的损害赔偿，适用法院地法；在内水和领海的碰撞，适用侵权行为地法。本案中东方号的国籍变更后才发生碰撞，碰撞的两艘船的国籍相同，故适用船旗国巴拿马的法律，故AC项错误。

本案是不可能适用到《联合国海洋法公约》，故B项错误。

船舶抵押权适用船旗国法律。船舶在光船租赁以前或者光船租赁期间，设立船舶抵押权的，适用原船舶登记国的法律。本案出现了光船租赁，故适用原登记国中国法，D项正确。

综上所述，本题正确答案为D。

考点21：不当得利和无因管理的法律适用

1. 英国公民苏珊来华短期旅游，因疏忽多付房费1000元，苏珊要求旅店返还遭拒后，将其诉至中国某法院。关于该纠纷的法律适用，下列哪一选项是正确的？（   ）[2]（2016-1-36单选）

A. 因与苏珊发生争议的旅店位于中国，因此只能适用中国法

B. 当事人可协议选择适用瑞士法

C. 应适用中国法和英国法

D. 应在英国法与中国法中选择适用对苏珊有利的法律

【考点】不当得利的法律适用

【解析】多付房费，对方是不当得利。《法律适用法》第47条规定："不当得利、无因管理，适用当事人协议选择适用的法律。当事人没有选择的，适用当事人共同经常居所地

---

[1] 答案：D

[2] 答案：B

法律；没有共同经常居所地的，适用不当得利、无因管理发生地法律。"本案双方当事人可以协商选择任何法律，故 B 项正确．既然可以协商，就意味着不是只能适用中国法，故 A 项错误。C 项和 D 项均不符合上述法条，说法错误。综上所述，本题正确答案为 B 项。

2. 中国人王某在韩国旅游期间生病晕倒，在韩国出差的日本人桥本太郎将王某送入医院并垫付了医药费，王某未向桥本太郎返还医药费，伤好出院回国。桥本太郎向上海某法院起诉王某，要求其返还医药费。已知王某和桥本太郎都定居上海，且双方没有选择法律，法院解决本案争端应适用哪国法？（　　）[1]（2019-网络回忆版单选）

A. 中国法

B. 日本法

C. 韩国法

D. 最密切联系原则

【考点】无因管理的法律适用

【解析】本题所涉知识点参见上一题。

本题中桥本太郎垫付医药费可以认定为无因管理，而无因管理当事人可以选择法律，当事人没有选择的，适用当事人共同经常居所地法律，即中国法。因此，本题答案为 A。

第六讲　商事关系的法律适用

考点 22：票据关系的法律适用

1. 甲国人罗得向希姆借了一笔款。罗得在乙国给希姆开具一张五万美元的支票，其记载的付款人是罗得开立账户的丙国银行。后丙国银行拒绝向持有支票的希姆付款。因甲国战乱，希姆和罗得移居中国经商并有了住所，希姆遂在中国某法院起诉罗得，要求其支付五万美元。关于此案的法律适用，下列哪一选项是正确的？（　　）[2]（2009-1-35 单选）

A. 该支票的追索应适用当事人选择的法律

B. 该支票追索权的行使期限应适用甲国法律

C. 该支票的记载事项适用乙国法律

D. 该支票记载的付款人是丙国银行，罗得的行为能力应适用丙国法律

【考点】票据关系的法律适用

【解析】《票据法》第 99 条规定，票据追索权的行使期限，适用出票地法律。据此，我国只规定了票据追索权行使期限的法律适用（出票地法），而票据关系不同于合同关系，不能当然的适用意思自治原则，故 A 选项错误。本题中的出票地为乙国，因此应适用乙国法，故 B 选项错误。

《票据法》第 97 条规定，支票出票时的记载事项，适用出票地法律，经当事人协议，也可以适用付款地法律。本题中没有说明当事人达成了适用付款地法的协议，因此适用出票地法（乙国法），故 C 选项正确。

《票据法》第 96 条规定，票据债务人的民事行为能力，适用其本国法律。票据债务人

---

〔1〕　答案：A

〔2〕　答案：C

的民事行为能力，依照其本国法律为无民事行为能力或者为限制民事行为能力而依照行为地法律为完全民事行为能力，适用行为地法律。因此，罗得的行为能力应适用其本国法（甲国法），如果根据甲国法无民事行为能力或限制民事行为能力，而根据行为地法（乙国法）有民事行为能力，则适用乙国法，故 D 选项错误。

2. 在中国法院审理的某票据纠纷中，与该票据相关的法律行为发生在中国，该票据付款人为甲国某州居民里斯。关于里斯行为能力的法律适用，根据我国相关法律规定，下列哪一判断是正确的？（   ）[1]（2010-1-38 单选）

A. 应适用与该票据纠纷有最密切联系的法律

B. 应适用里斯住所地的法律

C. 如依据中国法里斯具有完全行为能力，则应认定其具有完全行为能力

D. 如关于里斯行为能力的准据法无法查明，则应驳回起诉

【考点】票据关系的法律适用

【解析】《票据法》第 96 条规定，票据债务人的民事行为能力，适用其本国法律。票据债务人的民事行为能力，依照其本国法律为无民事行为能力或者为限制民事行为能力而依照行为地法律为完全民事行为能力的，适用行为地法律。故 A、B 选项错误，C 选项正确。

根据《法律适用法》第 10 条，若无法查明外国法，应当适用中国法，故 D 项错误。

3. 中国公民李某在柏林签发一张转账支票给德国甲公司用于支付货款，付款人为中国乙银行北京分行。甲公司在柏林将支票背书转让给中国丙公司，丙公司在北京向乙银行请求付款时被拒。关于该支票的法律适用，依中国法律规定，下列哪一选项是正确的？（   ）[2]（2017-1-36 单选）

A. 如李某依中国法为限制民事行为能力人，依德国法为完全民事行为能力人，应适用德国法

B. 甲公司对该支票的背书行为，应适用中国法

C. 丙公司向甲公司行使票据追索权的期限，应适用中国法

D. 如丙公司不慎将该支票丢失，其请求保全票据权利的程序，应适用德国法

【考点】票据关系的法律适用

【解析】《票据法》第 96 条规定，票据债务人的民事行为能力，适用其本国法律。票据债务人的民事行为能力，依照其本国法律为无民事行为能力或者为限制民事行为能力而依照行为地法律为完全民事行为能力的，适用行为地法律。行为地在德国，经常居所地在中国，依据德国法李某是完全民事行为能力人，故适用德国法，A 项正确。

《票据法》第 98 条规定，票据的背书、承兑、付款和保证行为，适用行为地法律。行为地在德国，故适用德国法，故 B 项错误。

《票据法》第 99 条规定，票据追索权的行使期限，适用出票地法律。出票地是柏林，故适用德国法，故 C 项错误。

《票据法》第 101 条规定，票据丧失时，失票人请求保全票据权利的程序，适用付款地法律。付款地是中国北京，故适用中国法，故 D 项错误。综上所述，本题正确答案是 A 项。

---

[1] 答案：C

[2] 答案：A

考点 23：海事关系的法律适用

一艘悬挂巴拿马国旗并由一巴西海运公司经营的海船，运送一批属一家日本公司的货物从日本到中国，在韩国附近海域发生意外。为了安全完成本航程，该海船驶入韩国某港口避难，发生共同海损，后在中国某港口进行理算。该共同海损理算应适用什么法律？（　　　）[1]（2004-1-38 单选）

A. 船旗国法律

B. 共同海损发生地法律

C. 巴西的法律

D. 理算地法律

【考点】海事关系的法律适用

【解析】我国《海商法》第 274 条规定："共同海损理算，适用理算地法律。"故 A、B、C 项错误，D 项正确。

第七讲　知识产权的法律适用

考点 24：知识产权的法律适用

1. A 公司与 B 公司就该批货物在中国境内的商标权产生争议，双方诉至中国某法院。关于该商标权有关争议的法律适用，下列选项正确的是：（　　　）[2]（2012-1-98 不定项）

A. 归属争议应适用中国法

B. 归属争议应适用甲国法

C. 转让争议应适用甲国法

D. 转让争议当事人可以协议选择法律

【考点】知识产权的法律适用

【解析】根据《法律适用法》第 48 条规定，知识产权的归属和内容，适用被请求保护地法律。本题商标权的被请求保护地在中国，故 A 选项正确，B 选项错误。该法第 49 条规定，当事人可以协议选择知识产权转让和许可使用适用的法律。当事人没有选择的，适用该法对合同的有关规定。本案中，转让争议当事人可以协议选择法律，故 D 选项正确，C 选项错误。综上所述，本题的正确答案为 AD。

2. 德国甲公司与中国乙公司签订许可使用合同，授权乙公司在英国使用甲公司在英国获批的某项专利。后因相关纠纷诉诸中国法院。关于该案的法律适用，下列哪些选项是正确的？（　　　）[3]（2014-1-78 多选）

A. 关于本案的定性，应适用中国法

B. 关于专利权归属的争议，应适用德国法

C. 关于专利权内容的争议，应适用英国法

D. 关于专利权侵权的争议，双方可以协议选择法律，不能达成协议，应适用与纠纷有

---

[1] 答案：D

[2] 答案：AD

[3] 答案：AC

最密切联系的法律

【考点】定性、知识产权的法律适用

【解析】根据《法律适用法》第 8 条规定，"涉外民事关系的定性，适用法院地法律。"本案的定性应适用法院地中国法，故 A 选项正确。

《法律适用法》第 48 条规定，"知识产权的归属和内容，适用被请求保护地法律。"本案中关于专利权的归属和内容的争议，应适用被请求保护地法，本案中被请求保护的是在英国获批的某项专利，故被请求保护地为英国，故 B 选项错误，C 选项正确。

《法律适用法》第 50 条规定，"知识产权的侵权责任，适用被请求保护地法律，当事人也可以在侵权行为发生后协议选择适用法院地法律。"D 选项错误，因为知识产权侵权争议当事人可以选择法律，但当事人选择法律的范围是有限制的，只能选择适用法院地法，故 D 项前半句错误，当事人没有选择的，适用被请求保护地法，而不是适用与纠纷有最密切联系的法律，故 D 项后半句也错误。综上所述，本题的正确答案为 AC。

3. 韩国甲公司为其产品在中韩两国注册了商标。中国乙公司擅自使用该商标生产了大量仿冒产品并销售至中韩两国。现甲公司将乙公司诉至中国某法院，要求其承担商标侵权责任。关于乙公司在中韩两国侵权责任的法律适用，依中国法律规定，下列哪些选项是正确的？（ ）[1]（2016-1-79 多选）

A. 双方可协议选择适用中国法

B. 均应适用中国法

C. 双方可协议选择适用韩国法

D. 如双方无法达成一致，则应分别适用中国法与韩国法

【考点】知识产权侵权的法律适用

【解析】《法律适用法》第 50 条规定："知识产权的侵权责任，适用被请求保护地法律，当事人也可以在侵权行为发生后协议选择适用法院地法律。"甲公司是在中国法院起诉，故双方可以选择中国法，A 项正确，C 项错误。

如果双方未达成一致，则适用被请求保护地，即权利取得地。甲公司在中韩两国都注册了商标，则中国与韩国都是被请求保护地。乙公司在中国侵权的部分适用中国法，在韩国侵权的部分适用韩国法，故 B 项错误，D 项正确。综上所述，本题的正确答案为 AD 项。

4. 日本甲公司与中国三叶公司签订许可协议（协议约定适用日本法），授权中国乙公司在中国范围内销售的手机上安装日本甲公司拥有专利的某款 APP。中国乙公司在其销往越南的手机上也安装了该款 APP。现日本甲公司在中国法院起诉中国三叶公司违约并侵犯了其在越南获权的专利，下列哪些判断是正确的？（ ）[2]（2019-网络回忆版多选）

A. 中国三叶公司主营业地在中国，违约和侵权纠纷都应适用中国法

B. 违约纠纷应适用日本法

C. 侵权纠纷双方在开庭前可协议选择适用中国法

D. 侵权纠纷应适用日本法

【考点】知识产权侵权的法律适用

【解析】知识产权转让或者许可适用合同之债法律适用的一般规定，首先尊重当事人的

---

[1] 答案：AD
[2] 答案：BC

意思自治，当事人没有意思自治的，按照最密切联系原则确定。本题中，日本甲公司和中国三叶公司许可协议约定适用日本法，因此，违约纠纷应适用日本法，故B选项正确，A选项错误。

《法律适用法》第50条规定："知识产权的侵权责任，适用被请求保护地法律，当事人也可以在侵权行为发生后协议选择适用法院地法律。"由此可知，本题中知识产权侵权纠纷，双方可以协议选择适用法院地法即中国法，且根据《法律适用法司法解释》第8条第1款规定，当事人在一审法庭辩论终结前协议选择或者变更选择适用的法律的，人民法院应予准许，故C选项正确，D项错误。综上所述，本题的正确答案为BC。

第八讲　婚姻家庭的法律适用

考点25：婚姻与夫妻关系的法律适用

1. 美国人马丁和英国人安娜夫妇是来华工作的外国专家。来华之前，两人长期在印度工作，并在那里有惯常居所。在中国工作期间，马丁向我国人民法院提起离婚的诉讼请求。对于马丁和安娜的离婚纠纷，我国法院应该适用下列哪一国法律加以解决？（　　）[1]（2003-1-23 单选）

  A. 美国

  B. 英国法

  C. 中国法

  D. 印度法

【考点】诉讼离婚的法律适用

【解析】根据《法律适用法》第27条的规定，诉讼离婚，适用法院地法律。本题当事人向中国的法院提起诉讼，故C选项正确。

2. 甲国公民玛丽与中国公民王某经常居住地均在中国，二人在乙国结婚。关于双方婚姻关系的法律适用，下列哪些选项是正确的？（　　）[2]（2012-1-77 多选）

  A. 结婚手续只能适用中国法

  B. 结婚手续符合甲国法、中国法和乙国法中的任何一个，即为有效

  C. 结婚条件应适用乙国法

  D. 结婚条件应适用中国法

【考点】结婚的法律适用（条件、手续）

【解析】根据《法律适用法》第22条规定，结婚手续，符合婚姻缔结地法律、一方当事人经常居所地法律或者国籍国法律的，均为有效。故B选项正确，A选项错误。

根据《法律适用法》第21条规定，结婚条件，适用当事人共同经常居所地法律；没有共同经常居所地的，适用共同国籍国法律；没有共同国籍，在一方当事人经常居所地或者国籍国缔结婚姻的，适用婚姻缔结地法律。因此，对于实质要件，要依次适用共同经常居所地法、共同国籍国法和婚姻缔结地法。题干表明中国为结婚时当事双方共同经常居所地，

---

〔1〕 答案：C
〔2〕 答案：BD

因此结婚条件应适用中国法，故 C 选项错误，D 选项正确。综上所述，本题的正确答案为 BD。

3. 中国人李某（女）与甲国人金某（男）2011 年在乙国依照乙国法律登记结婚，婚后二人定居在北京。依《涉外民事关系法律适用法》，关于其夫妻关系的法律适用，下列哪些表述是正确的？（　　）〔1〕（2013-1-77 多选）

A. 婚后李某是否应改从其丈夫姓氏的问题，适用甲国法
B. 双方是否应当同居的问题，适用中国法
C. 婚姻对他们婚前财产的效力问题，适用乙国法
D. 婚姻存续期间双方取得的财产的处分问题，双方可选择适用甲国法

【考点】夫妻人身关系和财产关系的法律适用

【解析】根据《法律适用法》第 23 条规定，夫妻人身关系，适用共同经常居所地法律；没有共同经常居所地的，适用共同国籍国法律。本案中，李某与金某的共同经常居所地是北京，因此，有关夫妻人身关系的问题应适用中国法。故 A 选项错误，B 选项正确。

根据《法律适用法》第 24 条规定，夫妻财产关系，当事人可以协议选择适用一方当事人经常居所地法律、国籍国法律或者主要财产所在地法律。当事人没有选择的，适用共同经常居所地法律；没有共同经常居所地的，适用共同国籍国法律，故 C 选项错误，D 选项正确。综上所述，本题的正确答案为 BD。

4. 韩国公民金某与德国公民汉森自 2013 年 1 月起一直居住于上海，并于该年 6 月在上海结婚。2015 年 8 月，二人欲在上海解除婚姻关系。关于二人财产关系与离婚的法律适用，下列哪些选项是正确的？（　　）〔2〕（2015-1-78 多选）

A. 二人可约定其财产关系适用韩国法
B. 如诉讼离婚，应适用中国法
C. 如协议离婚，二人没有选择法律的，应适用中国法
D. 如协议离婚，二人可以在中国法、韩国法及德国法中进行选择

【考点】夫妻财产关系和离婚的法律适用

【解析】根据《法律适用法》第 24 条规定，夫妻财产关系，当事人可以协议选择适用一方当事人经常居所地法律、国籍国法律或者主要财产所在地法律。当事人没有选择的，适用共同经常居所地法律；没有共同经常居所地的，适用共同国籍国法律。本案韩国属于一方当事人的国籍国，该选择有效，故 A 项正确。

根据《法律适用法》第 27 条规定，诉讼离婚，适用法院地法律。二人在上海诉讼离婚，应适用法院地中国法，故 B 项正确。

根据《法律适用法》第 26 条规定，协议离婚，当事人可以协议选择适用一方当事人经常居所地法律或者国籍国法律。当事人没有选择的，适用共同经常居所地法律；没有共同经常居所地的，适用共同国籍国法律；没有共同国籍的，适用办理离婚手续机构所在地法律。本题中，如二人协议离婚，可在一方当事人经常居所地法中国法、国籍国法韩国法和德国法中进行选择，故 D 项正确。如当事人没有选择，则适用办理离婚手续机构所在地中国法，故 C 项正确。综上所述，本题的正确答案为 ABCD。

---

〔1〕答案：BD
〔2〕答案：ABCD

5. 经常居所在汉堡的德国公民贝克与经常居所在上海的中国公民李某打算在中国结婚。关于贝克与李某结婚，依《涉外民事关系法律适用法》，下列哪一选项是正确的？（   ）[1]（2016-1-37 单选）

A. 两人的婚龄适用中国法

B. 结婚的手续适用中国法

C. 结婚的所有事项均适用中国法

D. 结婚的条件同时适用中国法与德国法

【考点】 结婚的法律适用

【解析】 婚龄属于结婚条件。根据《法律适用法》第21条规定，结婚条件，适用当事人共同经常居所地法律；没有共同经常居所地的，适用共同国籍国法律；没有共同国籍，在一方当事人经常居所地或者国籍国缔结婚姻的，适用婚姻缔结地法律。本题中，贝克和李某没有共同经常居所，也没有共同国籍国，婚姻刚好在中方的经常居住地和国籍国地缔结，即要符合中国法，故 A 项正确，D 项错误。

根据《法律适用法》第22条规定，结婚手续，符合婚姻缔结地法律、一方当事人经常居所地法律或者国籍国法律的，均为有效。即符合德国法或中国法的均为有效。B 项太绝对，故 B 项说法错误。我国法对结婚手续和结婚条件的法律适用分别予以规定，故 C 项所说所有事项都适用中国法，过于绝对。综上所述，本题正确答案为 A。

6. 中国公民王某将甲国公民米勒诉至某人民法院，请求判决两人离婚、分割夫妻财产并将幼子的监护权判决给她。王某与米勒的经常居所及主要财产均在上海，其幼子为甲国籍。关于本案的法律适用，下列哪些选项是正确的？（   ）[2]（2017-1-78 多选）

A. 离婚事项，应适用中国法

B. 夫妻财产的分割，王某与米勒可选择适用中国法或甲国法

C. 监护权事项，在甲国法与中国法中选择适用有利于保护幼子利益的法律

D. 夫妻财产的分割与监护权事项均应适用中国法

【考点】 婚姻和监护的法律适用

【解析】 根据《法律适用法》第27条规定，诉讼离婚，适用法院地法律。二人在中国诉讼离婚，应适用法院地中国法，故 A 项正确。

根据《法律适用法》第24条规定，夫妻财产关系，当事人可以协议选择适用一方当事人经常居所地法律、国籍国法律或者主要财产所在地法律。当事人没有选择的，适用共同经常居所地法律；没有共同经常居所地的，适用共同国籍国法律。双方当事人的国籍分别为中国和甲国，经常居所地都在中国，主要财产地也在中国，故当事人可以协议选择中国法或甲国法，故 B 项正确。

根据《法律适用法》第30条规定，监护，适用一方当事人经常居所地法律或者国籍国法律中有利于保护被监护人权益的法律，故 C 项正确。

根据 B 项和 C 项的解析，D 项太绝对，故表述错误。综上所述，本题正确答案是 ABC。

考点 26：涉外收养关系的法律适用

1. 某甲国公民经常居住地在甲国，在中国收养了长期居住于北京的中国儿童，并将其

---

〔1〕 答案：A

〔2〕 答案：ABC

带回甲国生活。根据中国关于收养关系法律适用的规定，下列哪一选项是正确的？
（   ）[1]（2012-1-36 单选）

A. 收养的条件和手续应同时符合甲国法和中国法

B. 收养的条件和手续符合中国法即可

C. 收养效力纠纷诉至中国法院的，应适用中国法

D. 收养关系解除的纠纷诉至中国法院的，应适用甲国法

【考点】 涉外收养的法律适用

【解析】 根据《法律适用法》第 28 条规定，收养的条件和手续，适用收养人和被收养人经常居所地法律，故 A 选项正确，B 项错误。

收养的效力，适用收养时收养人经常居所地法律。本案应为甲国法，故 C 选项错误。

收养关系的解除，适用收养时被收养人经常居所地法律或者法院地法律。本案应适用中国法，故 D 选项错误。

2. 经常居住于英国的法国籍夫妇甲和乙，想来华共同收养某儿童。对此，下列哪一说法是正确的？（   ）[2]（2014-1-37 单选）

A. 甲、乙必须共同来华办理收养手续

B. 甲、乙应与送养人订立书面收养协议

C. 收养的条件应重叠适用中国法和法国法

D. 若发生收养效力纠纷，应适用中国法

【考点】 涉外收养的法律适用

【解析】 根据《外国人在中华人民共和国收养子女登记办法》第 8 条规定，外国人来华收养子女，应当亲自来华办理登记手续，夫妻共同收养的，应当共同来华办理收养手续；一方因故不能来华的，应当书面委托另一方。委托书应当经所在国公证和认证，A 项"必须"的措辞不准确，故 A 项错误。

根据《外国人在中华人民共和国收养子女登记办法》第 9 条规定，外国人来华收养子女，应当与送养人订立书面协议，故 B 项正确。

根据《法律适用法》第 28 条规定，收养的条件和手续，适用收养人和被收养人经常居所地法律。收养的效力，适用收养时收养人经常居所地法律。收养关系的解除，适用收养时被收养人经常居所地法律或者法院地法律。本题中的收养人国籍为法国，但经常居所地为英国，被收养人经常居所地为中国，因此，收养的条件应重叠适用中国法和英国法，故 C 项错误。

收养的效力应适用收养时收养人经常居所地法，本题中收养时收养人经常居住地为英国，因此收养的效力应适用英国法，故 D 项错误。

---

〔1〕 答案：A
〔2〕 答案：B

第九讲　继承的法律适用

考点 27：继承的法律适用

1. 侨居甲国的中国公民田某在乙国旅行时遇车祸身亡。其生前在丙国某银行寄存有价值 10 万美元的股票、珠宝一批，在中国遗留有价值 200 万人民币的房产一处。田某在中国的父母要求继承这批股票和珠宝。我国与甲乙丙三国均无有关遗产继承的特别协议。依我国法律，前述股票和珠宝的继承应适用哪一国的法律？（　　）[1]（2004-1-39 单选）

A. 中国

B. 甲国法

C. 乙国法

D. 丙国法

【考点】法定继承的法律适用

【解析】死者田某生前未立遗嘱，因此本案的继承属于法定继承。根据《法律适用法》第 31 条规定："法定继承，适用被继承人死亡时经常居所地法律，但不动产法定继承，适用不动产所在地法律。"本题中动产法定继承，适用被继承人死亡时经常居所地的甲国法，故选项 B 正确，ACD 错误。

2. 甲国人琼斯在我国工作期间不幸病故。琼斯在我国境内遗留有价值 300 万元人民币的财产，但未留遗嘱，亦无继承人。在这种情况下，琼斯遗留在我国的财产应依据什么法律处理？（　　）[2]（2004-1-40 单选）

A. 依甲国法处理

B. 依涉外继承的准据法处理

C. 依中国法律处理，但中甲两国缔结或参加的国际条约另有规定的除外

D. 交甲国驻华使领馆依甲国法处理

【考点】无人继承财产归属问题的法律适用

【解析】根据《法律适用法》第 35 条规定：无人继承遗产的归属，适用被继承人死亡时遗产所在地法律。本题中琼斯死亡时遗产所在地法律即中国法，故 C 选项正确，A、B、D 选项错误。

3. 中国人李某定居甲国，后移居乙国，数年后死于癌症，未留遗嘱。李某在中国、乙国分别有住房和存款，李某养子和李某妻子的遗产之争在中国法院审理。关于该遗产继承案的法律适用，下列哪些选项是正确的？（　　）[3]（2010-1-83 多选）

A. 李某动产的继承应适用甲国

B. 李某动产的继承应适用乙国法

C. 李某动产的继承应适用中国法

D. 李某所购房屋的继承应适用房屋所在国的法律

【考点】法定继承的法律适用

---

〔1〕　答案：B

〔2〕　答案：C

〔3〕　答案：BD

【解析】李某未留遗嘱，适用法定继承。根据《法律适用法》第 31 条规定："法定继承，适用被继承人死亡时经常居所地法律，但不动产法定继承，适用不动产所在地法律。"本题中，李某移居乙国，死亡时的经常居所地是乙国。其动产的继承应适用乙国法，故 B 项正确，AC 项错误。

李某所购房屋属于不动产，适用不动产所在地法即房屋所在国的法律。故 D 项正确。综上所述，本题的正确答案为 BD。

4. 经常居所在上海的瑞士公民怀特未留遗嘱死亡，怀特在上海银行存有 100 万元人民币，在苏黎世银行存有 10 万欧元，且在上海与巴黎各有一套房产。现其继承人因遗产分割纠纷诉至上海某法院。依中国法律规定，下列哪些选项是正确的？（　　）[1]（2016-1-78 多选）

A. 100 万元人民币存款应适用中国法

B. 10 万欧元存款应适用中国法

C. 上海的房产应适用中国法

D. 巴黎的房产应适用法国法

【考点】法定继承的法律适用

【解析】怀特未留遗嘱，适用法定继承。《法律适用法》第 31 条规定："法定继承，适用被继承人死亡时经常居所地法律，但不动产法定继承，适用不动产所在地法律。"100 万人民币存款和 10 万欧元存款适用怀特死亡时经常居所地即中国的法律，故 A、B 项正确。

上海的房产适用其所在地即中国法，巴黎房产适用其所在地即法国法，故 CD 项正确。综上所述，本题的正确答案为 ABCD。

---

〔1〕　答案：ABCD

第五章　国际民商事争议解决

第一讲　国际商事仲裁

考点 28：涉外民商事争议的解决方式

我国 G 公司与荷兰 H 公司正就签订一项商务合同进行谈判。针对该合同可能产生的争议，H 公司提出，如发生争议应尽量协商调解解决，不成再提请仲裁或进行诉讼。在决定如何回应此方案之前，G 公司向其律师请教。该律师关于涉外民商事纠纷调解的下列哪一表述是错误的？（　　　）[1]（2006-1-38 单选）

A. 调解是有第三人介入的争议解决方式

B. 当事人双方在调解人的斡旋下达成的和解协议不具有强制执行的效力

C. 在涉外仲裁程序中进行的调解，仲裁庭无须先行确定双方当事人对调解的一致同意即可直接主持调解

D. 在涉外诉讼中，法官也可以对有关纠纷进行调解

【考点】涉外民商事争议的解决方式

【解析】国际民商事争议的解决方式包括调解、仲裁、诉讼。调解是当事人自愿将争议提交给第三者，并在第三者的主持和促使下达成和解协议，解决争议的方法，故 A 项正确。

当事人间的调解协议仅具有合同的效力，不能够强制执行，故 B 项正确。

仲裁是指根据当事人事先或者事后达成的仲裁协议，将争议提交给他们选定的仲裁机构，由仲裁机构依法作出裁决，解决争议的一种方式。仲裁过程中，仲裁庭可以征得当事人同意后进行调解，调解成功即结案，故 C 项错误。

诉讼是指由有管辖权的法院依法对当事人之间的争议进行裁判以解决争议的一种方式。诉讼过程中，合议庭可以征得当事人同意后进行调解，调解成功即结案，故 D 项正确。综上所述，本题的正确答案为 C。

考点 29：涉外仲裁协议

1. 我国甲公司与瑞士乙公司订立仲裁协议，约定由某地仲裁机构仲裁，但约定的仲裁机构名称不准确。根据《最高人民法院关于适用〈中华人民共和国仲裁法〉的解释》，下列哪些选项是正确的？（　　　）[2]（2007-1-82 多选）

A. 仲裁机构名称不准确，但能确定具体的仲裁机构的，应认定选定了仲裁机构

B. 如仲裁协议约定的仲裁地仅有一个仲裁机构，该仲裁机构应视为约定的仲裁机构

C. 如仲裁协议约定的仲裁地有两个仲裁机构，成立较早的仲裁机构应视为约定的仲裁机构

---

〔1〕答案：C

〔2〕答案：AB

D. 仲裁协议仅约定纠纷适用的仲裁规则的，不得视为约定了仲裁机构

【考点】涉外仲裁协议的效力的认定

【解析】根据《仲裁法解释》第3条规定，仲裁协议约定的仲裁机构名称不准确，但能够确定具体的仲裁机构的，应当认定选定了仲裁机构，故 A 项正确。

《仲裁法解释》第3条规定，仲裁协议约定的仲裁机构名称不准确，但能够确定具体的仲裁机构的，应当认定选定了仲裁机构，故 B 项正确，C 项错误。

《仲裁法解释》第4条规定，仲裁协议仅约定纠纷适用的仲裁规则的，视为未约定仲裁机构，但当事人达成补充协议或者按照约定的仲裁规则能够确定仲裁机构的除外。D 项的说法过于绝对，故 D 项错误。综上所述，本题的正确答案为 AB。

2. 某国甲公司与中国乙公司订立买卖合同，概括性地约定有关争议由"中国贸仲"仲裁，也可以向法院起诉。后双方因违约责任产生争议。关于该争议的解决，依我国相关法律规定，下列哪一选项是正确的？（　　）[1]（2009-1-38 单选）

A. 违约责任不属于可仲裁的范围

B. 应认定合同已确定了仲裁机构

C. 仲裁协议因约定不明而在任何情况下无效

D. 如某国甲公司不服仲裁机构对仲裁协议效力作出的决定，向我国法院申请确认协议效力，我国法院可以受理

【考点】涉外仲裁协议的效力的认定

【解析】根据《仲裁法》第2条规定，合同纠纷和其他财产权益可以仲裁，违约责任属于纠纷的范畴，当然属于可以仲裁的范围，故 A 选项错误。

《仲裁法解释》第3条规定，仲裁协议约定的仲裁机构名称不准确，但能够确定具体的仲裁机构的，应当认定选定了仲裁机构。"中国贸仲"只有一个，是"中国国际经济贸易仲裁委员会"的通用简称，因此应认定合同已确定了仲裁机构，故 B 选项正确。

仲裁协议约定不明只是可能导致仲裁协议无效，而不是在任何情况下都无效，如当事人可以补充协议，从而使仲裁协议有效，故 C 选项错误。

《仲裁法解释》第13条第2款规定，仲裁机构对仲裁协议的效力作出决定后，当事人向人民法院申请确认仲裁协议效力或者申请撤销仲裁机构的决定的，人民法院不予受理，故 D 选项错误。综上所述，本题的正确答案为 B。

3. 中国 A 公司与甲国 B 公司签订货物买卖合同，约定合同争议提交中国 C 仲裁委员会仲裁，仲裁地在中国，但对仲裁条款应适用的法律未作约定。后因货物质量问题双方发生纠纷，中国 A 公司依仲裁条款向 C 仲裁委提起仲裁，但 B 公司主张仲裁条款无效。根据我国相关法律规定，关于本案仲裁条款的效力审查问题，下列哪些判断是正确的？（　　）[2]（2012-1-78 多选）

A. 对本案仲裁条款的效力，C 仲裁委无权认定，只有中国法院有权审查

B. 对本案仲裁条款的效力，如 A 公司请求 C 仲裁委作出决定，B 公司请求中国法院作出裁定的，由中国法院裁定

C. 对本案仲裁条款效力的审查，应适用中国法

---

[1] 答案：B

[2] 答案：BC

D. 对本案仲裁条款效力的审查，应适用甲国法

【考点】涉外仲裁协议效力的认定

【解析】根据《仲裁法》第20条规定，当事人对仲裁协议的效力有异议的，可以请求仲裁委员会作出决定或者请求人民法院作出裁定。仲裁协议效力的认定个案中取决于当事双方向哪个机构提出请求，故 A 项错误。

但是一方请求仲裁委员会作出决定，另一方请求人民法院作出裁定的，由人民法院裁定，故 B 项正确。

根据《法律适用法》第18条规定，"当事人可以协议选择仲裁协议适用的法律。当事人没有选择的，适用仲裁机构所在地法律或者仲裁地法律。"本题中，中国 A 公司与甲国 B 公司约定合同争议提交中国 C 仲裁委员会仲裁，仲裁地在中国，对本案仲裁条款效力的审查，应适用中国法，故 C 项正确，D 项错误。综上所述，本题的正确答案为 BC。

4. 中国甲公司与外国乙公司在合同中约定，合同争议提交中国国际经济贸易仲裁委员会仲裁，仲裁地在北京。双方未约定仲裁规则及仲裁协议适用的法律。对此，下列哪些选项是正确的？（   ）[1]（2014-1-79 多选）

A. 如当事人对仲裁协议效力有争议，提请所选仲裁机构解决的，应在首次开庭前书面提出

B. 如当事人将仲裁协议效力的争议诉至中国法院，应适用中国法

C. 如仲裁协议有效，应适用中国国际经济贸易仲裁委员会的仲裁规则仲裁

D. 如仲裁协议有效，仲裁中申请人可申请更改仲裁请求，仲裁庭不能拒绝

【考点】涉外仲裁协议的法律适用

【解析】根据《仲裁法》第20条规定，当事人对仲裁协议的效力有异议的，可以请求仲裁委员会作出决定或者请求人民法院作出裁定。一方请求仲裁委员会作出决定，另一方请求人民法院作出裁定的，由人民法院裁定。当事人对仲裁协议的效力有异议，应当在仲裁庭首次开庭前提出。根据《仲裁法解释》第13条规定，依照仲裁法第20条第2款的规定，当事人在仲裁庭首次开庭前没有对仲裁协议的效力提出异议，而后向人民法院申请确认仲裁协议无效的，人民法院不予受理。仲裁机构对仲裁协议的效力作出决定后，当事人向人民法院申请确认仲裁协议效力或者申请撤销仲裁机构的决定的，人民法院不予受理，故 A 项正确。

根据《法律适用法》第18条规定，"当事人可以协议选择仲裁协议适用的法律。当事人没有选择的，适用仲裁机构所在地法律或者仲裁地法律。"本题中，双方未约定仲裁协议适用的法律，应适用仲裁机构所在地法律或者仲裁地法律。双方约定的仲裁机构为中国国际经济贸易仲裁委员会仲裁，仲裁地在北京。由于仲裁机构所在地和仲裁地都在中国，如当事人将仲裁协议效力的争议诉至中国法院，法院应适用中国法，故 B 项正确。

在涉外仲裁中，如果当事人没有约定仲裁规则但约定了仲裁机构，则应适用仲裁机构的仲裁规则，故 C 项正确。

根据《仲裁法》第27条规定，申请人可以放弃或者变更仲裁请求。被申请人可以承认或者反驳仲裁请求，有权提出反请求。可见，在仲裁中申请人可以放弃或变更仲裁请求。然而，本题中仲裁协议选择的仲裁机构为中国国际经济贸易仲裁委员会，《中国国际经济贸

---

[1] 答案：ABC

易仲裁委员会仲裁规则》第 16 条规定，"申请人可以申请对其仲裁请求进行更改，被申请人也可以申请对其反请求进行更改。但是仲裁庭认为其提出更改的时间过迟而影响仲裁程序正常进行的，可以拒绝其更改请求。"D 项表述错误。综上所述，本题的正确答案为 ABC。

考点 30：涉外仲裁程序

1. 中国公司与新加坡公司协议将其货物买卖纠纷提交设在中国某直辖市的仲裁委员会仲裁。经审理，仲裁庭裁决中国公司败诉。中国公司试图通过法院撤销该仲裁裁决。据此，下列选项中哪一项是正确的？（ ）[1]（2005-1-36 单选）

A. 中国公司可以向该市高级人民法院提出撤销仲裁裁决的申请

B. 人民法院可依据"裁决所根据的证据不充分"这一理由撤销该裁决

C. 如有权受理该撤销仲裁裁决请求的法院做出了驳回该请求的裁定，中国公司可以对该裁定提起上诉

D. 受理该请求的法院在裁定撤销该仲裁裁决前须报上一级人民法院审查

【考点】涉外仲裁裁决的撤销

【解析】根据《仲裁法》第 58 条的规定，当事人对中国的涉外仲裁裁决不服，可以向仲裁机构所在地的中级人民法院申请撤销，此种情形下有管辖权的法院是中院并非高院，故 A 项错误。

根据《仲裁法》第 70 条和《民事诉讼法》第 274 条的规定，法院无权审查涉外仲裁裁决据以做出的实体问题，包括证据、仲裁员道德问题，故 B 项错误。

根据 1997 年最高人民法院《关于人民法院裁定撤销仲裁裁决或者驳回当事人申请后当事人能否上诉问题的批复》，对于人民法院依法作出的撤销仲裁裁决或者驳回当事人申请的裁定，当事人无权上诉，只能根据双方达成的仲裁协议申请仲裁或者向人民法院起诉，故 C 项错误。

根据 2018 年最高法《关于仲裁司法审查案件报核问题的有关规定》，《关于人民法院撤销涉外仲裁裁决有关事项的通知》，人民法院在裁定撤销涉外仲裁裁决或通知仲裁庭重新裁决之前，须报本辖区所属高级人民法院进行审查。如果高级人民法院同意撤销裁决或通知仲裁庭重新仲裁，应当向最高人民法院报核。待最高人民法院答复后，方可撤销裁决或通知仲裁庭重新仲裁，故 D 项正确。

2. 关于我国涉外仲裁法律规则，下列哪些表述不符合我国《仲裁法》的规定？（ ）[2]（2006-1-80 多选）

A. 只要是有关当事人可以自由处分的权利的纠纷，就可以通过仲裁解决

B. 如果当事人有协议约定，仲裁案件可以不开庭审理

C. 仲裁庭在中国内地进行仲裁时，无权对当事人就仲裁协议有效性提出的异议作出决定

D. 由三人组成仲裁庭审理的案件，裁决有可能根据一个仲裁员的意见作出

【考点】涉外仲裁程序

【解析】根据《仲裁法》第 2 条规定，平等主体的公民、法人和其他组织之间发生的

---

〔1〕 答案：D

〔2〕 答案：AC

合同纠纷和其他财产权益纠纷，可以仲裁。第3条规定：下列纠纷不能仲裁：（一）婚姻、收养、监护、扶养、继承纠纷；（二）依法应当由行政机关处理的行政争议。不是所有当事人的纠纷都能够通过仲裁解决，故A项错误。

《仲裁法》第39条规定，仲裁应当开庭进行。当事人协议不开庭的，仲裁庭可以根据仲裁申请书、答辩书以及其他材料作出裁决，故B项正确。

《仲裁法》第20条规定：当事人对仲裁协议的效力有异议的，可以请求仲裁委员会作出决定或者请求人民法院作出裁定。一方请求仲裁委员会作出决定，另一方请求人民法院作出裁定的，由人民法院裁定。因此，仲裁庭有权对当事人就仲裁协议的效力提出的异议作出决定，故C项错误。

《仲裁法》第53条规定：裁决应当按照多数仲裁员的意见作出，少数仲裁员的不同意见可以记入笔录。仲裁庭不能形成多数意见时，裁决应当按照首席仲裁员的意见作出，故D项正确。综上所述，本题为否定命题，答案为AC。

3. 关于仲裁裁决的撤销，根据我国现行法律，下列哪一选项是正确的？（　　　）[1]（2008-1-38 单选）

A. 我国法院可根据我国法律撤销一项外国仲裁裁决

B. 我国法院撤销涉外仲裁裁决的法定理由之一是裁决事项超出仲裁协议范围

C. 撤销涉外仲裁裁决的法定理由和撤销国内仲裁裁决的法定理由相同

D. 对法院作出的不予执行仲裁裁决的裁定，当事人无权上诉

【考点】涉外仲裁裁决的撤销

【解析】我国法院只能撤销中国仲裁裁决（包括国内仲裁裁决和涉外仲裁裁决），对外国的仲裁裁决只能依法不予承认或执行，故A项错误。

根据《仲裁法》规定：当事人提出证据证明涉外仲裁裁决有如下情形之一的，经人民法院组成合议庭审查核实，裁定撤销。这些情形包括：（一）当事人在合同中没有订有仲裁条款或者事后没有达成书面仲裁协议的；（二）被申请人没有得到指定仲裁员或者进行仲裁程序的通知，或者由于其他不属于被申请人负责的原因未能陈述意见的；（三）仲裁庭的组成或者仲裁的程序与仲裁规则不符的；（四）裁决的事项不属于仲裁协议的范围或者仲裁机构无权仲裁的；（五）该裁决违背社会公共利益的。由此可见，裁决事项超出仲裁协议范围构成法院撤销仲裁裁决的法定理由之一，故B项正确。

撤销国内仲裁裁决的依据是《仲裁法》第58条，可撤销的理由有6项，撤销涉外仲裁裁决的依据是《仲裁法》第70条，可撤销的理由只有4项，可见撤销涉外仲裁裁决和撤销国内仲裁裁决的理由不同，故C项错误。

D项本身说法是正确的，但是与题干的问题不相符，因此不选。

考点31：外国仲裁裁决的承认与执行

1. 中国和甲国均为《承认与执行外国仲裁裁决公约》缔约国。现甲国某申请人向中国法院申请承认和执行在甲国作出的一项仲裁裁决。对此，下列哪一选项是正确的？（　　　）[2]（2010-1-39 单选）

A. 我国应对该裁决的承认与执行适用公约，因为该申请人具有公约缔约国国籍

---

〔1〕 答案：B
〔2〕 答案：B

B. 有关中国投资者与甲国政府间投资争端的仲裁裁决不适用公约

C. 中国有义务承认公约缔约国所有仲裁裁决的效力

D. 被执行人为中国法人的，应由该法人营业所所在地法院管辖

【考点】外国仲裁裁决的承认和执行

【解析】根据我国加入《承认与执行外国仲裁裁决公约》（以下简称《纽约公约》）时，我国作了两项保留：互惠保留、商事保留。互惠保留，即我国只对在另一缔约国领土内作出的裁决适用该公约。我国民事诉讼与公约有不同规定的，按公约的规定办理。商事保留，即我国仅对那些按照我国法律属于契约性或非契约性商事法律关系所引起的争议所作的裁决适用公约的规定。可见，我国适用公约规定的原因不是因为申请人具有公约缔约国国籍。故选项 A 错误。

中国投资者与甲国政府间的投资争端不属于平等主体间的商事争议，因此相关仲裁裁决不适用公约，选项 B 正确。

由于作了商事保留，中国对非商事仲裁裁决没有承认的义务；同时，存在可以拒绝承认与执行的情形。因此中国没有承认公约缔约国所有仲裁裁决效力的义务，故选项 C 错误。

《民事诉讼法》第 283 条，国外仲裁机构的裁决，需要中华人民共和国人民法院承认和执行的，应当由当事人直接向被执行人住所地或者其财产所在地的中级人民法院申请，人民法院应当依照中华人民共和国缔结或者参加的国际条约，或者按照互惠原则办理，选项 D 错误。

2. 法国某公司依 1958 年联合国《承认与执行外国仲裁裁决公约》，请求中国法院承认与执行一项国际商会国际仲裁院的裁决。依据该公约及中国相关司法解释，下列哪一表述是正确的？（　　）[1]（2013-1-38 单选）

A. 法院应依职权主动审查该仲裁过程中是否存在仲裁程序与仲裁协议不符的情况

B. 该公约第 5 条规定的拒绝承认与执行外国仲裁裁决的理由是穷尽性的

C. 如该裁决内含有对仲裁协议范围以外事项的决定，法院应拒绝承认执行该裁决

D. 如该裁决所解决的争议属于侵权性质，法院应拒绝承认执行该裁决

【考点】外国仲裁裁决的承认和执行

【解析】仲裁程序与仲裁协议不符的情况，属于按照《纽约公约》第 5 条第 1 款的规定，由被请求承认与执行的国家的主管机关依照被执行人的申请，拒绝承认与执行。所以，我国法院原则上无权主动审查外国仲裁裁决的效力，除非裁决内容明显违反了我国社会公共利益或者争议不具有可仲裁性，故 A 项错误。

拒绝承认与执行外国仲裁裁决的理由仅限于《纽约公约》第 5 条规定的理由，故选项 B 正确。

如果裁决所处理的事项不是当事人交付仲裁的事项，或是不包括在仲裁协议规定之内，那么被请求承认与执行的国家的主管机关依照被执行人的申请，拒绝承认与执行，故选项 C 错误。

如该裁决所解决的争议属于侵权性质，即依照执行地国的法律，争议事项可以用仲裁的方式加以解决，被请求承认与执行地国的主管机关可以依职权主动查明，也可以拒绝承认与执行，选项 D 错误。

---

[1] 答案：B

3. 2015 年 3 月，甲国公民杰夫欲向中国法院申请承认并执行一项在甲国境内作出的仲裁裁决。中国与甲国均为《承认与执行外国仲裁裁决公约》成员国。关于该裁决的承认和执行，下列哪一选项是正确的？（　　）[1]（2015-1-38 单选）

A. 杰夫应通过甲国法院向被执行人住所地或其财产所在地的中级人民法院申请

B. 如该裁决系临时仲裁庭作出的裁决，人民法院不应承认与执行

C. 如承认和执行申请被裁定驳回，杰夫可向人民法院起诉

D. 如杰夫仅申请承认而未同时申请执行该裁决，人民法院可以对是否执行一并作出裁定

【考点】外国仲裁裁决的承认与执行

【解析】根据《民事诉讼法》第 283 条规定，国外仲裁机构的裁决，需要中华人民共和国人民法院承认和执行的，应当由当事人直接向被执行人住所地或者其财产所在地的中级人民法院申请，人民法院应当依照中华人民共和国缔结或者参加的国际条约，或者按照互惠原则办理。外国仲裁裁决需要在中国承认和执行的，应当由当事人直接向被执行人住所地或者其财产所在地的中级人民法院申请，不需要通过仲裁裁决作出地法院，故 A 项错误。

《民诉法解释》第 545 条规定，对临时仲裁庭在中华人民共和国领域外作出的仲裁裁决，一方当事人向人民法院申请承认和执行的，人民法院应当依照民事诉讼法第二百八十三条规定处理。可见，境外临时仲裁裁决在我国可以得到承认与执行，故 B 项错误。

《民诉法解释》第 544 条第 2 款规定，承认和执行申请被裁定驳回的，当事人可以向人民法院起诉，故 C 项正确。

《民诉法解释》第 546 条第 2 款规定，当事人仅申请承认而未同时申请执行的，人民法院仅对应否承认进行审查并作出裁定，故 D 项错误。

4. 中国甲公司与日本乙公司的商事纠纷在日本境内通过仲裁解决。因甲公司未履行裁决，乙公司向某人民法院申请承认与执行该裁决。中日均为《纽约公约》缔约国，关于该裁决在中国的承认与执行，下列哪一选项是正确的？（　　）[2]（2017-1-38 单选）

A. 该人民法院应组成合议庭审查

B. 如该裁决是由临时仲裁庭作出的，该人民法院应拒绝承认与执行

C. 如该人民法院认为该裁决不符合《纽约公约》的规定，即可直接裁定拒绝承认和执行

D. 乙公司申请执行该裁决的期间应适用日本法的规定

【考点】外国仲裁裁决的承认与执行

【解析】根据《民诉法解释》第 548 条规定：承认和执行外国法院作出的发生法律效力的判决、裁定或者外国仲裁裁决的案件，人民法院应当组成合议庭进行审查，故 A 项正确。

根据《民诉法解释》第 545 条规定：对临时仲裁庭在中华人民共和国领域外作出的仲裁裁决，一方当事人向人民法院申请承认和执行的，人民法院应当依照民事诉讼法第二百八十三条规定处理。这说明就临时仲裁庭作出的裁决也可以向我国法院申请承认与执行，

---

[1] 答案：C

[2] 答案：A

故 B 项错误。

在裁定不予执行或者拒绝承认和执行之前，必须报请本辖区所属高级人民法院进行审查；如果高级人民法院同意不予执行或者拒绝承认和执行，应向最高法报核。待最高人民法院答复后，方可裁定不予执行或者拒绝承认和执行。故不能直接拒绝，故 C 项错误。

当事人应当在民事诉讼法规定的申请执行的期限内提出申请，根据我国《民事诉讼法》第 239 条规定，申请执行的期限为 2 年，故 D 项错误。

第二讲　国际民事诉讼

考点 32：外国人的民事诉讼地位

1. 朴某为韩国人，现在我国某市中级人民法院因民事纠纷涉诉。可以成为朴某诉讼代理人的有哪些？（　　）[1]（2002-1-65 多选）

A. 韩国公民

B. 以律师身份接受朴某委托的韩国律师

C. 中国律师

D. 中国公民

【考点】外国人的民事诉讼地位

【解析】《民诉法解释》第 528 条规定，涉外民事诉讼中的外籍当事人，可以委托本国人为诉讼代理人，也可以委托本国律师以非律师身份担任诉讼代理人；外国驻华使领馆官员，受本国公民的委托，可以以个人名义担任诉讼代理人，但在诉讼中不享有外交或者领事特权和豁免。由此可见，只能委托中国律师代理诉讼，外国律师不能以律师身份参加诉讼。外国驻华使、领馆可以授权本馆的官员以外交代表的身份为其本国当事人在中国聘请诉讼代理人，故 A、C、D 项正确，B 项错误。B 项错在韩国律师不能以律师身份担任诉讼代理人。综上所述，本题的正确答案为 ACD。

2. 荷兰人迈克在中国工作期间被一同事过失伤害。因双方就损害赔偿标准达不成协议，迈克向工作所在地某人民法院提起诉讼，他可以委托下列哪些人为其诉讼代理人？（　　）[2]（2003-1-63 多选）

A. 荷兰人

B. 以律师身份担任诉讼代理人的荷兰律师

C. 以非律师身份担任诉讼代理人的荷兰律师

D. 以个人名义出任诉讼代理人的荷兰驻华使领馆官员

【考点】外国人的民事诉讼地位

【解析】《民诉法解释》第 528 条规定，涉外民事诉讼中的外籍当事人，可以委托本国人为诉讼代理人，也可以委托本国律师以非律师身份担任诉讼代理人；外国驻华使领馆官员，受本国公民的委托，可以以个人名义担任诉讼代理人，但在诉讼中不享有外交或者领事特权和豁免。由此可见，只能委托中国律师代理诉讼，外国律师不能以律师身份参加诉

---

　[1]　答案：ACD

　[2]　答案：ACD

讼。外国驻华使、领馆可以授权本馆的官员以外交代表的身份为其本国当事人在中国聘请诉讼代理人，故 A、C、D 项项正确，B 项错误。综上所述，本题的正确答案为 ACD。

3. 根据我国《民事诉讼法》及相关司法解释的规定，在涉外民事诉讼中，外国当事人可以委托下列哪些人作为其诉讼代理人？（   ）[1]（2005-1-83 多选）

A. 中国律师

B. 中国公民

C. 其本国驻华使、领馆官员

D. 其本国公民

【考点】外国人的民事诉讼地位

【解析】《民诉法解释》第 528 条规定，涉外民事诉讼中的外籍当事人，可以委托本国人为诉讼代理人，也可以委托本国律师以非律师身份担任诉讼代理人；外国驻华使、领馆官员，受本国公民的委托，可以以个人名义担任诉讼代理人，但在诉讼中不享有外交特权和豁免权，故 C、D 项正确。涉外民事诉讼中，外国驻华使领馆授权其本馆官员，在作为当事人的本国国民不在我国领域内的情况下，可以以外交代表身份为其本国国民在我国聘请中国律师或中国公民代理民事诉讼，故 A、B 项正确。综上所述，本题的正确答案为 ABCD 项。

4. 普拉克是外国公民，在一起由中国法院审理的涉外侵权案件中为原告。普拉克请求使用其本国语言进行诉讼。关于中国法院对该请求的处理，下列哪一选项是正确的？（   ）[2]（2008-1-39 单选）

A. 尊重普拉克的这一请求，使用其本国的语言进行案件的审理

B. 驳回普拉克的这一请求，使用中文进行案件的审理，告知由其自行解决翻译问题

C. 驳回普拉克的这一请求，以中文进行案件的审理，但在其要求并承担费用的情况下，应为其提供翻译

D. 驳回普拉克的这一请求，使用中文进行案件的审理，但可为其提供免费翻译

【考点】外国人的民事诉讼地位

【解析】根据《民事诉讼法》第 262 条规定，我国法院在审理涉外民事案件时，应当使用我国通用的语言、文字，故 A 项错误。

我国法院使用我国通用的语言、文字审理民事案件，但当事人要求翻译的，法院可以提供，故 B 项错误。

当事人要求提供翻译的，可以提供，费用由当事人承担，故 D 项错误，C 项正确。

5. 英国人施密特因合同纠纷在中国法院涉诉。关于该民事诉讼，下列哪一选项是正确的？（   ）[3]（2015-1-39 单选）

A. 施密特可以向人民法院提交英文书面材料，无需提供中文翻译件

B. 施密特可以委托任意一位英国出庭律师以公民代理的形式代理诉讼

C. 如施密特不在中国境内，英国驻华大使馆可以授权本馆官员为施密特聘请中国律师代理诉讼

---

[1] 答案：ABCD
[2] 答案：C
[3] 答案：C

D. 如经调解双方当事人达成协议，人民法院已制发调解书，但施密特要求发给判决书，应予拒绝

【考点】 外国人的民事诉讼地位

【解析】 根据《民诉法解释》第 527 条第 1 款规定，当事人向人民法院提交的书面材料是外文的，应当同时向人民法院提交中文翻译件。当事人对中文翻译件有异议的，应当共同委托翻译机构提供翻译文本；当事人对翻译机构的选择不能达成一致的，由人民法院确定。据此，A 项认为无需提供中文翻译件的表述是错误的。

《民诉法解释》第 528 条规定，涉外民事诉讼中的外籍当事人，可以委托本国人为诉讼代理人，也可以委托本国律师以非律师身份担任诉讼代理人；外国驻华使领馆官员，受本国公民的委托，可以以个人名义担任诉讼代理人，但在诉讼中不享有外交或者领事特权和豁免。需要注意的是，涉外民事诉讼中的外籍当事人委托本国人为诉讼代理人，或委托本国律师以非律师身份担任诉讼代理人，不同于公民代理。公民代理是国内民事诉讼中一项制度，能够以公民代理担任诉讼代理人的必须是"当事人的近亲属或者工作人员"或"当事人所在社区、单位以及有关社会团体推荐的公民"，而涉外民事诉讼中的外籍当事人委托本国人为诉讼代理人，或委托本国律师以非律师身份担任诉讼代理人并不受上述限制，故 B 项错误。

《民诉法解释》第 529 条规定，涉外民事诉讼中，外国驻华使领馆授权其本馆官员，在作为当事人的本国国民不在中华人民共和国领域内的情况下，可以以外交代表身份为其本国国民在中华人民共和国聘请中华人民共和国律师或者中华人民共和国公民代理民事诉讼，故 C 项正确。

《民诉法解释》第 530 条规定，涉外民事诉讼中，经调解双方达成协议，应当制发调解书。当事人要求发给判决书的，可以依协议的内容制作判决书送达当事人。可见，在涉外民事诉讼中，当事人可以要求法院根据调解协议制作判决书，故 D 项错误。

考点 33：涉外民商事案件的管辖权

1. 中国公民甲得知 A 国法院正在审理其配偶中国公民乙提起的离婚诉讼，便在自己住所地的中国法院对乙也提起离婚之诉。依我国司法实践，法院对于甲的起诉应如何处理？（　　）[1]（2004-1-35 单选）

A. 受理此案

B. 以"一事不两诉"原则为依据不予受理

C. 与 A 国法院协调管辖权的冲突

D. 告知甲在 A 国法院应诉

【考点】 涉外民商事案件的管辖权

【解析】 根据《民事诉讼法》及其司法解释关于涉外案件"平行诉讼"的规定，我国法院对某一涉外案件有管辖权，并不排斥其他国家法院依据其本国法对同一案件行使管辖权；反之亦然，故 A 项正确，BCD 项错误。

2. 依照我国现行法律规定及司法解释，下列哪项判断是正确的？（　　）[2]（2006-1-36 单选）

---

[1] 答案：A

[2] 答案：B

A. 对于在我国境内没有住所的外国被告提起涉外侵权诉讼，只有该侵权行为实施地在我国境内时，其所属辖区的中级人民法院才可以对该侵权诉讼行使管辖权

B. 我国法院可以根据当事人选择我国法院的书面协议对涉外民事诉讼行使管辖权

C. 对原本无权管辖的涉外民事诉讼，只要该诉讼的被告前来出庭应诉，我国法院就可以对其行使管辖权

D. 因在中国履行中外合资经营企业合同发生的纠纷，当事人只能向中国法院提起诉讼

【考点】 涉外民商事案件的管辖权

【解析】 根据《民事诉讼法》265条规定：因合同纠纷或者其他财产权益纠纷，对在中华人民共和国领域内没有住所的被告提起的诉讼，如果合同在中华人民共和国领域内签订或者履行或者诉讼标的物在中华人民共和国领域内，或者被告在中华人民共和国领域内有可供扣押的财产，或者被告在中华人民共和国领域内设有代表机构，可以由合同签订地、合同履行地、诉讼标的物所在地、可供扣押财产所在地、侵权行为地或者代表机构住所地人民法院管辖。根据第18条第1款的规定，重大涉外案件由中级人民法院管辖。因此尽管该侵权行为可以由我国法院管辖，但只有具备重大涉外案件的条件，才能由所属区的中级人民法院管辖，故A项错误。

《民诉法解释》第531条规定："涉外合同或者其他财产权益纠纷的当事人，可以书面协议选择被告住所地、合同履行地、合同签订地、原告住所地、标的物所在地、侵权行为地等与争议有实际联系地点的外国法院管辖。"故B项正确。

《民事诉讼法》第127条规定，当事人未提出管辖异议，并应诉答辩的，视为受诉人民法院有管辖权。因此，仅出庭应诉并不符合默示管辖的条件，故C错误。

《民事诉讼法》第266条规定，因在我国履行中外合资经营企业合同、中外合作经营企业合同、中外合作勘探开发自然资源合同发生纠纷提起的诉讼，由我国法院专属管辖。根据《民诉法解释》第531第2款，属于中华人民共和国法院专属管辖的案件，当事人不得协议选择外国法院管辖，但协议选择仲裁的除外。因此，当事人可以选择仲裁方式解决纠纷，如果要诉讼，则必须由中国法院受理，故D项错误。综上所述，本题正确答案为B。

3. 国际海上运输合同的当事人在合同中选定我国某法院作为解决可能发生的纠纷的法院。关于此，下列哪一选项是错误的？（　　）[1]（2007-1-38 单选）

A. 该协议不得违反我国有关级别管辖和专属管辖的规定

B. 当事人可以在纠纷发生前协议选择我国法院管辖

C. 如与该合同纠纷有实际联系的地点不在我国领域内，我国法院无权依据该协议对纠纷进行管辖

D. 涉外合同或涉外财产权益纠纷的当事人可以选择管辖法院

【考点】 书面协议管辖

【解析】 根据《民事诉讼法》规定，明确承认协议管辖，即涉外合同或财产权益纠纷的当事人可以用书面协议选择与争议有实际联系的地点的法院管辖。选择我国法院的不得违反我国法律有关级别管辖和专属管辖的规定，故A、D选项正确。

当事人达成书面协议管辖的时间没有限制，可以是在纠纷发生前或发生后，故B选项正确。

_____

〔1〕 答案：C

根据我国《海事诉讼特别程序法》第 8 条，涉外海事纠纷的书面协议管辖可以突破实际联系原则的限制，依特别法优先于普通法的原则。本案关于国际海上运输合同书面协议管辖适用《海事诉讼特别程序法》，故 C 选项错误。

4. 定居甲国的华侨王某与李某在甲国结婚，后王某在甲国起诉与李某离婚时被该国法院以当事人均具有中国国籍为由拒绝受理。王某转而在我国法院诉请离婚。根据我国现行司法解释，有关此案的管辖与适用法律，下列哪些选项是正确的？（　　　　）〔1〕（2007-1-81多选）

A. 王某原住所地法院有管辖权

B. 因两人定居国外且在国外结婚，我国法院不应受理

C. 李某在国内的最后住所地法院有管辖权

D. 如中国法院管辖，认定其婚姻是否合法应适用甲国法律

【考点】　涉外离婚纠纷的管辖权、结婚的法律适用

【解析】　对涉外离婚纠纷的管辖权问题，我国民事诉讼法及相关司法解释强化我国法院的管辖权。根据《民诉法解释》第 13 条，一方原住所地或者在国内的最后居住地法院有权管辖本案离婚案件纠纷，故 A、C 项正确，B 项错误。

根据《法律适用法》第 21 条规定，结婚条件，适用当事人共同经常居所地法律；没有共同经常居所地的，适用共同国籍国法律；没有共同国籍，在一方当事人经常居所地或者国籍国缔结婚姻的，适用婚姻缔结地法律。本案原被告均定居在甲国，故结婚条件适用共同经常居所地甲国法，故 D 项正确。综上所述，本题的正确答案为 ACD。

5. 朗文与戴某缔结了一个在甲国和中国履行的合同。履约过程中发生争议，朗文向甲国法院起诉戴某并获得胜诉判决。戴某败诉后就同一案件向我国法院提起诉讼。朗文以该案件已经甲国法院判决生效为由对中国法院提出管辖权异议。依据我国法律、司法解释以及我国缔结的相关条约，下列哪一选项是正确的？（　　　　）〔2〕（2008-1-36 单选）

A. 朗文的主张构成对我国法院就同一案件实体问题行使管辖权的有效异议

B. 我国法院对戴某的起诉没有管辖权

C. 我国法院对涉外民事诉讼案件的管辖权不受任何限制

D. 我国法院可以受理戴某的起诉

【考点】　涉外民商事纠纷的管辖权、一事再诉

【解析】　根据《民事诉讼法》第 265 条，对在中华人民共和国领域内没有住所的被告提起的合同纠纷，合同履行地人民法院有权管辖。本题中，合同履行地在中国，我国法院对戴某的起诉有管辖权，故 B 项错误。

根据《民诉法解释》第 533 条关于涉外民商事案件管辖权平行诉讼的规定，外国法院受理某一涉外民商事案件并做出判决，不影响我国法院依据我国法律对同一案件行使管辖权。除非该外国法院判决已经在我国被承认。本案中，甲国法院只是受理案件并做出了判决，但该判决并未在中国申请承认，因此我国法院仍然有权对同一案件行使管辖权，故 A 项错误，D 项正确。

国际民事案件管辖权问题实质上是各国对国际民商事案件的司法管辖权的范围的划分

---

〔1〕　答案：ACD

〔2〕　答案：D

问题，是各国主权冲突的体现，没有任何一个国家的司法管辖权是不受限制的，故 C 项错误。

6. 某外国公民阮某因合同纠纷在中国法院起诉中国公民张某。关于该民事诉讼，下列哪一选项是正确的？（　　）[1]（2012-1-38 单选）

A. 阮某可以委托本国律师以非律师身份担任诉讼代理人

B. 受阮某委托，某该国驻华使馆官员可以以个人名义担任诉讼代理人，并在诉讼中享有外交特权和豁免权

C. 阮某和张某可用明示方式选择与争议有实际联系的地点的法院管辖

D. 中国法院和外国法院对该案都有管辖权的，如张某向外国法院起诉，阮某向中国法院起诉，中国法院不能受理

【考点】 外国人的民事诉讼地位、书面协议管辖、一事再诉

【解析】《民诉法解释》第 528 条规定，涉外民事诉讼中的外籍当事人，可以委托本国人为诉讼代理人，也可以委托本国律师以非律师身份担任诉讼代理人；外国驻华使领馆官员，受本国公民的委托，可以以个人名义担任诉讼代理人，但在诉讼中不享有外交或者领事特权和豁免。由此可见，只能委托中国律师代理诉讼，外国律师不能以律师身份参加诉讼。外国驻华使、领馆可以授权本馆的官员以外交代表的身份为其本国当事人在中国聘请诉讼代理人，故 A 选项正确，B 错误。

我国《民事诉讼法》明确承认协议管辖，即涉外合同或财产权益纠纷的当事人，可以用书面协议选择与争议有实际联系的地点的法院管辖。选择我国法院的不得违反我国法律有关级别管辖和专属管辖的规定。由此可见，协议管辖要求书面形式，C 项仅提到明示方式，而明示方式不等于书面，故选项 C 错误。

阮某向中国法院起诉，中国法院可以受理因中国法院和外国法院对该案都有管辖权，故我国法院可以依法管辖该案，故 D 选项错误。

7. 甲国某航空公司在中国设有代表处，其一架飞机从中国境内出发，经停甲国后前往乙国，在乙国发生空难。关于乘客向航空公司索赔的诉讼管辖和法律适用，根据中国相关法律，下列哪些表述是正确的？（　　）[2]（2013-1-78 多选）

A. 中国法院对该纠纷具有管辖权

B. 中国法律并不限制乙国法院对该纠纷行使管辖

C. 即使甲国法院受理了该纠纷，中国法院仍有权就同一诉讼行使管辖权

D. 如中国法院受理该纠纷，应适用受害人本国法确定损害赔偿数额

【考点】 涉外合同纠纷的管辖权、合同之债的法律适用

【解析】 根据《民事诉讼法》第 265 条规定，因合同纠纷或者其他财产权益纠纷，对在中华人民共和国领域内没有住所的被告提起的诉讼，如果合同在中华人民共和国领域内签订或者履行，或者诉讼标的物在中华人民共和国领域内，或者被告在中华人民共和国领域内有可供扣押的财产，或者被告在中华人民共和国领域内设有代表机构，可以由合同签订地、合同履行地、诉讼标的物所在地、可供扣押财产所在地、侵权行为地或者代表机构住所地人民法院管辖。本案中，甲国某航空公司在中国设有代表处，因此，中国法院对该

---

〔1〕 答案：A

〔2〕 答案：ABC

纠纷享有管辖权，故 A 选项正确。

《民事诉讼法》第 29 条规定，因铁路、公路、水上和航空事故请求损害赔偿提起的诉讼，由事故发生地或者车辆、船舶最先到达地、航空器最先降落地或者被告住所地人民法院管辖。本案中，乙国是空难事故发生地，根据中国民事诉讼法的规定，乙国法院对该事故享有管辖权，故选项 B 正确。

在国际民事诉讼中，并不禁止一事再理或者一事两诉，故 C 选项正确。

若我国法院受理此案，合同纠纷的法律适用首先应尊重当事人的意思自治，没有意思自治，适用最密切联系原则确定准据法，故 D 选项错误。综上所述，本题的正确答案为 ABC。

8. 俄罗斯公民萨沙来华与中国公民韩某签订一份设备买卖合同。后因履约纠纷韩某将萨沙诉至中国某法院。经查，萨沙在中国境内没有可供扣押的财产，亦无居所；该套设备位于中国境内。关于本案的管辖权与法律适用，依中国法律规定，下列哪一选项是正确的？（   ）[1]（2016-1-38 单选）

A. 中国法院没有管辖权

B. 韩某可在该套设备所在地或合同签订地法院起诉

C. 韩某只能在其住所地法院起诉

D. 萨沙与韩某只能选择适用中国法或俄罗斯法

【考点】 涉外民商事案件的管辖权、意思自治原则

【解析】 根据《民事诉讼法》第 265 条规定："因合同纠纷或者其他财产权益纠纷，对在中华人民共和国领域内没有住所的被告提起的诉讼，如果合同在中华人民共和国领域内签订或者履行，或者诉讼标的物在中华人民共和国领域内，或者被告在中华人民共和国领域内有可供扣押的财产，或者被告在中华人民共和国领域内设有代表机构，可以由合同签订地、合同履行地、诉讼标的物所在地、可供扣押财产所在地、侵权行为地或者代表机构住所地人民法院管辖。"本案涉外合同的签订地和诉讼标的物在中国境内，故中国法院有管辖权，故 A、C 项错误，B 项正确。

《法律适用法》第 41 条规定，当事人可以协议选择合同适用的法律。当事人没有选择的，适用履行义务最能体现该合同特征的一方当事人经常居所地法律或者其他与该合同有最密切联系的法律。本案为合同纠纷，所以韩某和萨沙可以协议选择任何地方的法律，故 D 项错误。

9. 英国凯英公司与我国贝华公司签订合同在我国共同投资建立中外合资经营企业。如果凯英公司与贝华公司之间就此合同发生争议，提起诉讼。依照我国法律规定，下列表述中哪一说法是正确的 （   ）[2]（2002-1-19 单选）

A. 可以在英国诉讼

B. 必须在中国诉讼

C. 如果双方当事人在合同中选择英国管辖，我国法院就没有管辖权

D. 如果双方当事人在合同中选择第三国管辖，我国法院就没有管辖权

【考点】 外资合同的专属管辖

---

[1] 答案：B
[2] 答案：B

【解析】依据《民事诉讼法》第266条规定，因在中华人民共和国履行的中外合资经营企业合同、中外合作经营企业合同、中外合作勘探开发自然资源合同发生纠纷提起的诉讼由中华人民共和国人民法院管辖。这种管辖是强制性的专属管辖，不能由双方当事人在合同中自由协商约定，故B选项正确，A、C、D选项错误。

考点34：国际商事法庭

1. 希腊甲公司与中国乙公司签订许可协议，授权其在亚洲地区独占使用其某项发明专利，许可期限十年标的额3.68亿元，协议选择中国最高院国际商事法庭管辖。协议履行到第5年，因希腊甲公司又给予荷兰乙公司同样的独占许可，中国乙公司向国际商事法庭起诉希腊甲公司，下列哪项判断是正确的？（　　　）[1]（2019-网络回忆版单选）

A. 对国际商事仲裁法庭判决不服，可以在最高院本部申请再审

B. 有丰富经验的希腊法学家西蒙可以被国际商事法庭遴选为法官参与本案的审理

C. 如果双方无异议，希腊文字的证据材料无须提交中文译本

D. 在希腊获得的证据经公证和认证即可直接采用

【考点】国际商事法庭

【解析】根据《最高人民法院关于设立国际商事法庭若干问题的规定》（下称《商事法庭规定》）第16条的规定，当事人对国际商事法庭作出的已经发生法律效力的判决、裁定和调解书，可以依照民事诉讼法的规定向最高人民法院本部申请再审，故A项正确。

《商事法庭规定》第4条规定，国际商事法庭法官由最高人民法院在具有丰富审判工作经验，熟悉国际条约、国际惯例以及国际贸易投资实务，能够同时熟练运用中文和英文作为工作语言的资深法官中选任，B选项中西蒙是法学家不是法官，故B项错误。

《商事法庭规定》第9条第2款规定，当事人提交的证据材料系英文且经对方当事人同意的，可以不提交中文翻译件。但本题中的材料是希腊文字，并非英文，故C项错误。

《商事法庭规定》第9条第1款规定，当事人向国际商事法庭提交的证据材料系在中华人民共和国领域外形成的，不论是否已办理公证、认证或者其他证明手续，均应当在法庭上质证，C项中经过公证和认证的证据需要经过法庭质证才可以采用，故D项错误。

综上所述，本题的正确答案为A。

2. 中国甲公司和美国乙公司签订1亿美元标的额的买卖合同，合同约定纠纷由中国国际商事法庭管辖，以下表述正确的有哪些？（　　　）[2]（2019-网络回忆版多选）

A. 国际商事法庭可以调解书结案

B. 国际商事法庭作出的判决，败诉方不能上诉

C. 若双方达成合意，国际商事法庭可以用英文进行案件的审理

D. 因为违反级别管辖，合同中选择国际商事法庭的约定无效

【考点】国际商事法庭

【解析】根据《商事法庭规定》第15条的规定，国际商事法庭作出的判决、裁定，是发生法律效力的判决、裁定。国际商事法庭作出的调解书，经双方当事人签收后，即具有与判决同等的法律效力，故A项正确。

《商事法庭规定》第16条规定，当事人对国际商事法庭作出的已经发生法律效力的判

---

〔1〕 答案：A

〔2〕 答案：ABD

决、裁定和调解书，可以依照民事诉讼法的规定向最高人民法院本部申请再审。故 B 项正确。

《民事诉讼法》第 262 条规定，我国法院审理涉外民事案件，应当适用我国通用语言、文字。同时，《国际商事法庭程序规则》第 6 条规定，国际商事法庭根据当事人的申请，为当事人提供翻译服务，费用由当事人负担。由此可见，国际商事法庭也不能用英文进行案件审理。C 项错误。

《商事法庭规定》第 2 条规定，国际商事法庭受理下列案件：（一）当事人依照民事诉讼法第三十四条的规定协议选择最高人民法院管辖且标的额为人民币 3 亿元以上的第一审国际商事案件。本案中甲乙之间的合同标的额为 1 亿美元，符合级别管辖的规定，故 D 项正确。

第三讲　域外司法协助

考点 35：域外司法协助

某外国法院依照该国与我国缔结或共同参加的国际条约的规定提出司法协助请求，我国法院应该依照什么程序提供司法协助？（　　）[1]（2004-1-72 多选）

A. 依照国际惯例进行

B. 依照我国法律规定的程序进行

C. 依照该外国法律规定的程序进行，但该程序不得违反我国的公共秩序

D. 在一定条件下，也可依照外国法院请求的特殊方式进行

【考点】域外司法协助

【解析】根据《民事诉讼法》第 276 条规定，根据中华人民共和国缔结或者参加的国际条约，或者按照互惠原则，人民法院和外国法院可以相互请求，代为送达文书、调查取证以及进行其他诉讼行为。外国法院请求协助的事项有损于中华人民共和国的主权、安全或者社会公共利益的，人民法院不予执行。该法第 279 条规定，人民法院提供司法协助，依照中华人民共和国法律规定的程序进行。外国法院请求采用特殊方式的，也可以按照其请求的特殊方式进行，但请求采用的特殊方式不得违反中华人民共和国法律，故选项 BD 正确，AC 错误。综上所述，本题的正确答案为 BD。

考点 36：域外文书送达

1. 根据我国《民事诉讼法》和有关条约的规定，外国法院向位于我国领域内的当事人送达司法文书和司法外文书时，不能采用下列哪几种送达方式？（　　）[2]（2002-1-64 多选）

A. 外交途径送达

B. 通过外交人员或领事向非派遣国国民送达

C. 邮寄直接送达

D. 司法程序中的利害关系人直接送达

---

[1]　答案：BD

[2]　答案：BCD

【考点】司法文书的域外送达

【解析】司法协助是指不同国家的法律之间，根据本国缔结或者参加的国际条约，或者按照互助的原则，在司法事务上相互协助，代为一定的诉讼行为。司法协助可分为：一般司法协助，即代为送达文书和调查取证；特殊司法协助，即对外国法院裁判和仲裁裁决的承认和执行。《民事诉讼法》第277条规定，请求和提供司法协助，应当依照中华人民共和国缔结或者参加的国际条约所规定的途径进行；没有条约关系的，通过外交途径进行。外国驻华使领馆可以向该国公民送达文书和调查取证，但不得违反我国法律，并不得采取强制措施。除前款规定的情况外，未经中华人民共和国主管机关准许，任何外国机关或者个人不得在中华人民共和国领域内送达文书、调查取证。除前款规定的情况外，未经中华人民共和国主管机关准许，任何外国机关或者个人不得在中华人民共和国领域内送达文书、调查取证。故A项方式允许，B、C、D项不得使用。综上所述，本题的正确答案为BCD。

2. 某中国企业因与在境外设立的斯坦利公司的争议向我国法院提起诉讼。根据我国现行司法解释，关于向斯坦利公司有效送达司法文书的问题，下列哪些选项是正确的？（　　）[1]（2007-1-80 多选）

A. 法院可向该公司设在中国的任何分支机构送达

B. 法院可向该公司设在中国的任何代表机构送达

C. 如该公司的主要负责人位于中国境内时，法院可向其送达

D. 法院可向该公司在中国的诉讼代理人送达

【考点】司法文书的域外送达

【解析】根据《民事诉讼法》的规定，通过分支机构向境外当事人送达文书必须要有受送达人的授权，故A项错误。

人民法院可以向受送达人送达司法文书，可以送达给其在中华人民共和国领域内设立的代表机构，此种送达途径没有条件限制，故B项正确。

作为受送达人的自然人或者企业、其他组织的法定代表人、主要负责人在中华人民共和国境内的，人民法院可以向该自然人、或者法定代表人、主要负责人送达，故C项正确。

除非受送达人在授权委托书中明确表明其诉讼代理人无权代为接收有关司法文书外，人民法院可以向该诉讼代理人送达，故D项正确。综上所述，本题的正确答案为BCD。

3. 中国某法院审理一起涉外民事纠纷，需要向作为被告的外国某公司进行送达。根据《关于向国外送达民事或商事司法文书和司法外文书公约》（海牙《送达公约》）、中国法律和司法解释，关于该案件的涉外送达，法院的下列哪一做法是正确的？（　　）[2]（2013-1-39 单选）

A. 应首先按照海牙《送达公约》规定的方式进行送达

B. 不得对被告采用邮寄送达方式

C. 可通过中国驻被告所在国使领馆向被告进行送达

D. 可通过电子邮件方式向被告送达

【考点】司法文书的域外送达

【解析】根据《海牙送达公约》规定，在所有民事或商事案件中，如有必须递送司法

---

[1] 答案：BCD

[2] 答案：D

文书或司法外文书以便向国外送达的情形，才适用本公约。因此如果该外国公司在中国领域内设有代表机构的，可以直接向该代表机构送达而不必根据《海牙送达公约》向国外送达，故 A 选项错误。

《民事诉讼法》第 267 条第（6）项规定，受送达人所在国的法律允许邮寄送达的，可以邮寄送达，自邮寄之日起满三个月，送达回证没有退回，但根据各种情况足以认定已经送达的，期间届满之日视为送达，故 B 选项错误。

《民事诉讼法》第 267 条第（3）项规定，对具有中华人民共和国国籍的受送达人，可以委托中华人民共和国驻受送达人所在国的使领馆代为送达。据此可知，使领馆送达必须针对具有中国国籍的受送达人，故 C 选项错误。

《民事诉讼法》第 267 条第（7）项规定，人民法院对在中华人民共和国领域内没有住所的当事人送达诉讼文书，可以采用传真、电子邮件等能够确认受送达人收悉的方式送达，故 D 选项正确。

考点 37：域外调取证据

1. 在我国法院审理的一个涉外诉讼案件中，需要从甲国调取某些证据。甲国是《关于从国外调取民事或商事证据公约》的缔约国。根据该公约，下列哪些选项是正确的？（　　）[1]（2008-1-82 多选）

A. 赵律师作为中方当事人的诉讼代理人，可以依照上述公约请求甲国法院调取所需的证据

B. 调取证据的请求，应以请求书的方式提出

C. 请求书应通过我国外交部转交甲国的中央机关

D. 中国驻甲国的领事代表在其执行职务的区域内，可以在不采取强制措施的情况下向华侨取证

【考点】域外取证

【解析】《关于从国外调取民事或商事证据的公约》第 1 条规定："在民事或商事案件中，每一缔约国的司法机关可以根据该国的法律规定，通过请求书的方式，请求另一缔约国主管机关调取证据或履行某些其他司法行为。"故 A 项错误，B 项正确。

全国人民代表大会常务委员会《关于我国加入〈关于从国外调取民事或商事证据的公约〉的决定》第 1 项规定："根据公约第二条，指定中华人民共和国司法部为负责接收来自另一缔约国司法机关的请求书，并将其转交给执行请求的主管机关的中央机关。"所以请求书应通过我国司法部转交甲国的中央机关，故 C 项错误。

《关于从国外调取民事或商事证据的公约》第 15 条规定："在民事或商事案件中，每一缔约国的外交官员或领事代表在另一缔约国境内其执行职务的区域内，可以向他所代表的国家的国民在不采取强制措施的情况下调取证据，以协助在其代表的国家的法院中进行的诉讼。"故 D 项正确。综上所述，本题的正确答案为 BD 项。

2. 中国和甲国均为《关于从国外调取民事或商事证据的公约》的缔约国。关于两国之间的域外证据调取，下列哪一选项是正确的？（　　）[2]（2010-1-36 单选）

A. 委托方向另一缔约方请求调取的证据不限于用于司法程序的证据

---

[1] 答案：BD

[2] 答案：D

B. 中国可以相关诉讼属于中国法院专属管辖为由拒绝甲国调取证据的请求

C. 甲国可以相关事项在甲国不能提起诉讼为由拒绝中国调取证据的请求

D. 甲国外交代表在其驻华执行职务的区域内，在不采取强制措施的情况下，可向甲国公民调取证据

【考点】《关于从国外调取民事或商事证据的公约》

【解析】 该公约第1条第2款规定，请求书不得用来调取不打算用于已经开始或即将开始的司法程序的证据，故 A 选项错误。

该公约第12条第2款规定，执行国不能仅因其国内法已对该项诉讼标的规定专属管辖权或不承认对该事项提起诉讼的权利为理由，拒绝执行请求，故 B、C 选项错误。

该公约第15条第1款规定，在民事或商事案件中，每一缔约国的外交官员或领事代表在另一缔约国境内其执行职务的区域内，可以向他所代表的国家的国民在不采取强制措施的情况下调取证据，以协助在其代表的国家的法院中进行的诉讼，故 D 选项正确。

3. 中国与甲国均为《关于从国外调取民事或商事证据的公约》的缔约国，现甲国法院因审理一民商事案件，需向中国请求调取证据。根据该公约及我国相关规定，下列哪一说法是正确的？（ ）[1]（2014-1-39 单选）

A. 甲国法院可将请求书交中国司法部，请求代为取证

B. 中国不能以该请求书不属于司法机关职权范围为由拒绝执行

C. 甲国驻中国领事代表可在其执行职务范围内，向中国公民取证，必要时可采取强制措施

D. 甲国当事人可直接在中国向有关证人获取证人证言

【考点】 域外调取证据

【解析】 本题所涉知识点参见本考点第1题解析。

根据该公约规定，一国司法机关可以直接将调取证据请求书送交被请求国中央机关，无须通过本国中央机关转交。在我国，司法部为负责接收来自另一缔约国司法机关请求书的中央机关，故 A 项正确。

该公约第12条规定，"只有在下列情况下，才能拒绝执行请求书：（一）在执行国，该请求书的执行不属于司法机关的职权范围；或（二）被请求国认为，请求书的执行将会损害其主权和安全。执行国不能仅因其国内法已对该项诉讼标的规定专属管辖权或不承认对该事项提起诉讼的权利为理由，拒绝执行请求。"该条从肯定与否定两个方面规定了可以拒绝执行调取证据请求的情形，可以拒绝的两种情形是不属于司法机关的职权范围和损害公共利益，不得拒绝的两种情形是本国专属管辖和不承认境外诉讼权利，故 B 项错误。

该公约第16条规定，"在符合下列条件的情况下，每一缔约国的外交官或领事代表在另一缔约国境内其执行职务的区域内，亦可以向他执行职务所在国或第三国国民在不采取强制措施的情况下调取证据，以协助在其代表的国家的法院中进行的诉讼：（一）他执行职务地所在国指定的主管机关已给予一般性或对特定案件的许可，并且（二）他遵守主管机关在许可中设定的条件。缔约国可以声明，无须取得事先许可即可依本条进行取证。"可见，外交官或领事代表可以向本国国民以外的人调取证据，但需要驻在国许可并不得采取强制措施。《民事诉讼法》第277条规定："……外国驻中华人民共和国的使领馆可以向该国

---

[1] 答案：A

公民送达文书和调查取证，但不得违反中华人民共和国的法律，并不得采取强制措施。……"故 C 项错误。

该公约没有规定当事人直接取证。《民事诉讼法》第 277 条规定，"除前款规定的情况外，未经中华人民共和国主管机关准许，任何外国机关或者个人不得在中华人民共和国领域内送达文书、调查取证。"可见，未经我国主管机关准许，任何外国当事人或其诉讼代理人都不得在我国境内自行取证，故 D 项错误。

4. 蒙古公民高娃因民事纠纷在蒙古某法院涉诉。因高娃在北京居住，该蒙古法院欲通过蒙古驻华使馆将传票送达高娃，并向其调查取证。依中国法律规定，下列哪一选项是正确的？（　　）[1]（2016-1-39 单选）

A. 蒙古驻华使馆可向高娃送达传票

B. 蒙古驻华使馆不得向高娃调查取证

C. 只有经中国外交部同意后，蒙古驻华使馆才能向高娃送达传票

D. 蒙古驻华使馆可向高娃调查取证并在必要时采取强制措施

【考点】域外送达；域外取证

【解析】外国法院可以通过委托驻华使领馆向在中国境内的其本国人送达诉讼文书，中国法院也可以通过委托驻外使领馆向外国境内的中国人送达诉讼文书，这是国际社会普遍承认和采用的一种方式，故 A 项正确。

使领馆送达文书不需要使领馆驻在国的外交部同意，故 C 项错误。

外国通过其驻华使领馆人员向在中国境内的其本国人调查取证，中国通过其驻外使领馆人员向在外国境内的中国人调查取证，这也是一种大多数国家所接受的方式，但不得违反当地法律，也不得采取强制措施，故 B、D 两项错误。综上所述，本题的正确答案为 A。

考点 38：外国法院判决的承认和执行

1. 现有一德国法院的判决在我国欲得到承认和执行，依照我国《民事诉讼法》的规定必须符合下列哪些条件，德国法院的判决才能得到我国的承认和执行？（　　）[2]（2002-1-66 多选）

A. 德国法院适用了我国冲突规范所规定的准据法

B. 德国法院判决的承认和执行不会损害我国的公共秩序

C. 德国法院判决已经发生法律效力

D. 德国与我国缔结或者参加了国际条约或有互惠关系

【考点】外国法院判决的承认与执行

【解析】依据《民诉法》280 条、第 281 条和第 282 条及《民诉法解释》的规定，外国法院的判决在我国获得承认和执行的法律要件是：（1）判决作出国与我国存在条约或互惠原则；（2）判决的承认与执行不损害我国的主权、安全、社会公共利益；（3）判决作出国法院对案件有管辖权；（4）判决已经发生法律效力；（5）外国法院审理案件的诉讼程序公正；（6）不存在"诉讼竞合"，即对同一诉讼标的，我国法院未做出过判决，也未执行过第三国法院的判决；（7）请求承认的外国判决必须公正。所以，本题中，德国法院的判决欲得我国的法院的承认和执行，必须满足上述要求，故选项 BCD 正确，A 项错误。

---

〔1〕答案：A

〔2〕答案：BCD

综上所述，本题的正确答案为 BCD。

2. 中国法院就一家中国公司和一家瑞士公司之间的技术转让纠纷作出判决。判决发生效力后，瑞士公司拒不执行法院判决，而且该公司在中国既无办事机构、分支机构和代理机构，也无财产。关于该判决的承认和执行，下列选项中的哪些表述是正确的？（　　）[1]（2003—1—65 多选）

A. 中国公司直接向有管辖权的瑞士法院申请承认和执行

B. 中国公司向国际法院申请承认和执行

C. 由人民法院依照我国缔结或者参加的国际条约的规定，请求瑞士法院承认和执行

D. 由人民法院直接采取强制措施执行

【考点】我国法院判决的域外承认与执行

【解析】根据《民事诉讼法》第 280 条规定，人民法院做出的发生法律效力的判决、裁定、如果被执行人或者其财产不在中华人民共和国领域内，当事人请求执行的，可以由当事人直接向有管辖权的外国法院申请承认和执行，也可以由人民法院依照中华人民共和国缔结或者参加的国际条约的规定，或者按照互惠原则，请求外国法院承认和执行，故 A、C 项正确。

B 项是考生容易选错之处，国际法院是联合国下设的处理国家与国家之间的法律争端的国际司法机构，受理私人之间的争议，也没有强制执行的权力，故 B 项错误。

D 项违反了国家主权原则，一国法院不能直接到他国采取强制执行措施，这侵犯了他国的属地管辖权，故 D 项错误。综上所述，本题的正确答案为 AC。

3. 我国某法院接到一位中国公民提出的要求承认一项外国法院判决的申请。依我国法律规定，关于承认该外国判决，下列哪一选项是错误的？（　　）[2]（2007—1—41 单选）

A. 如我国与该外国间存在司法协助协定，应依该协定办理

B. 如我国与该外国间既不存在司法协助协定，也不存在任何互惠关系，法院应驳回当事人申请

C. 只有作出判决的外国法院对案件具有管辖权时，该外国判决才有可能被我国法院承认

D. 只有已发生法律效力的外国法院判决才有可能被我国法院承认

【考点】外国法院判决的承认与执行

【解析】对于向我国法院申请承认与执行的外国判决或裁定，无论是由当事人直接申请还是由外国法院请求，我国法院都必须依照我国与该国缔结或参加的国际条约的规定，或者互惠原则进行审查。经审查，如果外国判决、裁定不违反我国法律的基本原则，或者不危害我国国家主权、安全和社会公共利益，裁定承认其效力，需要执行的，发出执行令，故 A 项正确。

我国与许多国家签订的双边司法协助条约规定，被申请的原判决国法院必须有管辖权，审判程序公证，且不与正在我国国内进行或已经终结的诉讼相冲突，故 C 项正确。

请求承认与执行的判决或裁定必须是已经发生法律效力的判决或裁定，故 D 项正确。

如果某国与我国既无条约关系也不存在互惠关系时，我国对该国法院的判决是不予承

---

[1] 答案：AC
[2] 答案：B

认与执行的，法院应是裁定不予承认，而不是驳回申请，故 B 项错误。综上所述，本题选择错误项即 B 项。

4. 外国公民张女士与旅居该国的华侨王先生结婚，后因感情疏离，张女士向该国法院起诉离婚并获得对其有利的判决，包括解除夫妻关系，以及夫妻财产分割和子女抚养等内容。该外国与中国之间没有司法协助协定。张女士向中国法院申请承认该离婚判决，王先生随后在同一中国法院起诉与张女士离婚。根据我国法律和司法解释，下列哪一选项是错误的？（   ）〔1〕（2008-1-40 单选）

A. 中国法院应依《最高人民法院关于中国公民申请承认外国法院离婚判决程序问题的规定》决定是否承认该判决中解除夫妻身份关系的内容

B. 中国法院应依前项司法解释决定是否执行该判决中解除夫妻身份关系之外的内容

C. 若张女士的申请被驳回，她无权再提出承认该判决的申请，但可另行向中国法院起诉离婚

D. 中国法院不应受理王先生的离婚起诉

【考点】离婚判决的承认与执行

【解析】《最高人民法院关于人民法院受理申请承认外国法院离婚判决案件有关问题的规定》第 2 条的规定，外国公民向人民法院申请承认外国法院离婚判决，如果其离婚的原配偶是中国公民的，人民法院应予受理；如果其离婚的原配偶是外国公民的，人民法院不予受理，但可告知其直接向婚姻登记机关申请再婚登记。该法第 3 条规定，当事人向人民法院申请承认外国法院离婚调解书效力的，人民法院应予受理，并根据《关于中国公民申请承认外国法院离婚判决程序问题的规定》进行审查，作出承认或不予承认的裁定，故 A 项正确。

《最高人民法院关于中国公民申请承认外国法院离婚判决程序问题的规定》第 2 条规定，外国法院离婚判决中的夫妻财产分割、生活费负担、子女抚养方面判决的承认执行，不适用本规定，故 B 项的说法错误，应选。

《最高人民法院关于中国公民申请承认外国法院离婚判决程序问题的规定》第 22 条规定，申请人的申请被驳回后，不得再提出申请，但可以另行向人民法院起诉离婚，故 C 项正确。

《最高人民法院关于中国公民申请承认外国法院离婚判决程序问题的规定》第 19 条规定，人民法院受理承认外国法院离婚判决的申请后，对方当事人向人民法院起诉离婚的，人民法院不予受理，故 D 项正确。综上所述，本题选择错误项即 B 项。

5. 甲国秋叶公司在该国法院获得一项胜诉的判决，并准备向中国法院申请执行。根据我国现行法律，下列哪些选项是正确的？（   ）〔2〕（2008-1-80 多选）

A. 该判决可以由当事人直接向我国有管辖权的法院申请执行

B. 该判决可以由甲国法院依照该国与我国缔结或共同参加的国际条约的规定向我国有管辖权的法院申请执行

C. 对外国法院判决效力的承认，我国采取裁定方式

D. 对与我国缔结司法协助条约的国家的法院判决，我国法院均应予以执行

---

〔1〕 答案：B
〔2〕 答案：ABC

【考点】外国法院判决的承认与执行

【解析】根据《民事诉讼法》第281条规定："外国法院作出的发生法律效力的判决、裁定，需要中华人民共和国人民法院承认和执行的，可以由当事人直接向中华人民共和国有管辖权的中级人民法院申请承认和执行，也可以由外国法院依照该国与中华人民共和国缔结或者参加的国际条约的规定，或者按照互惠原则，请求人民法院承认和执行。"故A、B项均正确。

根据《民事诉讼法》第282条规定，人民法院对申请或者请求承认和执行的外国法院作出的发生法律效力的判决、裁定，依照中华人民共和国缔结或者参加的国际条约，或者按照互惠原则进行审查后，认为不违反中华人民共和国法律的基本原则或者国家主权、安全、社会公共利益的，裁定承认其效力，需要执行的，发出执行令，依照本法的有关规定执行。违反中华人民共和国法律的基本原则或者国家主权、安全、社会公共利益的，不予承认和执行。"所以，对外国法院判决的效力的承认，采用的是裁定的方式，故C项是正确的，D项错误。综上所述，本题的正确答案为ABC项。

6. 当事人欲将某外国法院作出的民事判决申请中国法院承认和执行。根据中国法律，下列哪一选项是错误的？（　　）[1]（2012-1-39 单选）

A. 该判决应向中国有管辖权的法院申请承认和执行

B. 该判决应是外国法院作出的发生法律效力的判决

C. 承认和执行该判决的请求须由该外国法院向中国法院提出，不能由当事人向中国法院提出

D. 如该判决违反中国的公共利益，中国法院不予承认和执行

【考点】外国法院判决在我国的承认与执行

【解析】根据《民事诉讼法》第281条的规定，外国法院作出的判决、裁定，要在我国得到承认与执行，可以由当事人直接向有管辖权的法院提出，也可以由法院按照条约的规定或者互惠原则请求对方国家的法院承认与执行。在我国为被执行人住所地或财产所在地的中级人民法院，故A选项正确，C选项错误。

请求承认与执行的判决或裁定必须是已经发生法律效力的判决或裁定，故B选项正确。

对于向我国法院申请承认与执行的外国判决或裁定，无论是由当事人直接申请还是由外国法院请求，我国法院都必须依照我国与该国缔结或参加的国际条约的规定，或者互惠原则进行审查。经审查，如果外国判决、裁定不违反我国法律的基本原则，或者不危害我国国家主权、安全和社会公共利益，裁定承认其效力，需要执行的，发出执行令。所以如该判决违反中国的公共利益，中国法院不予承认和执行，故D选项说法正确。综上所述，本题的正确答案为C。

---

〔1〕答案：C

第六章　区际法律问题

第一讲　区际文书送达和调查取证

考点 39：区际文书送达

1. 大陆甲公司与台湾地区乙公司签订了出口家具合同，双方在合同履行中产生纠纷，乙公司拒绝向甲公司付款。甲公司在大陆将争议诉诸法院。关于向台湾当事人送达文书，下列哪些选项是正确的？（　　　）[1]（2009-网络回忆版多选）

A. 可向乙公司在大陆的任何业务代办人送达

B. 如乙公司的相关当事人在台湾下落不明的，可采用公告送达

C. 邮寄送达的，如乙公司未在送达回证上签收而只是在邮件回执上签收，可视为送达

D. 邮寄送达未能收到送达与否证明文件的，满三个月即可视为已送达

【考点】涉台文书送达

【解析】最高人民法院《关于涉台民事诉讼文书送达的若干规定》第 3 条规定，人民法院向住所地在台湾地区的当事人送达民事诉讼文书，可以采用下列方式：（一）受送达人居住在大陆的，直接送达。受送达人是自然人，本人不在的，可以交其同住成年家属签收；受送达人是法人或者其他组织的，应当由法人的法定代表人、其他组织的主要负责人或者该法人、组织负责收件的人签收；受送达人不在大陆居住，但送达时在大陆的，可以直接送达；（二）受送达人在大陆有诉讼代理人的，向诉讼代理人送达。受送达人在授权委托书中明确表明其诉讼代理人无权代为接收的除外；（三）受送达人有指定代收人的，向代收人送达；（四）受送达人在大陆有代表机构、分支机构、业务代办人的，向其代表机构或者经受送达人明确授权接受送达的分支机构、业务代办人送达；（五）受送达人在台湾地区的地址明确的，可以邮寄送达；（六）有明确的传真号码、电子信箱地址的，可以通过传真、电子邮件方式向受送达人送达；（七）按照两岸认可的其他途径送达。

采用上述方式不能送达或者台湾地区的当事人下落不明的，公告送达，故 B 选项正确。由上述（二）可知，故 A 选项"任何"的说法错误。

第 5 条，采用本规定第 3 条第 1 款第（5）项方式送达的，应当附有送达回证。受送达人未在送达回证上签收但在邮件回执上签收的，视为送达，签收日期为送达日期，故 C 选项正确。自邮寄之日起满三个月，如果未能收到送达与否的证明文件，且根据各种情况不足以认定已经送达的，视为未送达，故 D 选项错误。综上所述，本题的正确答案为 BC 项。

2. 香港地区甲公司与内地乙公司发生投资纠纷，乙公司诉诸某中级人民法院。陈某是甲公司法定代表人，张某是甲公司的诉讼代理人。关于该案的文书送达及法律适用，下列

---

[1]　答案：BC

哪些选项是正确的?(　　)〔1〕(2011-1-79 多选)

　　A. 如陈某在内地,受案法院必须通过上一级人民法院向其送达

　　B. 如甲公司在授权委托书中明确表明张某无权代为接收有关司法文书,则不能向其送达

　　C. 如甲公司在内地设有代表机构的,受案人民法院可直接向该代表机构送达

　　D. 同时采用公告送达和其他多种方式送达的,应当根据最先实现送达的方式确定送达日期

　　【考点】涉港文书送达

　　【解析】《最高人民法院关于涉港澳民商事案件司法文书送达问题若干规定》(简称《涉港澳文书送达规定》,下同)第 3 条规定,作为受送达人的自然人或者企业、其他组织的法定代表人、主要负责人在内地的,人民法院可以直接向该自然人或者法定代表人、主要负责人送达,故 A 选项错误。

　　《涉港澳文书送达规定》第 3 条规定,除受送达人在授权委托书中明确表明其诉讼代理人无权代为接收有关司法文书外,其委托的诉讼代理人为有权代其接受送达的诉讼代理人,人民法院可以向该诉讼代理人送达,故 B 选项正确。

　　《涉港澳文书送达规定》第 5 条第 1 款规定,受送达人在内地设立有代表机构的,人民法院可以直接向该代表机构送达,C 故选项正确。

　　《涉港澳文书送达规定》第 10 条规定,除公告送达方式外,人民法院可以同时采取多种法定方式向受送达人送达。采取多种方式送达的,应当根据最先实现送达的方式确定送达日期。据此可知,公告送达是被排除在外的,故 D 选项错误。综上所述,本题的正确答案为 BC 项。

　　3. 居住于我国台湾地区的当事人张某在大陆某法院参与民事诉讼。关于该案,下列哪一选项是不正确的?(　　)〔2〕(2012-1-37 单选)

　　A. 张某与大陆当事人有同等诉讼权利和义务

　　B. 确定应适用台湾地区民事法律的,受案的法院予以适用

　　C. 如张某在大陆,民事诉讼文书可以直接送达

　　D. 如张某在台湾地区地址明确,可以邮寄送达,但必须在送达回证上签收

　　【考点】涉台文书送达、涉台民事诉讼

　　【解析】《民事诉讼法》第 5 条规定,民事诉讼当事人有平等的诉讼权利。人民法院审理民事案件,应当保障和便利当事人行使诉讼权利,对当事人在适用法律上一律平等。最高院《关于审理涉台民商事案件法律适用问题的规定》第 2 条明确,台湾地区当事人在人民法院参与民事诉讼,与大陆当事人有同等的诉讼权利和义务,其合法权益受法律平等保护。据此可知,居住于我国台湾地区的当事人张某与大陆当事人有同等诉讼权利和义务,故 A 选项正确。

　　在案件确定应适用台湾地区民事法律的,受案的法院予以适用,故 B 选项正确。

　　人民法院向住所地在台湾地区的当事人送达民事诉讼文书。如果受送达人居住在内地的,或者受送达人不在内地居住,但送达时在内地的,可以直接送达,故 C 选项正确。

---

〔1〕答案:BC
〔2〕答案:D

受送达人在台湾地区的地址明确的，可以邮寄送达。邮寄送达应附有送达回证。受送达人未在送达回证上签收但在邮件回执上签收的，视为送达，签收日期为送达日期。所以，D 项中不是"必须在送达回证上签收"说法错误。本题要求选择错误选项，答案为 D 项。

考点 40：区际调取证据

1. 内地某中级人民法院在审理一民事案件过程中，需从澳门调取证据。依据《最高人民法院关于内地与澳门特别行政区法院就民商事案件相互委托送达司法文书和调取证据的安排》，下列哪些说法是正确的？（   ）[1]（2005-1-82 多选）

A. 该中级人民法院可直接委托澳门的有关法院调取证据

B. 澳门受托法院可以该民事案件属于其专属管辖为由拒绝执行受托事项

C. 受托法院完成调取证据的期限最迟不得超过自收到委托书之日起三个月

D. 最高人民法院与澳门特别行政区终审法院可以直接委托调取证据

【考点】 区际调取证据

【解析】根据 2020 年《最高人民法院关于内地与澳门特别行政区法院就民商事案件相互委托送达司法文书和调取证据的安排》第 2 条规定："双方相互委托送达司法文书和调取证据，通过各高级人民法院和澳门特别行政区终审法院进行。最高人民法院与澳门特别行政区终审法院可以直接相互委托送达和调取证据。经与澳门特别行政区终审法院协商，最高人民法院可以授权部分中级人民法院、基层人民法院与澳门特别行政区终审法院相互委托送达和调取证据。"本安排在执行过程中遇有问题，应当通过最高人民法院与澳门特别行政区终审法院协商解决，故 A 项错误，D 项正确。

根据 2020 年《最高人民法院关于内地与澳门特别行政区法院就民商事案件相互委托送达司法文书和调取证据的安排》第 9 条第 1 款规定："受委托方法院收到委托书后，不得以其本辖区法律规定对委托方法院审理的该民商事案件享有专属管辖权或者不承认对该请求事项提起诉讼的权利为由，不予执行受托事项。"故 B 项错误。

根据 2020 年《最高人民法院关于内地与澳门特别行政区法院就民商事案件相互委托送达司法文书和调取证据的安排》第 6 条第规定："委托方法院应当在合理的期限内提出委托请求，以保证受委托方法院收到委托书后，及时完成受托事项。受委托方法院应当优先处理受托事项。完成受托事项的期限，送达文书最迟不得超过自收到委托书之日起两个月，调取证据最迟不得超过自收到委托书之日起三个月。"故 C 项正确。综上所述，本题的正确答案为 CD。

2. 内地某中级法院审理一起涉及澳门特别行政区企业的商事案件，需委托澳门特别行政区法院进行司法协助。关于该司法协助事项，下列哪些表述是正确的？ （   ）[2]（2013-1-79 多选）

A. 该案件司法文书送达的委托，应通过该中级法院所属高级法院转交澳门特别行政区终审法院

B. 澳门特别行政区终审法院有权要求该中级法院就其中文委托书提供葡萄牙语译本

C. 该中级法院可以请求澳门特别行政区法院协助调取与该案件有关的证据

D. 在受委托方法院执行委托调取证据时，该中级法院司法人员经过受委托方允许可以

---

[1] 答案：CD
[2] 答案：CD

出席并直接向证人提问

【考点】涉澳文书送达和取证

【解析】根据2020年《最高人民法院关于内地与澳门特别行政区法院就民商事案件相互委托送达司法文书和调取证据的安排》第2条第2款规定："经与澳门特别行政区终审法院协商，最高人民法院可以授权部分中级人民法院、基层人民法院与澳门特别行政区终审法院相互委托送达和调取证据。"故A项错误，C选项正确。

根据2020年《最高人民法院关于内地与澳门特别行政区法院就民商事案件相互委托送达司法文书和调取证据的安排》第5条规定："委托书应当以中文文本提出。所附司法文书及其他相关文件没有中文文本的，应当提供中文译本"。故B选项错误。

根据2020年《最高人民法院关于内地与澳门特别行政区法院就民商事案件相互委托送达司法文书和调取证据的安排》第20条规定："受委托方法院在执行委托调取证据时，根据委托方法院的请求，可以允许委托方法院派司法人员出席。必要时，经受委托方允许，委托方法院的司法人员可以向证人、鉴定人等发问。"故D选项正确。综上所述，本题的正确答案为CD。

第二讲　区际判决与仲裁裁决的认可与执行

考点41：区际法院判决的认可与执行

1. 李某在内地某法院取得一项涉及王某的具有给付内容的生效民事判决。王某的主要财产在澳门，在内地也有少量可供执行的财产。根据《最高人民法院关于内地与澳门特别行政区相互认可和执行民商事判决的安排》，下列哪一选项是正确的？（　　　）[1]（2007-1-36 单选）

A. 李某有权同时向内地与澳门有管辖权的法院申请执行

B. 李某向澳门法院提出执行申请的同时，可以向内地法院申请查封、扣押或者冻结王某的财产

C. 如澳门法院受理执行申请，它不能仅执行该判决中的部分请求

D. 该判决的执行应适用内地法律

【考点】涉澳法院判决的认可与执行

【解析】被申请人在内地和澳门特别行政区均有可供执行财产的，申请人可以向一地法院提出执行申请。申请人向一地法院提出执行申请的同时，可以向另一地法院申请查封、扣押或者冻结被执行人的财产。待一地法院执行完毕后，可以根据该地法院出具的执行情况证明，就不足部分向另一地法院申请采取处分财产的执行措施，故A项错误。

涉澳判决的认可与执行允许申请人向一地法院提出执行申请的同时，向另一地法院申请财产保全，故B项正确。

被请求方法院不能对判决所确认的所有请求予以认可和执行时，可以认可和执行其中的部分请求，故C项错误。

对民商事判决的认可和执行，除非另有规定，适用被请求方的法律规定，即受理认可

_____

〔1〕　答案：B

和判决申请的法院地法律。本题并未明确是向内地法院还是向澳门法院申请执行，因此不能判定执行应适用内地法律，故 D 项错误。

2. 李某与王某在台湾地区因民事纠纷涉诉，被告王某败诉，李某向王某在福建的财产所在地的中级法院申请认可台湾地区的民事判决。下列哪些选项可以成为中级法院拒绝认可的理由？（　　）〔1〕（2009-1-81 多选）

A. 案件为人民法院专属管辖

B. 人民法院已承认了某外国法院就相同案件作出的判决

C. 双方没有关于司法管辖的协助

D. 王某在本案中缺席且未给予合法传唤

【考点】　涉台法院判决在内地的认可与执行

【解析】　根据 2015 年《最高人民法院关于认可和执行台湾地区法院民事判决的规定》第 15 条的规定，台湾地区法院民事判决具有下列情形之一的，裁定不予认可：（1）申请认可的民事判决，是在被申请人缺席又未经合法传唤或者在被申请人无诉讼行为能力又未得到适当代理的情况下作出的；（2）案件系人民法院专属管辖的；（3）案件双方当事人订有有效仲裁协议，且无放弃仲裁管辖情形的；（4）案件系人民法院已作出判决或者中国大陆的仲裁庭已作出仲裁裁决的；（5）香港特别行政区、澳门特别行政区或者外国的法院已就同一争议作出判决且已为人民法院所认可或者承认的；（6）台湾地区、香港特别行政区、澳门特别行政区或者外国的仲裁庭已就同一争议作出仲裁裁决且已为人民法院所认可或者承认的。认可该民事判决将违反一个中国原则等国家法律的基本原则或者损害社会公共利益的，人民法院应当裁定不予认可。根据上述（1）（2）（5）可知，A、B、D 选项正确，C 选项错误。综上所述，本题的正确答案为 ABD。

3. 台湾地区甲公司因合同纠纷起诉大陆乙公司，台湾地区法院判决乙公司败诉。乙公司在上海和北京均有财产，但未执行该判决。关于该判决的执行，下列哪一选项是正确的？（　　）〔2〕（2011-1-37 单选）

A. 甲公司向上海和北京的中级人民法院申请认可该判决的，由最先立案的中级人民法院管辖

B. 该判决效力低于人民法院作出的生效判决

C. 甲公司申请财产保全的，人民法院可以要求其提供有效的担保；不提供担保的，视情况决定是否准予财产保全

D. 甲公司申请认可该判决的，应当在判决效力确定后 1 年内提出

【考点】　涉台法院判决在内地的认可与执行

【解析】　根据 2015 年《最高人民法院关于认可和执行台湾地区法院民事判决的规定》第 4 条规定，申请人向两个以上有管辖权的人民法院申请认可的，由最先立案的人民法院管辖，故 A 选项正确。

根据该规定第 17 条规定，经人民法院裁定认可的台湾地区法院民事判决，与人民法院作出的生效判决具有同等效力，故 B 选项错误。

根据该规定第 10 条规定，人民法院受理认可台湾地区法院民事判决的申请之前或者之

〔1〕　答案：ABD
〔2〕　答案：A

后，可以按照民事诉讼法及相关司法解释的规定，根据申请人的申请，裁定采取保全措施。根据《民事诉讼法》的规定，人民法院采取财产保全措施，可以责令申请人提供担保；申请人不提供担保的，驳回申请。据此可知，人民法院要求申请人提供担保的，申请人必须提供担保，不提供的，人民法院驳回其申请，故 C 选项错误。

台湾地区有关法院民事判决认可与执行的期限，与外国判决认可与执行的期限相同，均为判决效力确定后 2 年，故 D 选项错误。

考点 42：区际仲裁裁决的认可与执行

1. 上海甲公司作为卖方和澳门乙公司订立了一项钢材购销合同，约定有关合同的争议在中国内地仲裁。乙公司在内地和澳门均有营业机构。双方发生争议后，仲裁庭裁决乙公司对甲公司进行赔偿。乙公司未在规定的期限内履行仲裁裁决。关于甲公司对此采取的做法，下列哪些选项是正确的？（   ）[1]（2008-1-81 多选）

　　A. 向内地有管辖权的中级人民法院申请执行该仲裁裁决
　　B. 向澳门特别行政区中级法院申请执行该仲裁裁决
　　C. 分别向内地有管辖权的中级人民法院和澳门特别行政区中级法院申请执行仲裁裁决
　　D. 向澳门特别行政区初级法院申请执行该仲裁裁决

【考点】涉澳仲裁裁决的承认与执行

【解析】《关于内地与澳门特别行政区相互认可和执行仲裁裁决的安排》（以下简称《内地与澳门仲裁裁决的安排》）第 2 条规定："在内地或者澳门特别行政区作出的仲裁裁决，一方当事人不履行的，另一方当事人可以向被申请人住所地、经常居住地或者财产所在地的有关法院申请认可和执行。内地有权受理认可与执行仲裁裁决申请的法院为中级人民法院。"故 A 选项正确。

内地仲裁裁决需要再澳门申请认可与执行的，认可和执行的申请都向澳门中级法院提出，澳门中级法院认可后，交由其初级法院执行，故 B 项正确，D 项错误。

《内地与澳门仲裁裁决的安排》第 3 条第 1 款规定："被申请人的住所地、经常居住地或者财产所在地分别在内地和澳门特别行政区的，申请人可以向一地法院提出认可和执行申请，也可以分别向两地法院提出申请。"故 C 选项正确。综上所述，本题的正确答案为 ABC。

2. 澳门甲公司与内地乙公司的合同争议由内地一仲裁机构审理，甲公司最终胜诉。乙公司在广东、上海和澳门均有财产。基于这些事实，下列哪些选项是正确的？（   ）[2]（2010-1-82 多选）

　　A. 甲公司可分别向广东和上海有管辖权的法院申请执行
　　B. 只有国务院港澳办提供的名单内的仲裁机构作出的裁决才能被澳门法院认可与执行
　　C. 甲公司分别向内地和澳门法院申请执行的，内地法院应先行执行清偿
　　D. 两地法院执行财产总额不得超过依裁决和法律规定所确定的数额

【考点】涉澳仲裁裁决的认可与执行

【解析】《内地与澳门仲裁裁决的安排》第 2 条规定，在内地或者澳门特别行政区作出的仲裁裁决，一方当事人不履行的，另一方当事人可以向被申请人住所地、经常居住地或

---

[1] 答案：ABC
[2] 答案：CD

者财产所在地的有关法院申请认可和执行。内地有权受理认可和执行仲裁裁决申请的法院为中级人民法院。两个或者两个以上中级人民法院均有管辖权的，当事人应当选择向其中一个中级人民法院提出申请。澳门特别行政区有权受理认可仲裁裁决申请的法院为中级法院，有权执行的法院为初级法院。本题中，乙公司在广东、上海和澳门均有财产，因此广东、上海、澳门的有关法院对甲公司申请认可和执行仲裁裁决均有管辖权。由于广东、上海在内地，当甲公司向内地申请认可和执行仲裁裁决时，乙公司财产所在地的广东和上海的中级人民法院均有管辖权，甲公司应当选择向其中一个中级人民法院提出申请，而不能分别向它们提出，故 A 选项错误。

《内地与澳门仲裁裁决的安排》第 1 条规定，内地人民法院认可和执行澳门特别行政区仲裁机构及仲裁员按照澳门特别行政区仲裁法规在澳门作出的民商事仲裁裁决，澳门特别行政区法院认可和执行内地仲裁机构依据《中华人民共和国仲裁法》在内地作出的民商事仲裁裁决，适用本安排。本安排没有规定的，适用认可和执行地的程序法律规定，故 B 选项错误。

《内地与澳门仲裁裁决的安排》第 3 条规定，被申请人的住所地、经常居住地或者财产所在地分别在内地和澳门特别行政区的，申请人可以向一地法院提出认可和执行申请，也可以分别向两地法院提出申请。当事人分别向两地法院提出申请的，两地法院都应当依法进行审查。予以认可的，采取查封、扣押或者冻结被执行人财产等执行措施。仲裁地法院应当先进行执行清偿；另一地法院在收到仲裁地法院关于经执行债权未获清偿情况的证明后，可以对申请人未获清偿的部分进行执行清偿。两地法院执行财产的总额，不得超过依据裁决和法律规定所确定的数额。本题中，合同争议由内地一仲裁机构审理，仲裁地在内地，因此当甲公司分别向内地和澳门法院申请执行时，内地法院应先进行执行清偿，故 C、D 选项正确。综上所述，本题的正确答案为 CD。

国际经济法

第一章 国际货物买卖法

第一讲 国际贸易术语解释通则

考点1：国际贸易术语[1]

1. 中国甲公司与非洲A国乙公司签订CIF合同出口一批瓷器，货物运到A国时遭遇A国内乱，部分货物毁损，中国和A国都是《1980年联合国国际货物销售合同公约》的成员国，下列哪项判断是正确的？（　　）[2]（2019-网络回忆版）

A. 乙公司无须支付毁损部分货物货款

B. 乙公司有理由相信在A国这种环境下，甲公司投保了一切险和战争险

C. 在没有特殊约定情况下，甲公司应投保平安险

D. 在乙公司没有机会验货的情况下，可以不付款

【考点】CIF术语

【解析】CIF术语下货物风险在装上船时已经转移，本案中，货损发生在风险转移后，故买方无权因此不支付货款，A项错误。CIF术语下，如无特殊约定，卖方只有义务投保海运最低险即平安险，B项错误、C项正确。在CIF的条件下，买方只有在付款赎单情况才能提货，并对货物进行检验，此时不能以验货作为付款条件，故D项错误。

2. 法国甲公司与中国乙公司签订FOB合同出口红葡萄酒，因法国甲公司的酒庄到装运港有一段陆地需要陆路运输，现买卖双方发生纠纷诉至我国法院，根据《2010国际贸易术语解释通则》和《联合国国际货物销售合同公约》，下列哪一判断是正确的？（　　）[3]（2019-网络回忆版）

A. 中国乙公司应承担包括陆路运输在内的所有运输工作

B. 法国甲公司将货物交给陆路运输的第一承运人即完成了交货

---

[1] 国际商会已于2019年9月发布了最新的《国际贸易术语解释通则》，该通则将于2020年1月1日生效。主要涉及FCA、DAT等。FOB、CIF和CFR则没有太大变化。有关这几个术语中买卖双方的义务的真题还可以参考。

[2] 答案：C

[3] 答案：C

C. 法国甲公司在装运港将货物装上指定船舶即完成了交货

D. 法国甲公司应负责安排从酒庄到目的港的运输

【考点】FOB 术语

【解析】本案中买卖合同双方约定的为 FOB 术语，因此风险转移和卖方交货义务均为货物在装运港装运上船，买方只负责安排海上货物运输，因此从卖方营业地到装运港的陆路运输应由卖方负担，ABD 选项错误，C 选项正确。

3. A 国某公司以 CIF 价与中国某公司签订了向中国出口食品 2000 箱的合同，A 国公司在货物装运后，凭已装船清洁提单和已投保一切险及战争险的保险单，向银行办理了结汇，货到目的港经复验发现，该批货物中的 342 箱食品所含的沙门氏细菌超过进口国的标准，中国公司只实收 1995 箱货物，短少 5 箱。下列选项哪些说法是正确的？（   ）[1]（2003-1-68 多选）

A. 对于细菌超过标准的货物，中国公司应向 A 国公司索赔

B. 对短少的货物，中国公司应向 A 国公司索赔

C. 对短少的货物，中国公司应向承运人索赔

D. 对细菌超过标准的货物，中国公司可以要求减少价金，但不能要求损害赔偿

【考点】CIF 术语、国际货物买卖的违约责任

【解析】CIF，自装运港装上船时起风险转移。风险的转移是在卖方无违约责任的情况下，如卖方有违约行为，买方仍然有权向卖方提出索赔，故 A 项正确。

已装船清洁提单说明货物数量在装上船时起没有问题，承运人有管货义务，故 B 项错误，C 项正确。

《联合国国际货物销售合同公约》第 50 条规定，如货物与合同不符，不论货款是否已付，买方都可以减低价格。如买方请求了损害赔偿就不能再进行减价，当然，如减价不足以补偿买方的损失，还可同时请求损害赔偿。故 D 项错误。

4. 中国山东某公司于 2003 年 6 月 14 日收到甲国某公司来电称："×××设备 3560 台，每台 270 美元 CIF 青岛，7 月甲国×××港装船，不可撤销即期信用证支付，2003 年 6 月 22 日前复到有效。"中国山东公司于 2003 年 6 月 17 日复电："若单价为 240 美元 CIF 青岛，可接受 3560 台×××设备；如有争议在中国国际经济贸易仲裁委员会仲裁。"甲国公司于 2003 年 6 月 18 日回电称仲裁条款可以接受，但价格不能减少。此时，该机器价格上涨，中方又于 2003 年 6 月 21 日复电："接受你 14 日发盘，信用证已经由中国银行福建分行开出。"但甲国公司未予答复并将货物转卖他人。关于该案，依 1980 年《联合国国际货物销售合同公约》的规定，下列选项哪些是正确的？（   ）[2]（2004-1-73 多选）

A. 甲国公司要约中所采用的是在甲国完成交货的贸易术语

B. 甲国公司将货物转卖他人的行为是违约行为

C. 中国山东公司于 2003 年 6 月 17 日的复电属于反要约

D. 甲国公司于 2003 年 6 月 18 日回电是在要约有效期内发出，属有效承诺

【考点】CIF、要约、承诺

【解析】CIF 条件下交货地点为装运港船上，因此 A 项正确。

---

[1] 答案：AC

[2] 答案：AC

根据《联合国国际货物销售合同公约》的规定，有效的承诺须具备以下条件：① 承诺须由受要约人作出，依公约第 18 条的规定，承诺的作出可以声明或行为表示，但缄默或不行为本身不等于承诺。② 承诺须在要约规定的有效期间内作出。理论上迟到的承诺或逾期的承诺，不是有效的承诺，而是新的要约，一般须经原要约人承诺后才能成立合同。③ 承诺须与要约的内容一致。如果受要约人所表示的对要约的内容有变更即是反要约，或称为还价，反要约是对要约的拒绝，不能发生承诺的效力，它必须经原要约人承诺后才能成立合同。由此可知 C 项正确，而 B、D 项不正确。

5. 甲国公司（卖方）与乙国公司订立了国际货物买卖合同，FOB 价格条件，采用海上运输方式。甲乙两国均为《联合国国际货物销售合同公约》（简称《公约》）缔约国，下列哪一选项是正确的？（   ）〔1〕（2009-1-40 单选）

A. 货物的风险应自货物交第一承运人时转移

B. 因当事人已选择了贸易术语，《公约》整体不再适用该合同

C. 甲国公司应在装运港于约定日期或期限内将货物交至船上

D. 甲国公司在订立运输合同并装船后应及时通知乙国公司办理保险

【考点】FOB 术语

【解析】在 FOB 的情况下，风险在装运港装上船时起转移。故 A 选项错误。

选择贸易术语，并不排除对《公约》的适用。故 B 选项错误。

在 FOB 的情况下，在装运港船上交货。故 C 选项正确。

在 FOB 的情况下，运输由买方负责。故 D 选项错误。

6. 中国甲公司以 CIF 价向某国乙公司出口一批服装，信用证方式付款，有关运输合同明确约定适用《海牙规则》。甲公司在装船并取得提单后，办理了议付。两天后，甲公司接乙公司来电，称装船的海轮在海上因雷击失火，该批服装全部烧毁。对于上述情况，下列哪一选项是正确的？（   ）〔2〕（2009-1-43 单选）

A. 乙公司应向保险公司提出索赔

B. 甲公司应向保险公司提出索赔

C. 甲公司应将全部货款退还给乙公司

D. 乙公司应向承运人提出索赔

【考点】CIF 术语、《海牙规则》中承运人的免责规定

【解析】CIF 术语下，货物的风险在装运港装上船时起由卖方转移给买方。本题中已经装船，风险转移给乙公司。根据《海牙规则》，由于雷击失火，承运人免责。所以，应由乙公司向保险公司提出索赔。故 A 选项正确，B、D 选项错误。

此时甲公司没有过错，不需要退还货款给乙公司。故 C 选项错误。

7. 甲国 A 公司（卖方）与中国 B 公司采用 FOB 价格条件订立了一份货物买卖合同，约定货物保质期为交货后一年。B 公司投保了平安险。货物在海运途中因天气恶劣部分损毁，另一部分完好交货，但在交货后半年左右出现质量问题。根据《联合国国际货物销售合同公约》和有关贸易惯例，下列哪一选项是正确的？（   ）〔3〕（2010-1-42 单选）

---

〔1〕 答案：C

〔2〕 答案：A

〔3〕 答案：B

A. A 公司在陆地上将货物交给第一承运人时完成交货

B. 货物风险在装运港越过船舷时转移

C. 对交货后半年出现的货物质量问题，因风险已转移，A 公司不承担责任

D. 对海运途中损毁的部分货物，应由保险公司负责赔偿

【考点】FOB 术语、国际货物销售合同公约

【解析】FOB，意为"船上交货（指定装运港）"，指当货物在指定的装运港装上船时起，卖方即完成交货，货物的风险同时转移，交货地点为装运港船上。故 A 选项错误，B 选项正确。

根据《联合国国际货物销售合同公约》的规定，卖方有质量担保义务，卖方必须保证其交付的货物与合同的规定相符。故 C 选项错误。

平安险的英文意思为"单独海损不赔"。应当注意，被保险货物在运输途中由于恶劣气候、雷电、海啸、地震、洪水等自然灾害造成的整批货物的全部损失或推定全损在平安险承保的责任范围内，但单纯由于自然灾害所造成的部分损失不属于其承保的责任范围。本题中，货物在海运途中因天气恶劣导致的部分损毁是单纯由于自然灾害所造成的部分损失，不属于平安险的责任范围，保险公司不予赔偿。故 D 选项错误。

8. A 公司和 B 公司于 2011 年 5 月 20 日签订合同，由 A 公司将一批平板电脑售卖给 B 公司，FOB 贸易术语。A 公司和 B 公司营业地分别位于甲国和乙国，两国均为《联合国国际货物销售合同公约》缔约国。合同项下的货物由丙国 C 公司的"潇湘"号商船承运，装运港是甲国某港口，目的港是乙国某港口。在运输途中，B 公司与中国 D 公司就货物转卖达成协议。对此，下列选项正确的是（　　　　）?[1]（2011-1-99 不定项）

A. 该合同应当适用 2010 年《国际贸易术语解释通则》

B. 货物的风险应自货交 C 公司时由 A 公司转移给 B 公司

C. B 公司必须自付费用订立从指定装运港运输货物的合同

D. 因当事人选择了贸易术语，故不再适用《联合国国际货物销售合同公约》

【考点】FOB 术语、贸易术语与联合国国际货物销售合同公约的关系

【解析】国际贸易术语解释通则的 2000、2010 年与 2020 年等版本并存，由当事人选择适用，当事人若希望适用新术语必须注明适用新术语。故 A 选项错误。

适用 FOB 术语时，货物在装运港装上船时起风险转移。故 B 选项错误。

适用 FOB 术语时，由买方负责运输。故 C 选项正确。

只要双方没有明确排除《联合国国际货物销售合同公约》的适用，则《联合国国际货物销售合同公约》自动适用于他们之间的买卖合同。故 D 选项错误。

9. 关于 CIF 贸易术语的适用，下列选项正确的是：（　　　　）[2]。（2012-1-99 不定项）

A. 货物的风险在装运港完成交货时由 A 公司转移给 B 公司

B. 货物的风险在装运港越过船舷时由 A 公司转移给 B 公司

C. 应由 A 公司负责海运运输

D. 应由 A 公司购买货物海运保险

【考点】CIF 术语

---

〔1〕 答案：C

〔2〕 答案：ACD

【解析】CIF 意为"成本加运费加保险费（指定目的港）"，指在装运港船上交货。在 CIF 下买卖双方的风险以货物在装运港口被装上船时为界。故 A 选项正确，B 选项错误。

在 CIF 下，卖方须支付将货物运至指定目的港所需的运费，并办理运输中的保险，卖方仅需投保最低险别。故 C、D 选项正确。

10. 中国甲公司向加拿大乙公司出口一批农产品，CFR 价格条件。货装船后，乙公司因始终未收到甲公司的通知，未办理保险。部分货物在途中因海上风暴毁损。根据相关规则，下列哪一选项是正确的？（   ）[1]（2014-1-41 单选）

A. 甲公司在装船后未给乙公司以充分的通知，造成乙公司漏保，因此损失应由甲公司承担

B. 该批农产品的风险在装港船舷转移给乙公司

C. 乙公司有办理保险的义务，因此损失应由乙公司承担

D. 海上风暴属不可抗力，乙公司只能自行承担损失

【考点】CFR 术语

【解析】CFR 意为"成本加运费（指定目的港）"，指在装运港船上交货，卖方须支付将货物运至指定目的港所需的运费。但货物的风险是在装运港船上交货时转移的。保险应当由买方办理，所以，卖方在装船后应当给买方以充分的通知；否则，因此而造成买方漏保引起的货物损失应由卖方承担。本题中，甲公司在装船后未给乙公司以充分的通知，造成乙公司漏保，损失应由甲公司承担。

第二讲　联合国国际货物销售合同公约

考点 2：《联合国国际货物销售合同公约》的适用范围

1. 设下列各公司所属国均为 1980 年《联合国国际货物销售合同公约》的缔约国，依公约的规定，下列哪几种情况适用公约？（   ）[2]（2002-1-67 多选）

A. 营业地位于中国的两个不同国家的公司订立的关于电视机的买卖合同

B. 营业地位于不同国家的两公司订立的补偿贸易合同，其中服务未构成供货方的绝大部分义务

C. 营业地位于不同国家的两公司关于食糖的贸易合同

D. 营业地位于不同国家的两公司订立的补偿贸易合同，其中服务构成了供货方的绝大部分义务

【考点】《联合国国际货物销售合同公约》的适用范围

【解析】《联合国国际货物销售合同公约》第 1 条规定："本公约适用于营业地在不同国家的当事人之间所订立的货物销售合同：（a）如果这些国家是缔约国；或（b）如果国际私法规则导致适用某一缔约国的法律。"第 3 条还排除了对提供货物与提供服务相结合的合同的适用，依公约规定，下列两种合同排除适用：其一，通过劳务合作方式进行的购买，如补偿贸易；其二，通过货物买卖方式进行的劳务合作。因为这两类合同供货方的义务主

---

〔1〕答案：A

〔2〕答案：BC

要是提供劳务或其他服务。但如果上述合同提供的劳务或服务没有构成供货方的绝大部分义务的，则仍被视为是买卖合同。所以，D项错误。正确答案为BC.

2. 《联合国国际货物销售合同公约》适用于下列哪些合同？（　　）[1]（2003-1-66多选）

A. 营业地在不同缔约国的当事人之间所订立的货物销售合同

B. 住所地在不同缔约国的当事人之间所订立的货物销售合同

C. 具有不同缔约国国籍的当事人之间所订立的货物销售合同

D. 在国际私法规则导致适用某一缔约国法律的条件下，营业地在不同国家的当事人之间所订立的货物销售合同

【考点】《联合国国际货物销售合同公约》的适用范围

【解析】《公约》第1条的规定：本公约适用于营业地在不同国家的当事人订立的货物销售合同：（a）如果这些国家是缔约国；或（b）如果国际私法规则导致适用某一缔约国的法律。故选A、D项。

考点3：《联合国国际货物销售合同公约》下买卖双方的权利义务

1. 一国甲公司与另一国乙公司订立国际货物买卖合同，假设1980年《联合国国际货物销售合同公约》适用于该买卖合同，那么依该公约的规定，甲公司对于所售货物的权利担保事项包括下列哪些？（　　）[2]（2005-1-86多选）

A. 交付的货物为甲方所有

B. 交付的货物为甲方占有

C. 交付的货物在买方所在国或转售国不侵犯他人的知识产权

D. 交付的货物在世界范围内不侵犯他人的知识产权

【考点】《联合国国际货物销售合同公约》下卖方的担保义务

【解析】根据公约，卖方的权利担保义务包括所有权担保和知识产权担保两个方面。（1）所有权担保：指卖方保证对其出售的货物享有完全的所有权，必须是第三方不能提出任何权利或要求的货物。如不存在任何未向买方透漏的担保物权等。（2）知识产权担保：指卖方所交付的货物，必须是第三方不能依工业产权或其他知识产权主张任何权利或要求的货物。据此，A项正确，B项错误。

但是对于知识产权担保的义务，公约也规定了一些限制条件。主要表现在：（1）地域限制。公约虽然规定了卖方的知识产权担保义务，但并不是其出售的货物不得侵犯全世界任何一个知识产权人的权利，这是不现实的，对此公约第42条规定了限制标准：第一，依货物销售目的国的法律，即第三人的请求必须是依货物使用地或转售地国家的法律提出的。第二，依买方营业地所在国的法律，即第三人的请求必须是依买方营业地所在国的法律提出的。（2）主观限制。卖方在下列两种情况下，免除其知识产权担保的义务：第一，买方在订立合同时已知道或不可能不知道此项权利或要求；第二，此项权利或要求的发生，是由于卖方要遵照买方所提供的技术图样、图案、款式或其他规格。据此，C项正确，B项错误。

2. 施密斯公司作为买方与邻国的哈斯公司签署了一项水果买卖合同。除其他条款外，

---

〔1〕　答案：AD

〔2〕　答案：AC

双方约定有关该合同的争议应适用 1980 年《联合国国际货物销售合同公约》并通过仲裁解决。施密斯公司在检验收到的货物时，发现该水果的大小与合同的规定差别很大，便打算退货。根据这些情况，下列哪些表述是正确的？（ ）[1]（2006-1-86 多选）

A. 施密斯公司应当根据情况采取合理措施保全货物

B. 施密斯公司有权一直保有这些货物，直至哈斯公司对其保全货物所支出的合理费用作出补偿为止

C. 施密斯公司不必使用自己的仓库保管该货物

D. 施密斯公司也可以出售该货物，但在可能的范围内，应当把出售的意向通知哈斯公司

【考点】货物的保全

【解析】《联合国国际货物销售合同公约》第 86 条第 1 项规定："如果买方已收到货物，但打算行使合同或本公约规定的任何权利，把货物退回，他必须按情况采取合理措施，以保全货物。他有权保有这些货物，直至卖方把他所付的合理费用偿还给他为止。"故 A 项正确，B 项错误。

第 88 条第 2 项规定："如果货物易于迅速变坏，或者货物的保全牵涉到不合理的费用，则……有义务保全货物的一方当事人，必须采取合理措施，把货物出售，在可能的范围内，他必须把出售货物的打算通知另一方当事人。"本题中合同标的物是水果，属于易腐烂的货物，因此应当尽快出售，B 项错误、D 项正确。

第 87 条规定："有义务采取措施以保全货物的一方当事人，可以把货物寄放在第三方的仓库，由另一方当事人负担费用，但该项费用必须合理。"由此可见，本题答案为 ACD。

3. 甲公司从国外进口一批货物，根据《联合国国际货物销售合同公约》，关于货物检验和交货不符合同约定的问题，下列说法正确的是（ ）[2]。（2013-1-99 不定项）

A. 甲公司有权依自己习惯的时间安排货物的检验

B. 如甲公司须再发运货物，没有合理机会在货到后加以检验，而卖方在订立合同时已知道再发运的安排，则检验可推迟到货物到达新目的地后进行

C. 甲公司在任何时间发现货物不符合同均可要求卖方赔偿

D. 货物不符合同情形在风险转移时已经存在，在风险转移后才显现的，卖方应当承担责任

【考点】货物的检验、风险转移

【解析】《联合国国际货物销售合同公约》第 38 条第 1 项规定，买方必须在按情况实际可行的最短时间内检验货物或由他人检验货物。故 A 选项错误。

《联合国国际货物销售合同公约》第 38 条第 3 项规定，如果货物在运输途中改运或买方须再发运货物，没有合理机会加以检验，而卖方在订立合同时已知道或理应知道这种改运或再发运的可能性，检验可推迟到货物到达新目的地后进行。故 B 选项正确。

《联合国国际货物销售合同公约》第 39 条规定，（1）买方对货物不符合同，必须在发现或理应发现不符情形后一段合理时间内通知卖方，说明不符合同情形的性质，否则就丧失声称货物不符合同的权利。（2）无论如何，如果买方不在实际收到货物之日起两年内将

---

[1] 答案：ACD

[2] 答案：BD

货物不符合同情形通知卖方，他就丧失声称货物不符合同的权利，除非这一时限与合同规定的保证期限不符。故 C 选项错误。

《联合国国际货物销售合同公约》第 36 条第 1 项规定，卖方应按照合同和本公约的规定，对风险移转到买方时所存在的任何不符合同情形，负有责任，即使这种不符合同情形在该时间后方始明显。故 D 选项正确。

4. 根据国际公约有关规定，在卖方有义务移交与货物有关的单据的情况下，关于卖方的此项义务，下列哪些选项是正确的？（   ）[1]（2008-1-84 多选）

A. 卖方必须在规定的时间移交

B. 如卖方在规定的时间前移交，可以在该时间到达前纠正其中不符合同规定的情形

C. 卖方行使纠正单据的权利使买方承担不合理开支的，买方有权要求赔偿

D. 卖方在不使买方承担不合理开支的情况下，可以改变移交单据的地点和方式

【考点】买卖双方的权利义务

【解析】在国际贸易中，单据对买方很重要，特别是在象征性交货的情况下，单据可能影响到买方是否能及时提取货物和转卖货物，也会影响到买方办理相关的海关手续。公约第 34 条对卖方交付单据的义务进行了规定，依该条规定，如果卖方有义务移交与货物有关的单据，他必须按照合同规定的时间、地点和方式移交这些单据。因此，A 项正确。

如果卖方在约定的时间以前已移交这些单据，则可在时间届满前纠正单据中任何不符合合同规定的情形，但是，此项权利的行使不得使买方遭受不合理的不便或承担不合理的开支。而且，买方可以保留公约规定的要求损害赔偿的权利。因此，B、C 项说法正确。即使不使买方承担不合理开支，卖方也应按合同的约定交付单据，而无权改变移交单据的地点和方式。因此，D 项说法错误。

5. A 公司和 B 公司于 2011 年 5 月 20 日签订合同，由 A 公司将一批平板电脑售卖给 B 公司。A 公司和 B 公司营业地分别位于甲国和乙国，两国均为《联合国国际货物销售合同公约》缔约国。合同项下的货物由丙国 C 公司的"潇湘"号商船承运，装运港是甲国某港口，目的港是乙国某港口。在运输途中，B 公司与中国 D 公司就货物转卖达成协议。如货物运抵乙国后，乙国的 E 公司指控该批平板电脑侵犯其在乙国取得的专利权，致使货物遭乙国海关扣押，B 公司向 A 公司索赔。在下列选项中，A 公司无须承担责任的情形是（   ）。[2]（2011-1-100 不定项）

A. A 公司在订立合同时不知道这批货物可能依乙国法属侵权

B. B 公司在订立合同时知道这批货物存在第三者权利

C. A 公司是遵照 B 公司提供的技术图样和款式进行生产的

D. B 公司在订立合同后知道这批货物侵权但未在合理时间内及时通知 A 公司

【考点】卖方对知识产权担保义务的限制

【解析】本题知识点参见本考点第 1 题解析。

根据公约，卖方应担保所交付货物不侵犯货物使用地、销售地或买方营业地的知识产权。本题中乙国是买方营业地，因此卖方应担保货物不侵犯乙国知识产权。故 A 选项错误。

根据公约，卖方的知识产权担保义务还因买方主观过错而不再承担，其中包括（1）买

[1] 答案：ABC

[2] 答案：BCD

方明知货物会侵权；（2）货物之所以侵权是因为按照买方所提供的技术图样、图案、程式或其它规格而生产；（3）买方怠于行使自己的权利，即买方如果不在已知道或理应知道第三方的权利或要求后一段合理时间内通知卖方。因此，B、C、D选项正确。

考点4：《联合国国际货物销售合同公约》的违约救济制度

1. 2006年6月，佛易纳公司与晋堂公司签订了一项买卖运动器材的国际货物销售合同。晋堂公司作为买方在收到货物后发现其与合同约定不符。依据1980年《联合国国际货物销售合同公约》的规定，下列哪些表述是正确的？（　　）[1]（2006-1-84 多选）

A. 如果货物与合同不符的情形构成根本违反合同，晋堂公司可以解除合同

B. 根据货物与合同不符的情形，晋堂公司可以同时要求减价和赔偿损失

C. 只有在货物与合同不符的情形构成根本违反合同时，晋堂公司关于交付替代物的要求才应当被支持

D. 如果收到的货物数量大于合同规定的数量，晋堂公司应当拒绝接受多交部分的货物

【考点】《联合国国际货物销售合同公约》的违约救济

【解析】《联合国国际货物销售合同公约》第49条规定，卖方完全不交付货物或不以合同规定交付货物构成根本违反合同时，买方可以解除合同，所以A项正确；依公约第50条的规定，如货物与合同不符，不论货款是否已付，买方都可以要求减低价格。公约第74~77条对损害赔偿进行了规定，买方或卖方所进行的其他补救，并不妨碍其同时提出损害赔偿的要求，故B正确；依公约第46条第2款的规定，买方只有在货物与合同不符构成根本违反合同时，才可以要求交付替代货物，故C正确；公约第52条第2款规定："如果卖方交付的货物数量大于合同规定的数量，买方可以收取也可以拒绝收取多交部分的货物。如果买方收取多交部分货物的全部或一部分，他必须按合同价格付款。"故D错误。由此可知，本题答案为ABC.

2. 甲公司（卖方）与乙公司订立了国际货物买卖合同。由于甲公司在履约中出现违反合同的情形，乙公司决定宣告合同无效，解除合同。依据《联合国国际货物销售合同公约》，下列哪些选项是正确的？（　　）[2]（2010-1-86 多选）

A. 宣告合同无效意味着解除了甲乙二公司在合同中的义务

B. 宣告合同无效意味着解除了甲公司损害赔偿的责任

C. 双方在合同中约定的争议解决条款也因宣告合同无效而归于无效

D. 如甲公司应归还价款，它应同时支付相应的利息

【考点】解除合同或宣告合同无效的后果

【解析】《联合国国际货物销售合同公约》关于"解除合同"的英文表达直译为"宣告合同无效"。根据公约第49条的规定，当卖方在完全不交付货物或不依合同规定交付货物构成根本违反合同时，买方可以解除合同。公约第五章第五节规定了解除合同的法律效果，主要是使双方要回复到原来的地位。根据公约第81条的规定，宣告合同无效解除了双方在合同中的义务，但应负责的任何损害赔偿仍应负责。宣告合同无效不影响合同中关于解决争端的任何规定，也不影响合同中关于双方在宣告合同无效后权利和义务的任何其他规定。因此，A选项正确，B、C选项错误。

---

[1] 答案：ABC

[2] 答案：AD

根据公约规定，解除合同后，买卖双方必须归还因接受履行所获得的收益。故 D 选项正确。

3. 根据 1980 年《联合国国际货物销售合同公约》的规定，在合同一方不履行合同义务构成根本违约的情况下，关于守约方请求损害赔偿的权利，下列表述错误的是：（　　）[1]（2008-1-100 不定项）

A. 守约方可以根据实际情况请求赔偿原合同价与转卖合同价之间的价差

B. 守约方可以根据实际情况请求赔偿合同价与市价之间的价差以及其他因对方违约造成的损失

C. 守约方可获得的损害赔偿不得超过违约方在订立合同时，依照他当时已知道或理应知道的事实和情况，对违反合同预料到或理应预料到的可能损失

D. 守约方有权对其实际遭受的、违约方缔约时理应预料到的所有损失获得赔偿

【考点】损害赔偿

【解析】A 项依《公约》第 75 条规定，即人们通常所称的两个合同的价差；B 项依第 76 条，即常说的与市价的价差；C 项依第 74 条，为国际货物买卖中违约损害赔偿的基本原则中的"可预见性"要求。上述三项内容均正确。依第 77 条的规定，"违约方缔约时理应预料到的所有损失"的限制也不能使所有实际损失当然获得赔偿。因为这种预料不是指其能够预料到具体的损失数额，而是指有关的损失可能和损失类型，如卖方在缔约时应预料到，如果他未能依约交货，买方可能购买替代货物。但买方购买替代货物导致的原合同与替代交易合同之间的实际价差，不一定在法律上能够全数得到赔偿，要看替代交易在价格、时间、替代货物的情况等问题上的合理性。更不用说违约方造成的与违约有关的管理费用与法律费用了，这些也是其可以预料到的。D 项错误。

4. 甲公司（买方）与乙公司订立了一份国际货物买卖合同。后因遇到无法预见与不能克服的障碍，乙公司未能按照合同履行交货义务，但未在合理时间内将此情况通知甲公司。甲公司直到交货期过后才得知此事。乙公司的行为使甲公司遭受了损失。依《联合国国际货物销售合同公约》，下列哪些表述是正确的？（　　）[2]（2010-1-87 多选）

A. 乙公司可以解除合同，但应把障碍及其影响及时通知甲公司

B. 乙公司解除合同后，不再对甲公司的损失承担赔偿责任

C. 乙公司不交货，无论何种原因均属违约

D. 甲公司有权就乙公司未通知有关情况而遭受的损失请求赔偿

【考点】违约方的免责

【解析】《联合国国际货物销售合同公约》第 79~80 条对免责的情况进行了规定。免责的条件是：①不履行必须是由于当事人不能控制的障碍所致。例如，战争、禁运、风暴、洪水等；②这种障碍是不履行一方在订立合同时不能预见的；③这种障碍是当事人不能避免或不能克服的。免责的通知，根据公约第 79 条第 4 款的规定，不履行义务的一方必须将障碍及其对他履行义务能力的影响通知另一方。如果对方在不履行义务的一方已知道或理应知道此一障碍后一段合理时间仍未收到通知，则不履行义务的一方对由于对方未收到通知而造成的损害应负赔偿责任。免责的后果，根据公约第 79 条第 5 款的规定，免责一方所

---

〔1〕 答案：D

〔2〕 答案：AD

免除的是对另一方损害赔偿的责任，但受损方依公约采取其他补救措施的权利不受影响。由上述规定可知，乙公司未能按照合同履行交货义务的原因是遇到了其无法预见与不能克服的障碍，符合公约规定的免责的条件，其不交货不属于违约。乙公司有通知的义务，因为乙公司没有在合理时间内将障碍及其对它履行义务能力的影响通知甲公司，甲公司直到交货期过后才得知此事，乙公司的行为使甲公司遭受了损失，所以乙公司对由于甲公司未收到通知而造成的损失应负赔偿责任，甲公司有权就乙公司未通知有关情况而遭受的损失请求赔偿。

考点5：国际货物买卖合同的风险转移

甲公司的营业所在甲国，乙公司的营业所在中国，甲国和中国均为《联合国国际货物销售合同公约》的当事国。甲公司将一批货物卖给乙公司，该批货物通过海运运输。货物运输途中，乙公司将货物转卖给了中国丙公司。根据该公约，下列哪些选项是正确的？（　　）[1]（2012-1-80多选）

A. 甲公司出售的货物，必须是第三方依中国知识产权不能主张任何权利的货物

B. 甲公司出售的货物，必须是第三方依中国或者甲国知识产权均不能主张任何权利的货物

C. 乙公司转售的货物，自双方合同成立时风险转移

D. 乙公司转售的货物，自乙公司向丙公司交付时风险转移

【考点】卖方的知识产权担保义务、风险转移

【解析】卖方知识产权担保义务的知识点参见本考点第1题。本题中，甲公司将一批货物卖给乙公司，并不确定货物的最终使用地或转卖地，所以，第三人的请求必须是依乙公司的营业所在中国法律提出的。选项C正确，选项D错误。对于在运输中销售的货物的风险，依公约第68条的规定是自买卖合同成立时起转移给买方。本题中，在货物运输途中乙公司将货物转卖给中国丙公司，所以，乙公司转售的货物，自双方合同成立时风险转移。

---

[1]　答案：AC

第二章 国际货物运输与保险法

第一讲 国际货物运输单据

考点 6：提单和海运单

1. 在国际海上货物运输中，如承运人签发的是指示提单，下列关于该提单的表述中哪些是正确的？（　　）[1]（2002-1-71 多选）

A. 提单正面载明了收货人的名称

B. 提单在转让时不需要背书，只要将提单交给受让人即可

C. 提单的转让必须经过背书

D. 提单中的收货人一栏没有具体的收货人名称，而是载明"凭指示"的字样

【考点】提单

【解析】提单分为记名提单、不记名提单和指示提单。记名提单是指提单正面载明收货人名称的提单。在这种情况下，承运人只能向该收货人，或向经收货人背书转让的提单持有人交付货物。记名提单一般不能转让。不记名提单指提单正面未载明收货人名称的提单。这种提单的转让，无须背书，只要将提单交给受让人即可。指示提单是指提单正面载明凭指示交付货物的提单。指示提单的转让必须经过背书。因此选 C、D 项。

2. 海运单是 20 世纪 70 年代以来，随着集装箱运输的发展，特别是航程较短的运输中产生出来的一种运输单证。关于海运单，下列哪一选项是正确的？（　　）[2]（2007-1-44 单选）

A. 海运单是一种可流通的书面运输单证

B. 海运单不具有证明海上运输合同存在的作用

C. 第三方以非法的方式取得海运单时无权提取货物

D. 海运单具有物权凭证的特征，收货人凭海运单提取货物

【考点】海运单

【解析】海运单是证明海上运输货物由承运人接管或装船，且承运人保证将货物交给指定的收货人的一种不可流通的书面运输单证。所以 A 项错误。

海运单具有提单所具有的货物的收据和海上货物运输合同的书面证明的作用。所以 B 项错误。

海运单的不可转让性使第三者在非法得到海运单时不能提取货物。所以 C 项正确。

海运单不是货物的物权凭证，收货人提货时无须凭海运单，而只需要证明其身份。故 D 项错误。

---

[1]　答案：CD

[2]　答案：C

考点 7：无单放货的法律责任

1. 一批货物由甲公司运往中国青岛港，运输合同适用《海牙规则》。运输途中因雷击烧毁部分货物，其余货物在目的港被乙公司以副本提单加保函提走。丙公司为该批货物正本提单持有人。根据《海牙规则》和我国相关法律规定，下列哪一选项是正确的？（ ）[1]（2010-1-45 单选）

A. 甲公司应对雷击造成的货损承担赔偿责任，因损失在其责任期间发生

B. 甲公司可限制因无正本提单交货的赔偿责任

C. 丙公司可要求甲公司和乙公司承担连带赔偿责任

D. 甲公司应以货物成本加利润赔偿因无正本提单交货造成的损失

【考点】《海牙规则》下承运人的责任与免责、无正本提单交货

【解析】根据《海牙规则》规定，承运人对由于天灾引起或造成的货物的灭失或损害免责。因此，甲公司对该雷击造成的货损不承担责任。选项 A 错误。

《最高院关于审理无正本提单交付货物案件适用法律若干问题的规定》（下称《无正本提单放货司法解释》）第 4 条规定，承运人因无正本提单交付货物承担民事责任的，不适用《海商法》第 56 条关于限制赔偿责任的规定。故 B 选项错误。

《无正本提单放货司法解释》第 11 条规定，正本提单持有人可以要求无正本提单交付货物的承运人与无正本提单提取货物的人承担连带赔偿责任。故 C 选项正确。

《无正本提单放货司法解释》第 6 条规定，承运人因无正本提单交付货物造成正本提单持有人损失的赔偿额，按照货物装船时的价值加运费和保险费计算。故 D 选项错误。

2. 甲公司依运输合同承运一批从某国进口中国的食品，当正本提单持有人乙公司持正本提单提货时，发现货物已由丙公司以副本提单加保函提走。依我国相关法律规定，下列哪一选项是正确的？（ ）[2]（2009-1-41 单选）

A. 无正本提单交付货物的民事责任应适用交货地法律

B. 乙公司可以要求甲公司承担违约责任或侵权责任

C. 甲公司对因无正本提单交货造成的损失按货物的成本赔偿

D. 丙公司提走了货物，不能要求甲公司承担责任

【考点】无正本提单交付货物问题

【解析】《无正本提单放货司法解释》第 3 条第 1 款规定，承运人因无正本提单交付货物造成正本提单持有人损失的，正本提单持有人可以要求承运人承担违约责任，或者承担侵权责任。据此可知，正本提单持有人可以要求承运人承担违约责任或者承担侵权责任。可见，具体法律适用，首先要看正本提单持有人要求承运人承担何种责任，然后再进行确定。故 A 选项错误。

《无正本提单放货司法解释》第 3 条第 1 款规定，承运人因无正本提单交付货物造成正本提单持有人损失的，正本提单持有人可以要求承运人承担违约责任，或者承担侵权责任。故 B 选项正确，D 选项错误。

《无正本提单放货司法解释》第 6 条规定，承运人因无正本提单交付货物造成正本提单持有人损失的赔偿额，按照货物装船时的价值加运费和保险费计算。故 C 选项错误。

———————————

〔1〕 答案：C

〔2〕 答案：B

第二讲 国际海上货物运输公约

考点 8：海运承运人的货损责任

1. 甲国 A 公司（买方）与乙国 B 公司（卖方）签订一进口水果合同，价格条件为 CFR，装运港的检验证书作为议付货款的依据，但约定买方在目的港有复验权。货物在装运港检验合格后交由 C 公司运输。由于乙国当时发生疫情，船舶到达甲国目的港外时，甲国有关当局对船舶进行了熏蒸消毒，该工作进行了数天。之后，A 公司在目的港复验时发现该批水果已全部腐烂。依据《海牙规则》及有关国际公约，下列哪一选项是正确的（   ）[1]（2004-1-41 单选）

　　A. C 公司可以免责

　　B. A 公司应向 B 公司提出索赔，因为其提供的货物与合同不符

　　C. A 公司应向 C 公司提出索赔，因为其没有尽到保管货物的责任

　　D. A 公司应向 B 公司提出索赔，因为其没有履行适当安排保险的义务

【考点】承运人货损责任、买卖双方权利义务、CFR 术语

【解析】根据《海牙规则》，对于由于政府或者主管部门的行为、检疫限制或者司法扣押所造成的货物灭失或者损坏，承运人不负赔偿责任，故 A 项正确，C 项错误。

　　CFR 术语下货物风险在装运港装上船时起已转移到买方，且卖方无义务办理保险，同时货物在装运港检验合格，卖方 B 公司无责任，故 B、D 项错误。

2. 依《海牙规则》规定，下列哪些货损承运人可以免责？（   ）[2]（2004-1-75 多选）

　　A. 船舶在开航前和开航时不具有适航性引起的货损

　　B. 船长和船员在驾驶或管理船舶中的疏忽引起的货损

　　C. 未谨慎积载引起的货损

　　D. 包装不当引起的货损

【考点】承运人货损责任

【解析】《海牙规则》第 3 条规定，承运人有义务在开航前和开航时恪守职责，以便使船舶适航。根据第 4 条第 1 款规定，承运人未恪守职责，从而使船舶不适航由此引起的货损，承运人不可以免责。据此，A 项错误。根据第 4 条第 2 款第 1 项和第 14 项规定，不论是承运人或是船舶，对由于船长、船员、引航员或承运人的雇佣人员在驾驶或管理船舶上的行为、疏忽或不履行契约；包装不固所引起或造成的灭失或损害，都不负责。据此，B、D 项为正确答案。《海牙规则》还要求承运人承担管货的义务，即应适当和谨慎地装载、操作、积载、运送、保管、照料和卸载所承运的货物。因此，C 项未谨慎积载引起的货损承运人应当赔偿。

3. 依据《海牙规则》的规定，下列有关承运人适航义务的表述中哪个是错误的

---

[1] 答案：A

[2] 答案：BD

（　　　）[1]。（2002-1-26 单选）

  A. 承运人应在整个航程中使船舶处于适航状态

  B. 承运人应在开航前与开航时谨慎处理使船舶处于适航状态

  C. 承运人应适当地配备船员、设备和船舶供应品

  D. 承运人应使货舱的冷藏舱和该船其他运载货物的部位适宜并能安全地收受、运送和保管货物

  【考点】承运人适航义务

  【解析】《海牙规则》第 3 条规定："承运人在开航前和开航时必须谨慎处理，以便：(1) 使船舶具有适航性；(2) 适当的配备船员、设备和船舶供应品；(3) 使货舱、冷藏舱和该船其他运载货物的部位适宜并能安全地收受、运送和保管货物。"而 A 项说整个航程中，承运人都应使船舶适航，明显错误。其他几项正确。

  考点 9：其他海上货物运输国际规则

  关于海上货物运输中的迟延交货责任，下列哪一表述是正确的？（　　　）[2]（2006-1-46 单选）

  A.《海牙规则》明确规定承运人对迟延交付可以免责

  B.《维斯比规则》明确规定了承运人迟延交付的责任

  C.《汉堡规则》只规定了未在约定时间内交付为迟延交付

  D.《汉堡规则》规定迟延交付的赔偿为迟交货物运费的 2.5 倍，但不应超过应付运费的总额

  【考点】承运人免责

  【解析】《海牙规则》规定的承运人的免责共有 17 项，包括船长、船员的航行过失和火灾过失免责和 15 项无过失免责。但《海牙规则》没有规定承运人对迟延可以免责，故 A 项错误。

  《维斯比规则》的内容主要是对《海牙规则》的补充和修改，也未规定承运人迟延交付的责任，故 B 项错误。

  《汉堡规则》规定，承运人对火灾所引起的灭失、损坏或延迟交付负赔偿责任，但索赔人需证明承运人、其受雇人或代理人有过失。《汉堡规则》所规定的延迟交付是指在未在约定的时间内交付，或在无约定的情况下，未在合理的时间内交付。故 C 项错误。

  《汉堡规则》规定，承运人对延迟交付的赔偿责任限额为延迟交付应付运费的 2.5 倍，但不应超过应付运费的总额。故 D 项正确。所以本题答案为 D 项。

第三讲　海上货物运输保险

  考点 10：海上货运保险法律制度

  1. 下列哪一损失不属于中国人民保险公司海洋运输货物保险中平安险承保的责任范围

---

  [1]　答案：A

  [2]　答案：D

( )〔1〕（2002-1-25 单选）

A. 被保险货物在运输途中由于自然灾害造成的货物的全部损失

B. 被保险货物在运输途中由于意外事故造成的货物的全部损失

C. 被保险货物在运输途中由于意外事故造成的货物的部分损失

D. 被保险货物在运输途中由于自然灾害造成的货物的部分损失

【考点】平安险

【解析】平安险的英文意思为"单独海损不赔"。其责任范围主要包括：（1）被保险货物在运输途中由于恶劣气候、雷电、海啸、地震、洪水等自然灾害造成的整批货物的全部损失或推定全损。（2）由于运输工具遭受搁浅、触礁、沉没、互撞、与流冰或其他物体碰撞以及失火、爆炸等意外事故造成货物的全部或部分损失。（3）在运输工具已经发生搁浅、触礁、沉没、焚毁等意外事故的情况下，货物在此前后又在海上遭受恶劣气候、雷电、海啸等自然灾害所造成的部分损失。（4）在装卸或转运时由于一件或数件整件货物落海造成的全部或部分损失。（5）被保险人对遭受承保责任内危险的货物采取抢救、防止或减少货损的措施而支付的合理费用，但以不超过该批被救货物的保险金额为限。（6）运输工具遭遇海难后，在避难港由于卸货所引起的损失以及在中途港、避难港由于卸货、存仓以及运送货物所产生的特别费用。（7）共同海损的牺牲、分摊和救助费用。（8）运输合同中订有"船舶互撞责任"条款，根据该条款规定应由货方偿还船方的损失。由此可见，平安险的承保范围包括全部损失和纯粹因意外事故或意外事故与自然灾害共同造成的单独海损。因此，本题 D 项中由于自然灾害造成的部分损失不在平安险承保范围内。应选 D 项。

2. 一批投保了海洋运输货物险"一切险"的货物发生了损失。在此情况下，下列选项中哪些事故原因可使保险公司不承担赔偿责任？（ ）〔2〕（2003-1-72 多选）

A. 货物损失是发货人在发运货物前包装不当造成的

B. 货物损失是由于货物在装船前已经有虫卵，运输途中孵化而导致的

C. 货物损失是由于运输迟延引起的

D. 货物损失是由于承运人驾驶船舶过失造成的

【考点】海上货物运输保险人的除外责任

【解析】海洋运输货物保险的除外责任包括：①被保险人的故意行为或过失所造成的损失。②属于发货人责任引起的损失。故 A 选项当选。③在保险责任开始前，被保险货物已存在的品质不良或数量短差所造成的损失。故 B 选项当选。④被保险货物的自然损耗、本质缺陷、特性以及市价跌落、运输延迟引起的损失和费用。故 C 选项当选。⑤海洋运输货物战争险条款和货物运输罢工险条款规定的责任范围和除外责任。D 项中承运人驾驶船舶过失造成的货物损失，属于意外事故造成的损失，包括在一切险的承保范围内，所以不应当选。

3. 平安险是中国人民保险公司海洋货物运输保障的主要险别之一。下列哪一损失不能包括在平安险的责任范围之内？（ ）〔3〕（2004-1-45 单选）

A. 被保险货物在运输途中由于自然灾害造成的全部损失

---

〔1〕 答案：D

〔2〕 答案：ABC

〔3〕 答案：B

B. 被保险货物在运输途中由于自然灾害造成的部分损失

C. 共同海损的牺牲、分摊

D. 共同海损的救助费用

【考点】平安险

【解析】本题所涉知识点参见本考点第1题解析。纯粹由于自然灾害造成的部分损失或单独海损不在平安险承保范围内。因此，本题选B。

4. 甲国A公司（卖方）与中国B公司采用FOB价格条件订立了一份货物买卖合同，约定货物保质期为交货后一年。B公司投保了平安险。货物在海运途中因天气恶劣部分损毁，另一部分完好交货，但在交货后半年左右出现质量问题。根据《联合国国际货物销售合同公约》和有关贸易惯例，下列哪一选项是正确的？（　　）[1]（2010-1-42 单选）

A. A公司在陆地上将货物交给第一承运人时完成交货

B. 货物风险在装运港越过船舷时转移

C. 对交货后半年出现的货物质量问题，因风险已转移，A公司不承担责任

D. 对海运途中损毁的部分货物，应由保险公司负责赔偿

【考点】平安险、FOB术语

【解析】FOB，意为"船上交货（指定装运港）"，指当货物在指定的装运港装上船，卖方即完成交货，货物的风险在装运港装上船时起转移，交货地点为装运港船上。故A选项错误，B选项正确。

根据《联合国国际货物销售合同公约》的规定，卖方有质量担保义务，卖方必须保证其交付的货物与合同的规定相符。故C选项错误。

平安险的英文意思为"单独海损不赔"。应当注意，被保险货物在运输途中由于恶劣气候、雷电、海啸、地震、洪水等自然灾害造成的整批货物的全部损失或推定全损在平安险承保的责任范围内，但单纯由于自然灾害所造成的部分损失不属于其承保的责任范围。本题中，货物在海运途中因天气恶劣导致的部分损毁是单纯由于自然灾害所造成的部分损失，不属于平安险的责任范围，保险公司不予赔偿。故D选项错误。

5. 关于海洋运输货物保险，下列哪一选项是正确的？（　　）[2]（2010-1-43 单选）

A. 平安险项下赔偿的因自然灾害造成的全部损失只包括实际全损

B. 保险人的责任期间自保险合同订立时开始

C. 与平安险相比，水渍险的保险范围还包括因自然灾害造成的保险标的的部分损失

D. 附加险别可独立承保

【考点】海洋运输货物保险

【解析】平安险的英文意思为"单独海损不赔"，其承保因自然灾害造成的全部损失包括实际全损和推定全损。故A选项错误。

保险责任的期间也就是保险期间，有三种确定方法：（1）以时间来确定，例如规定保险期间为1年，自某年、某月、某日起至某年、某月、某日止。（2）以空间的方法来确定，例如规定保险责任自货物离开起运地仓库起至抵达目的地仓库止。（3）以空间和时间两方面来对保险期间进行限定的方法，例如规定自货物离开起运地仓库起至货物抵达目的地仓

---

[1] 答案：B

[2] 答案：C

库止，但如在全部货物卸离海轮后 60 日内未抵达上述地点，则以 60 日期满为止。故 B 选项错误。

水渍险的责任范围除平安险的各项责任外，还负责被保险货物由于恶劣气候、雷电、海啸、地震、洪水等自然灾害所造成的部分损失。故 C 选项正确。

海洋货物运输保险的附加险别是投保人在投保主要险别时，为补偿因主要险别范围以外可能发生的某些危险造成的损失所附加的保险。附加险别不能单独承保，它必须附于主险项下。故 D 选项错误。

6. 中国甲公司与某国乙公司签订茶叶出口合同，并投保水渍险，议定由丙公司"天然"号货轮承运。下列哪些选项属于保险公司应赔偿范围？（　　　）[1]（2011-1-80 多选）

A. 运输中因茶叶串味等外来原因造成货损

B. 运输中因"天然"号过失与另一轮船相撞造成货损

C. 运输延迟造成货损

D. 运输中因遭遇台风造成部分货损

【考点】 水渍险的承保范围

【解析】 串味异味属于一切险的承保范围。故 A 选项错误。

水渍险的责任范围除平安险的各项责任外，还负责被保险货物由于恶劣天气、雷电、海啸、地震、洪水等自然灾害所造成的部分损失。船舶相撞属于意外事故，造成的货物的全部或部分损失属于平安险承保范围，自然也在水渍险的承保范围内。故 B 选项正确。

运输迟延属于海洋货物运输保险中的除外责任，即保险公司不承担这种损失的赔偿。故 C 选项错误。

台风属于恶劣天气，因此，其造成的损失也属于水渍险的承保范围。故 D 选项正确。

7. 甲国 A 公司向乙国 B 公司出口一批货物，双方约定适用 2010 年《国际贸易术语解释通则》中 CIF 术语。该批货物由丙国 C 公司乐安号商船承运，运输途中船舶搁浅，为起浮抛弃了部分货物。船舶起浮后继续航行中又因恶劣天气，部分货物被海浪打入海中。到目的港后发现还有部分货物因固有缺陷而损失。该批货物投保了平安险关于运输中的相关损失的认定及赔偿，依《海牙规则》下列选项正确的是？（　　　）[2]（2012-1-100 不定项）

A. 为起浮抛弃货物造成的损失属于共同海损

B. 因恶劣天气部分货物被打入海中的损失属于单独海损

C. 保险人应赔偿共同海损和因恶劣天气造成的单独海损

D. 承运人对因固有缺陷损失的货物免责，保险人应承担赔偿责任

【考点】 海牙规则、平安险

【解析】 共同海损是指在同一海上航程中，船舶、货物和其他财产遭遇共同危险，为了共同安全，有意地和合理地采取措施所直接造成的特殊牺牲、支付的特殊费用。本题中，运输途中船舶搁浅，为起浮抛弃了部分货物。该损失属于为了共同安全，有意地和合理地采取措施所直接造成的特殊牺牲，因此属于共同海损。故 A 选项正确。

单独海损指货物由于自然灾害或意外事故造成的部分损失。本题中，船舶起浮后继续航行中又因恶劣天气，部分货物被海浪打入海中，因此属于单独海损。故 B 选项正确。

---

[1] 答案：BD

[2] 答案：AB

平安险不赔单纯因为自然灾害造成的单独海损。本题中因恶劣天气造成的单独海损，不属于平安险的赔付范围。故 C 选项错误。

依据《海牙规则》第 4 条第 2 款的规定，由于货物的固有瑕疵、性质或缺陷所造成的容积或重量的损失，或任何其他灭失或损害，承运人免责。所以承运人对因固有缺陷损失的货物免责。因固有缺陷造成货物的损失属于保险人的除外责任，所以保险人不承担赔偿责任。故 D 选项错误。

8. 甲公司向乙公司出口一批货物，由丙公司承运，投保了中国人民保险公司的平安险。在装运港装卸时，一包货物落入海中。海运途中，因船长过失触礁造成货物部分损失。货物最后延迟到达目的港。依《海牙规则》及国际海洋运输保险实践，关于相关损失的赔偿，下列哪些选项是正确的？（   ）[1]（2013-1-82 多选）

A. 对装卸过程中的货物损失，保险人应承担赔偿责任

B. 对船长驾船过失导致的货物损失，保险人应承担赔偿责任

C. 对运输延迟造成的损失，保险人应承担赔偿责任

D. 对船长驾船过失导致的货物损失，承运人可以免责

【考点】平安险、海牙规则

【解析】在装卸或转运时由于一件或数件整件货物落海造成的全部或部分损失，属于平安险的责任范围。因此，保险公司要对此承担赔偿责任。故 A 选项正确。

由于运输工具遭受搁浅、触礁、沉没、互撞、与流水或其他物体碰撞以及失火、爆炸等意外事故造成货物的全部或部分损失，属于平安险的责任范围。因此，保险公司要对此承担赔偿责任。故 B 选项正确。

根据《海牙规则》的规定，运输迟延引起的损失和费用不在平安险范畴之内，故保险人不承担赔偿责任。故 C 选项错误。

根据《海牙规则》的规定，船长、船员、引水员或承运人的雇佣人在驾驶或管理船舶中的行为、疏忽或不履行职责造成货物的灭失、损害的，承运人免责。故 D 选项正确。

9. 两批化妆品从韩国由大洋公司"清田"号货轮运到中国，适用《海牙规则》，货物投保了平安险。第一批货物因"清田"号过失与他船相碰致部分货物受损，第二批货物收货人在持正本提单提货时，发现已被他人提走。争议诉至中国某法院。根据相关规则及司法解释，下列哪些选项是正确的？（   ）[2]（2014-1-81 多选）

A. 第一批货物受损虽由"清田"号过失碰撞所致，但承运人仍可免责

B. 碰撞导致第一批货物的损失属于保险公司赔偿的范围

C. 大洋公司应承担第二批货物无正本提单放货的责任，但可限制责任

D. 大洋公司对第二批货物的赔偿范围限于货物的价值加运费

【考点】海牙规则、平安险的承保范围、承运人无正本提单放货的责任

【解析】根据《海牙规则》，承运人对于管船过失造成货损可以免责。故 A 选项正确。

平安险只承担意外事故和自然灾害引起的货物全损和特定意外事故引起的货物部分损失，不承保单纯自然灾害引起的货物的部分损失。碰撞导致的损失属于意外事故所致，属于平安险的承保范围。故 B 选项正确。

---

[1] 答案：ABD

[2] 答案：AB

　　《无正本提单放货司法解释》第 4 条规定，承运人因无正本提单交付货物承担民事责任的，不适用《海商法》第 56 条关于限制赔偿责任的规定。故 C 选项错误。

　　《无正本提单放货司法解释》第 6 条规定，承运人因无正本提单交付货物造成正本提单持有人损失的赔偿额，按照货物装船时的价值加运费和保险费计算。故 D 选项错误。

第三章　国际贸易支付

第一讲　托　收

考点 11：跟单托收

1. 中国太宏公司与法国莱昂公司签订了出口 1000 吨水果的合同，价格术语为 CFR 里昂，规定货物可以有 6% 的溢短装，付款方式为银行托收，付款交单（D/P）。卖方实际装船 995 吨，船长签发了清洁提单。货到目的港后经法国莱昂公司验收后发现水果总重短少 8%，且水果的质量也与合同规定不符。法国公司拒绝付款提货，并要求减价。后来水果全部腐烂。关于本案，依国际商会《托收统一规则》，下列选项哪些是正确的？（　　）[1]（2004-1-76 多选）

A. 当法国莱昂公司拒绝付款赎单时，代收行应当主动提货以减少损失

B. 当法国莱昂公司拒付时，代收行应当主动制作拒绝证书，以便收款人追索

C. 如损失是因代收行没有执行托收行的指示造成的，托收行无须向委托人承担责任

D. 本案采用的是跟单托收的付款方式

【考点】托收中银行的责任和免除、托收的种类

【解析】根据《托收统一规则》的规定，除非事先征得银行的同意，货物不得直接运交银行或以银行为托收人，否则银行无义务提取货物。在拒绝付款时，若托收指示书上无特别指示，银行没有做出拒绝证书的义务。据此，A、B 项是错误的。

因代收行应承担没有执行托收行的指示而给委托人造成的损失，托收行无须向委托人承担责任。据此，C 项是正确的。

因跟单托收分为付款交单和承兑交单，本题中，付款方式为银行托收，付款交单（D\P），故为跟单托收的付款方式。据此，D 项正确。

2. 修帕公司与维塞公司签订了出口 200 吨农产品的合同，付款采用托收方式。船长签发了清洁提单。货到目的港后经检验发现货物质量与合同规定不符，维塞公司拒绝付款提货，并要求减价。后该批农产品全部变质。根据国际商会《托收统一规则》，下列哪一选项是正确的？（　　）[2]（2008-1-44 单选）

A. 如代收行未执行托收行的指示，托收行应对因此造成的损失对修帕公司承担责任

B. 当维塞公司拒付时，代收行应当主动制作拒绝证书，以便收款人追索

C. 代收行应无延误地向托收行通知维塞公司拒绝付款的情况

D. 当维塞公司拒绝提货时，代收行应当主动提货以减少损失

【考点】托收中银行的责任与免除

---

〔1〕　答案：CD

〔2〕　答案：C

【解析】根据《托收统一规则》，银行的义务主要有两项：（1）严格执行托收指示；（2）无延误通知托收结果。银行的免责则主要是三项：（1）托收行对代收行行为免责：为执行托收人的指示利用其他银行的服务，一切风险和费用由委托人承担；（2）无做拒绝证书的义务；（3）只处理单据，不涉及货物。据此，本题中只有 C 项正确，当选。

第二讲　信用证

考点 12：信用证下银行的付款责任

1. 中国某公司进口了一批皮制品，信用证方式支付，以海运方式运输并投保了一切险。中国收货人持正本提单提货时发现货物已被他人提走。依相关司法解释和国际惯例，下列哪一选项是正确的？（　　）[1]（2017-1-42 单选）

A. 承运人应赔偿收货人因其无单放货造成的货物成本加利润损失

B. 因该批货物已投保一切险，故保险人应对货主赔偿无单放货造成的损失

C. 因货物已放予他人，收货人不再需要向卖方支付信用证项下的货款

D. 如交单人提交的单证符合信用证的要求，银行即应付款

【考点】无单放货、保险险别、信用证下银行的责任与免责

【解析】承运人无单放货的赔偿额，按照货物装船时的价值加运费和保险费（CIF 价格）计算，A 项错误；承运人无单放货不属于自然灾害或意外事故致损，也不属于一般附加险的承保范围（比较容易混淆的是一般附加险中的"偷窃、提货不着险"，但"提货不着"必须是不明原因、不明踪迹的提货不着），一切险下保险公司也无义务赔偿，B 项错误；本题中支付方式为信用证，而信用证下的付款责任仅为"单证、单单表面相符"，C 项错误、D 项正确。

2. 中国甲公司与法国乙公司订立了服装进口合同，信用证付款，丙银行保兑。货物由"铂丽"号承运，投保了平安险。甲公司知悉货物途中遇台风全损后，即通知开证行停止付款。依《海牙规则》、UCP600 号及相关规则，下列哪一选项是正确的？（　　）[2]（2016-1-41 单选）

A. 承运人应承担赔偿甲公司货损的责任

B. 开证行可拒付，因货已全损

C. 保险公司应赔偿甲公司货物的损失

D. 丙银行可因开证行拒付而撤销其保兑

【考点】承运人的货损责任、信用证、保险险别

【解析】根据《海牙规则》，承运人对于自然灾害造成的货损免责。故 A 选项错误。

信用证支付过程中，银行只能审查单据，不能以货物状况为由拒付。故 B 选项错误。

本案投保了平安险，对于自然灾害造成的实际全损保险公司应予以赔偿。故 C 选项正确。

保兑行负有第一位的、相当于开证行的付款责任。开证行拒付不能成为保兑行拒付或

---

〔1〕答案：D

〔2〕答案：C

撤销保兑的理由。故 D 选项错误。

3. 土耳其甲公司（卖方）与泰国乙公司（买方）订立一货物买卖合同。乙公司申请开出的不可撤销信用证规定装船时间为 2003 年 5 月 10 日前，而甲公司由于货源上的原因，最早要到 2003 年 5 月 15 日才能备齐货物并装船付运。下列哪一种做法是甲公司应采取的正确处理方法（　　）[1]（2005-1-43 单选）

A. 直接请求开证行修改信用证

B. 通过提供保函要求承运人倒签提单

C. 征得乙公司同意、由乙公司请求开证行修改信用证

D. 通过提供保函要求承运人预借提单

【考点】信用证修改、倒签提单、预借提单

【解析】由于信用证在付款时，坚持的是单单一致、单证一致原则。因此，在实践中，如果单证出现不符的情况下，有时当事人会以保函换取与信用证相符的提单，如倒签提单、预借提单等。倒签提单是货物装船的日期晚于信用证规定的装船日期，但仍按信用证规定的日期签署装船日期的提单。预借提单和倒签提单的不同之处在于，被预借的提单是在货物实际装船完毕前签发的，并将当天的日期记载于提单签发日期栏内。倒签提单、预借提单掩盖实际装船日期晚于合同和信用证要求日期这一事实，均属于欺诈行为，为法律所不允，因此，B、D 两项错误。

在单证将会不一致时，正确的做法应当是请求开证行修改信用证。在信用证中，开证申请人是国际贸易合同的买方，受益人为卖方。在信用证开立以后，如果当事人要修改信用证，必须由开证申请人请求开证行修改信用证。因此，本题中，甲公司不能直接请求开证行修改信用证，而只能要求乙公司请求开证行修改信用证。因此，A 项错误，C 项正确。

4. 中国甲公司与德国乙公司签订了出口红枣的合同，约定品质为二级，信用证方式支付。后因库存二级红枣缺货，甲公司自行改装一级红枣，虽发票注明品质为一级，货价仍以二级计收。但在银行办理结汇时遭拒付。根据相关公约和惯例，下列哪些选项是正确的？（　　）[2]（2014-1-80 多选）

A. 甲公司应承担交货不符的责任

B. 银行应在审查货物的真实等级后再决定是否收单付款

C. 银行可以发票与信用证不符为由拒绝收单付款

D. 银行应对单据记载的发货人甲公司的诚信负责

【考点】信用证中的银行的责任和免责

【解析】卖方交付的货物必须与合同规定的数量、质量和规格相符，并需按照合同所规定的方式装箱或包装。否则，卖方应当承担交货不符的责任。A 项正确。

在受益人交付的单据与信用证规定一致（单证一致）、单据与单据之间一致（单单一致）时，银行须根据信用证兑用的类型履行相应的义务。当按照指定行事的指定银行、保兑行或开证行确定交单不符时，可以拒绝承付或议付。C 项正确。

银行对于单据中表明的货物描述、数量、重量、品质、状况、包装、交货、价值或其存在与否，对于货物的发货人、承运人、运输代理人、收货人、保险人或其他任何人的诚

---

〔1〕答案：C

〔2〕答案：AC

信与否、作为、不作为、清偿能力、履约或资信，概不负责。B、D 项错误。

5. 根据国际商会《跟单信用证统一惯例》（UCP600）的规定，如果受益人按照信用证的要求完成对指定银行的交单义务，出现下列哪些情形时，开证行应予承付？（　　）[1]（2008-1-87 多选）

A. 信用证规定指定银行议付但其未议付

B. 信用证规定指定银行延期付款但其未承诺延期付款

C. 信用证规定指定银行承兑，指定行承兑但到期不付款

D. 信用证规定指定银行即期付款但其未付款

【考点】信用证中的银行的责任

【解析】开证行责任

a. 只要规定的单据提交给指定银行或开证方，并且构成相符交单，则开证行必须承付，如果信用证为以下情形之一：

i. 信用证规定由开证行即期付款、延期付款或承兑；

ii. 信用证规定由指定银行即期付款但其未付款；

iii. 信用证规定由指定银行延期付款但其未承诺延期付款，或虽已承诺延期付款，但未在到期日付款；

iv. 信用证规定由指定银行承兑，但其未承兑以其为付款人的汇票，或虽然承兑了汇票，但未在到期日付款；

v. 信用证规定由指定银行议付但其未议付。

b. 开证行自开立信用证之时起即不可撤销地承担承付责任。

c. 指定银行承付或议付相符交单并将单据转给开证行之后，开证行即承担偿付该指定银行的责任。对承兑或延期付款信用证下相符合单金额的偿付应在到期日办理，无论指定银行是否在到期日之前预付或购买了单据，开证行偿付指定银行的责任独立于开证行对受益人的责任。

根据上述规定可知，本题的正确答案是 ABCD.

6. 中国甲公司与德国乙公司签订了购买成套设备的进口合同。价格条件为 CFR 上海，信用证付款。货物按时装上了承运人所属的利比里亚籍"玛丽"轮，甲公司投保了平安险。"玛丽"轮航行到上海港区时与日本籍"小治丸"轮因双方的过失发生碰撞，致使"玛丽"轮及其货舱中的部分货物受损。基于上述情况，下列哪一选项是正确的？（　　）[2]（2007-1-46 单选）

A. 本案碰撞引起的货损应由甲公司自行承担

B. 依《海牙规则》，"玛丽"轮所有人对过失碰撞引起的货损可以免责

C. 因甲公司投保的是平安险，保险公司对本案碰撞引起的部分货物损失不承担赔偿责任

D. 因已知货物受损，所以即使单证相符，甲公司仍有权要求银行拒付货款

【考点】海牙规则承运人责任

【解析】因为碰撞是由双方过失引起的，所以由于碰撞引起的货损应由双方承担。故 A

---

〔1〕答案：ABCD

〔2〕答案：B

项错误。

根据《海牙规则》规定的承运人的免责共有17项，其中，船长或船员驾驶船舶存在过失导致货损可以免责，故B项正确。

因意外事故造成的单独海损属于平安险承保范围。故C项错误。

信用证下银行付款仅审查单单一致、单证相符，因此，甲公司无权要求银行拒付货款。故D项错误。

7. 2006年国际商会巴黎会议上通过的经修改的《跟单信用证统一惯例》（UCP600）于2007年7月1日实施。下列哪些选项属于UCP600修改或规定的内容？（　　）〔1〕（2007-1-85多选）

A. 直接规定信用证是不可撤销的

B. 关于议付的新定义明确了议付是对票据及单据的一种售出行为

C. 规定当开证行确定单证不符时，可以自行决定联系申请人放弃不符点

D. 规定银行收到单据后的处理时间为"合理时间"，不超过收单翌日起的5个工作日

【考点】UCP600修订内容

【解析】UCP600对UCP500的49个条款进行了大幅度的调整及增删，变成现在的39条。内容上，也多处进行了修改，现总结如下：（1）增加了专门的定义条款，体现了UCP600细化规定的精神，对一些术语作出定义不仅可以使概念明晰化，从而有利于条款的理解与适用，而且更可以解决一些地方法律适用的问题。（2）引入了"Honour"（兑付）的概念。（3）明确了议付的新定义，即议付是对票据及单据的一种买入行为。（4）约定了解释规则，摒弃了可撤销信用证。（5）将审单时间从"不超过7个银行工作日的合理时间"改为"最多不超过5个银行工作日"；明确了交单期限的适用范围；将单据与信用证相符的要求细化为"单内相符、单单相符、单证相符"。（6）开证行、保兑行及指定银行的责任更清晰、确定，规范了第二通知行的做法。综上分析，本题的正确答案是A、C、D。议付是对票据及单据的买入行为，但选项B说成售出，故B项错误。

考点13：信用证欺诈及例外原则

1. 中国明诚公司和非洲拉尔公司订立了出口一批机电产品的合同。因目的港无直达航线，需要转船运输，合同约定了信用证支付方式。关于拉尔公司申请开立的信用证，下列哪些情形属于"软条款"信用证？（　　）〔2〕（2019-网络回忆版）

A. 信用证要求保兑

B. 信用证要求提单为已装船提单

C. 信用证规定"开证行须在货物经检验合格后方可支付"

D. 信用证规定"禁止转船"

【考点】信用证欺诈、信用证、"软条款"

【解析】所谓信用证"软条款"就是在信用证中列入一些限制信用证生效的条件、限制开证行付款的条件或卖方难以实现的装运限制等，目的是使开证行在"单证、单单表面相符"下也无法履行付款义务，最终由开证申请人控制整笔交易。信用证一旦经保兑，即意味着开证行和保兑行对受益人承担"单证、单单表面相符"的连带付款责任，结果是增

---

〔1〕　答案：ACD

〔2〕　答案：CD

强了信用证的偿付效力，当然不属于软条款，A项错误。要求受益人提交已装船提单属于信用证中对单据的正常要求，也不属于软条款，B项错误。C项属于限制开证行付款的条件，D项属于卖方难以实现的装运限制，C、D项共同的特点是使开证行在"单证、单单表面相符"下也无法履行付款义务，属于信用证"软条款"。

2. 依最高人民法院《关于审理信用证纠纷案件若干问题的规定》，出现下列哪一情况时，不能再通过司法手段干预信用证项下的付款行为？（　　　）[1]（2015-1-42 单选）

A. 开证行的授权人已对信用证下票据善意地作出了承兑

B. 受益人交付的货物无价值

C. 受益人和开证申请人串通提交假单据

D. 受益人提交记载内容虚假的单据

【考点】信用证欺诈及例外原则

【解析】《最高人民法院关于审理信用证纠纷案件若干问题的规定》（下称《信用证司法解释》）第10条规定，人民法院认定存在信用证欺诈的，应当裁定中止支付或者判决终止支付信用证项下款项，但有下列情形之一的除外：（1）开证行的指定人、授权人已按照开证行的指令善意地进行了付款；（2）开证行或者其指定人、授权人已对信用证项下票据善意地作出了承兑；（3）保兑行善意地履行了付款义务；（4）议付行善意地进行了议付。据此，本题A项正确，BCD三项错误。

3. 中国甲公司从某国乙公司进口一批货物，委托中国丙银行出具一份不可撤销信用证。乙公司发货后持单据向丙银行指定的丁银行请求付款，银行审单时发现单据上记载内容和信用证不完全一致。乙公司称甲公司接受此不符点，丙银行经与甲公司沟通，证实了该说法，即指示丁银行付款。后甲公司得知乙公司所发货物无价值，遂向有管辖权的中国法院申请中止支付信用证项下的款项。下列说法正确的是（　　　）[2]（2013-1-100 不定项）

A. 甲公司已接受不符点，丙银行必须承担付款责任

B. 乙公司行为构成信用证欺诈

C. 即使丁银行已付款，法院仍应裁定丙银行中止支付

D. 丙银行发现单证存在不符点，有义务联系甲公司征询是否接受不符点

【考点】信用证欺诈

【解析】《信用证司法解释》第7条第2、3款规定，开证行发现信用证项下存在不符点后，可以自行决定是否联系开证申请人接受不符点。开证申请人决定是否接受不符点，并不影响开证行最终决定是否接受不符点。开证行和开证申请人另有约定的除外。开证行向受益人明确表示接受不符点的，应当承担付款责任。据此可知，不符点的接受之最终决定权在于开证行丙银行，而不在于甲公司。另外，丙银行发现信用证项下存在不符点后，可以自行决定是否联系开证申请人接受不符点。此属于开证行的权利，而非义务。故A、D选项错误。

《信用证司法解释》第8条第（2）项规定，受益人恶意不交付货物或者交付的货物无价值的，应当认定存在信用证欺诈。本案中，乙公司所发货物无价值，构成信用证欺诈。故B选项正确。

---

[1]　答案：A

[2]　答案：B

《信用证司法解释》第 10 条第 (1) 项规定，开证行的指定人、授权人已按照开证行的指令善意地进行了付款的，法院不能再裁定中止支付。C 选项错误。

4. 根据《最高人民法院关于审理信用证纠纷案件若干问题的规定》，中国法院认定存在信用证欺诈的，应当裁定中止支付或者判决终止支付信用证项下款项，但存在除外情形。关于除外情形，下列哪些表述是正确的？（　　）[1]（2012-1-81 多选）

A. 开证行的指定人、授权人已按照开证行的指令善意地进行了付款
B. 开证行或者其指定人、授权人已对信用证项下票据善意地作出了承兑
C. 保兑行善意地履行了付款义务
D. 议付行善意地进行了议付

【考点】信用证欺诈例外

【解析】依据《信用证司法解释》第 10 条规定，人民法院认定存在信用证欺诈的，应当裁定中止支付或者判决终止支付信用证项下款项，但有下列情形之一的除外：（1）开证行的指定人、授权人已按照开证行的指令善意地进行了付款；（2）开证行或者其指定人、授权人已对信用证项下票据善意地作出了承兑；（3）保兑行善意地履行了付款义务；（4）议付行善意地进行了议付。故 A、B、C、D 选项正确。

5. 中国甲公司（买方）与某国乙公司签订仪器买卖合同，付款方式为信用证，中国丙银行为开证行，中国丁银行为甲公司申请开证的保证人，担保合同未约定法律适用。乙公司向信用证指定行提交单据后，指定行善意支付了信用证项下的款项。后甲公司以乙公司伪造单据为由，向中国某法院申请禁止支付令。依我国相关法律规定，下列哪一选项是正确的？（　　）[2]（2009-1-46 单选）

A. 中国法院可以诈欺为由禁止开证行对外支付
B. 因指定行已善意支付了信用证项下的款项，中国法院不应禁止中国丙银行对外付款
C. 如确有证据证明单据为乙公司伪造，中国法院可判决终止支付
D. 丁银行与甲公司之间的担保关系应适用《跟单信用证统一惯例》规定

【考点】信用证司法解释

【解析】选项 A、C 错误。根据《信用证司法解释》第 9 条规定，开证申请人、开证行或者其他利害关系人发现有本规定第 8 条的情形，并认为将会给其造成难以弥补的损害时，可以向有管辖权的人民法院申请中止支付信用证项下的款项。第 15 条规定，人民法院通过实体审理，认定构成信用证欺诈并且不存在本规定第 10 条的情形的，应当判决终止支付信用证项下的款项。所以，这两个选项表述都不完整。

《信用证司法解释》第 10 条规定，人民法院认定存在信用证欺诈的，应当裁定中止支付或者判决终止支付信用证项下款项，但有下列情形之一的除外：（1）开证行的指定人、授权人已按照开证行的指令善意地进行了付款；（2）开证行或者其指定人、授权人已对信用证项下票据善意地作出了承兑；（3）保兑行善意地履行了付款义务；（4）议付行善意地进行了议付。故 B 选项正确。

依《信用证司法解释》第 4 条的规定，因申请开立信用证产生的欠款纠纷、委托开立信用证纠纷和因此产生的担保纠纷以及信用证项下融资产生的纠纷应当适用中华人民共和

---

〔1〕　答案：ABCD
〔2〕　答案：B

国相关法律。涉外合同当事人对法律适用另有约定的除外。中国丁银行与甲公司之间是担保的关系，不应适用《跟单信用证统一惯例》规定，而应适用中国相关的法律。故 D 选项错误。

考点 14：保兑信用证

中国甲公司（卖方）与某国乙公司签订了国际货物买卖合同，规定采用信用证方式付款，由设在中国境内的丙银行通知并保兑。信用证开立之后，甲公司在货物已经装运，并准备将有关单据交银行议付时，接到丙银行通知，称开证行已宣告破产，丙银行将不承担对该信用证的议付或付款责任。据此，下列选项正确的是（　　）[1]。（2010-1-100 不定项）

A. 乙公司应为信用证项下汇票上的付款人
B. 丙银行的保兑义务并不因开证行的破产而免除
C. 因开证行已破产，甲公司应直接向乙公司收取货款
D. 虽然开证行破产，甲公司仍可依信用证向丙银行交单并要求付款

【考点】信用证的保兑

【解析】信用证付款方式是一种银行信用，信用证下汇票上的付款人是开证行或指定银行。乙公司作为国际货物买卖合同中的买方，是开证申请人，不能成为信用证项下汇票上的付款人。故 A 选项错误。

保兑行，指根据开证行的授权或要求对信用证加具保兑的银行。保兑指保兑行在开证行承诺之外作出的承付或议付相符交单的确定承诺，保兑行对相符交单独立承担类似开证行的义务。保兑行自对信用证加具保兑时起，即不可撤销地承担承付或议付的责任。相对于受益人，保兑行相当于开证行；相对于开证行，保兑行是保证人，开证行是被保证人。因此，丙银行的保兑义务并不因开证行的破产而免除；虽然开证行破产，甲公司仍可依信用证向丙银行交单并要求付款。故 B、D 选项正确，C 选项错误。

---

〔1〕 答案：BD

第四章　对外贸易管理制度

第一讲　中国外贸法

考点15：对外贸易法

1. 根据我国2004年修订的《对外贸易法》的规定，关于对外贸易经营者，下列哪些选项是错误的？（　　）[1]（2008-1-85 多选）

A. 个人须委托具有资格的法人企业才能办理对外贸易业务

B. 对外贸易经营者未依规定办理备案登记的，海关不予办理报关验放手续

C. 有足够的资金即可自动取得对外贸易经营的资格

D. 对外贸易经营者向国务院主管部门办妥审批手续后方能取得对外贸易经营的资格

【考点】 外贸经营权

【解析】《对外贸易法》第8条规定："本法所称对外贸易经营者，是指依法办理工商登记或者其他执业手续，依照本法和其他有关法律、行政法规的规定从事对外贸易经营活动的法人、其他组织或者个人。"据此，个人在符合法律规定条件的情况下，也可以办理对外贸易业务，因此，A项说法错误。

《对外贸易法》第9条规定，从事货物进出口或者技术进出口的对外贸易经营者，应当向国务院对外贸易主管部门或者其委托的机构办理备案登记。对外贸易经营者未按照规定办理备案登记的，海关不予办理进出口货物的报关验放手续。因此，B项正确。

根据《对外贸易法》第8条的规定，成为对外贸易经营者需要依法办理工商登记或其他执业手续，而非是有足够的资金即可自动取得对外贸易经营的资格，也并非只有向国务院主管部门办理审批手续后才能取得对外贸易经营的资格。因此，C、D项说法错误。

2. 下列关于2004年修订的《中华人民共和国对外贸易法》的表述，哪些是正确的？（　　）[2]（2005-1-87 多选）

A. 对外贸易经营者应为被授予外贸经营权的法人及其他组织

B. 该法只适用于货物进出口

C. 该法不适用于香港、澳门地区

D. 该法规定了对进口货物侵犯知识产权的制裁措施

【考点】《对外贸易法》适用范围

【解析】《对外贸易法》第8条规定，本法所称对外贸易经营者，是指依法办理工商登记或者其他执业手续，依照本法和其他有关法律、行政法规的规定从事对外贸易经营活动的法人、其他组织或者个人。因此，对外贸易经营者不仅包括法人及其他组织，还包括个

---

[1]　答案：ACD
[2]　答案：CD

人，故 A 项错误。

《对外贸易法》第 2 条规定，本法适用于对外贸易以及与对外贸易有关的知识产权保护。本法所称对外贸易，是指货物进出口、技术进出口和国际服务贸易。故 B 项表述错误。

《对外贸易法》第 69 条规定，中华人民共和国的单独关税区不适用本法。故 C 项正确。

《对外贸易法》第 29 条规定，国家依照有关知识产权的法律、行政法规，保护与对外贸易有关的知识产权。进口货物侵犯知识产权，并危害对外贸易秩序的，国务院对外贸易主管部门可以采取在一定期限内禁止侵权人生产、销售的有关货物进口等措施。故 D 项正确。

第二讲　反倾销

考点 16：反倾销措施

1. 甲乙丙三国企业均向中国出口钢材，中国钢材产业认为进口钢材价格过低，向商务部提出了反倾销调查申请。根据我国《反倾销条例》，下列哪一选项是正确的？（　　　）[1]（2019-网络回忆版）

A. 若申请人不提供真实信息，商务部应当终止调查

B. 商务部认为有必要出境调查时必须通过司法协助途径

C. 商务部可以建议但不能强迫出口经营者作出价格承诺

D. 终裁决定确定的反倾销税额低于已付或应付临时反倾销税或担保金额的差额部分不予退还

【考点】反倾销调查、反倾销措施

【解析】《反倾销条例》第 21 条规定："商务部进行调查时，利害关系方应当如实反映情况，提供有关资料。利害关系方不如实反映情况、提供有关资料的，或者没有在合理时间内提供必要信息的，或者以其他方式严重妨碍调查的，商务部可以根据已经获得的事实和可获得的最佳信息作出裁定。"这里的利害关系方包含了申请人，在申请人提供虚假材料的情况下，商务部也可以根据已经获得的事实和可获得的最佳信息作出裁定，A 项错误。

两反一保调查属于行政程序，国际私法中所称的司法协助只适用于司法机关（法院）相互之间的协助，商务部作为行政机关不能适用，B 项错误。

反倾销调查中，作出价格承诺是出口经营者的权利而非义务，故商务部可以建议但不得强迫出口经营者作出价格承诺，C 项正确。

反倾销税追溯征收适用"多退少不补"的原则，终裁决定确定的反倾销税额低于已付或应付临时反倾销税或担保金额的，差额部分应予退还，D 项错误。

2. 甲、乙、丙三国生产卷钢的企业以低于正常价值的价格向中国出口其产品，代表中国同类产业的 8 家企业拟向商务部申请反倾销调查。依我国《反倾销条例》，下列哪一选项是正确的？（　　　）[2]（2017-1-43 单选）

A. 如支持申请的国内生产者的产量不足国内同类产品总产量 25% 的，不得启动反倾销

---

〔1〕答案：C

〔2〕答案：A

调查

B. 如甲、乙、丙三国的出口经营者不接受商务部建议的价格承诺，则会妨碍反倾销案件的调查和确定

C. 反倾销税的履行期限是 5 年，不得延长

D. 终裁决定确定的反倾销税高于已付的临时反倾销税的，差额部分应予补交

【考点】反倾销调查

【解析】反倾销调查的申请方应为"国内产业"，产量若不足同类产品总产量的 25% 是不可能构成"国内产业"的，A 项正确；出口经营者不作出价格承诺或者不接受价格承诺的建议的，不妨碍对反倾销案件的调查和确定，B 项错误；反倾销税或价格承诺的基本期限为 5 年，但特殊情况下可以延长，C 项错误；反倾销税追溯征收适用"多退少不补"原则，D 项错误。

3. 应国内化工产业的申请，中国商务部对来自甲国的某化工产品进行了反倾销调查。依《反倾销条例》，下列哪一选项是正确的？（   ）[1]（2016-1-42 单选）

A. 商务部的调查只能限于中国境内

B. 反倾销税税额不应超过终裁确定的倾销幅度

C. 甲国某化工产品的出口经营者必须接受商务部有关价格承诺的建议

D. 针对甲国某化工产品的反倾销税征收期限为 5 年，不得延长

【考点】反倾销调查

【解析】根据《反倾销条例》，中国政府的实地调查可以在境内进行，也可以经外国政府同意在境外进行。故 A 选项错误。

《反倾销条例》第 42 条规定，反倾销税税额不超过终裁决定确定的倾销幅度。故 B 选项正确。

《反倾销条例》第 31 条规定，倾销进口产品的出口经营者在反倾销调查期间，可以向商务部作出改变价格或者停止以倾销价格出口的价格承诺。商务部可以向出口经营者提出价格承诺的建议。商务部不得强迫出口经营者作出价格承诺。故 C 选项错误。

《反倾销条例》第 48 条规定，反倾销税的征收期限和价格承诺的履行期限不超过 5 年；但是，经复审确定终止征收反倾销税有可能导致倾销和损害的继续或者再度发生的，反倾销税的征收期限可以适当延长。故 D 选项错误。

4. 甲乙丙三国企业均向中国出口某化工产品，2010 年中国生产同类化工产品的企业认为进口的这一化工产品价格过低，向商务部提出了反倾销调查申请。根据相关规则，下列哪一选项是正确的？（   ）[2]（2014-1-42 单选）

A. 反倾销税税额不应超过终裁决定确定的倾销幅度

B. 反倾销税的纳税人为倾销进口产品的甲乙丙三国企业

C. 商务部可要求甲乙丙三国企业作出价格承诺，否则不能进口

D. 倾销进口产品来自两个以上国家，即可就倾销进口产品对国内产业造成的影响进行累积评估

【考点】反倾销调查

---

[1] 答案：B
[2] 答案：A

【解析】《反倾销条例》第 42 条规定，反倾销税税额不超过终裁决定确定的倾销幅度。故 A 选项正确。

《反倾销条例》第 40 条规定，反倾销税的纳税人为倾销进口产品的进口经营者。故 B 选项错误。

《反倾销条例》第 31 条规定，倾销进口产品的出口经营者在反倾销调查期间，可以向商务部作出改变价格或者停止以倾销价格出口的价格承诺。商务部可以向出口经营者提出价格承诺的建议。商务部不得强迫出口经营者作出价格承诺。故 C 选项错误。

《反倾销条例》第 9 条规定，倾销进口产品来自两个以上国家（地区），并且同时满足下列条件的，可以就倾销进口产品对国内产业造成的影响进行累积评估：（1）来自每一国家（地区）的倾销进口产品的倾销幅度不小于 2%，并且其进口量不属于可忽略不计的；（2）根据倾销进口产品之间以及倾销进口产品与国内同类产品之间的竞争条件，进行累积评估是适当的。可忽略不计，是指来自一个国家（地区）的倾销进口产品的数量占同类产品总进口量的比例低于 3%；但是，低于 3% 的若干国家（地区）的总进口量超过同类产品总进口量 7% 的除外。据此可知，并非一律累积评估。故 D 选项错误。

5. 部分中国企业向商务部提出反倾销调查申请，要求对原产于某国的某化工原材料进口产品进行相关调查。经查，商务部终局裁定确定倾销成立，决定征收反倾销税。根据我国相关法律规定，下列哪一说法是正确的？（　　　）[1]（2012-1-41 单选）

A. 构成倾销的前提是进口产品对我国化工原材料产业造成了实质损害，或者产生实质损害威胁

B. 对不同出口经营者应该征收同一标准的反倾销税税额

C. 征收反倾销税，由国务院关税税则委员会做出决定，商务部予以执行

D. 与反倾销调查有关的对外磋商、通知和争端事宜由外交部负责

【考点】反倾销措施

【解析】根据《反倾销条例》第 7 条规定，进口产品以倾销方式进入中国市场，并对已经建立的国内产业造成实质损害或者产生实质损害威胁，或者对建立国内产业造成实质阻碍的，我国应依照反倾销条例进行调查，采取反倾销措施。据此可知见，进口产品对我国化工原材料产业造成了实质损害，或者产生实质损害威胁是构成倾销的前提。故 A 选项正确。

《反倾销条例》第 40 条规定，反倾销税的纳税人为倾销进口产品的进口经营者。同时，被调查企业的倾销幅度不一样，税额也可能不一样。故 B 选项错误。

《反倾销条例》第 38 条规定，征收反倾销税，由商务部提出建议，国务院关税税则委员会根据商务部的建议作出决定，由商务部予以公告。海关自公告规定实施之日起执行。故 C 选项错误。

与反倾销调查有关的对外磋商、通知和争端事宜主要是由商务部负责。故 D 选项错误。

6. 甲、乙、丙中国企业代表国内某食品原料产业向商务部提出反倾销调查申请，要求对原产于 A 国、B 国、C 国的该原料进行相关调查。经查，商务部终局裁定确定倾销成立，对国内产业造成损害，决定征收反倾销税。根据我国相关法律规定，下列哪一说法是正确

---

〔1〕答案：A

的？（　　　）[1]（2011-1-42 单选）

A. 反倾销税的纳税人是该原料的出口经营者

B. 在反倾销调查期间，商务部可以建议进口经营者作出价格承诺

C. 终裁决定确定的反倾销税额高于已付或应付临时反倾销税或担保金额的，差额部分不予征收

D. 终裁决定确定的反倾销税额低于已付或应付临时反倾销税或担保金额的，差额部分不予退还

【考点】反倾销措施

【解析】《反倾销条例》第 40 条规定，反倾销税的纳税人为倾销进口产品的进口经营者。故 A 选项错误。

《反倾销条例》第 31 条第 2 款规定，商务部可以向出口经营者提出价格承诺的建议。但不得强迫出口经营者作出价格承诺。这里是可以向出口经营者（而非进口经营者）建议作出价格承诺。故 B 选项错误。

《反倾销条例》第 43 条第 3 款规定，终裁决定确定的反倾销税，高于已付或者应付的临时反倾销税或者为担保目的而估计的金额的，差额部分不予收取；低于已付或者应付的临时反倾销税或者为担保目的而估计的金额的，差额部分应当根据具体情况予以退还或者重新计算税额。故 C 选项正确，D 选项错误。

7. 国内某产品生产商向我国商务部申请对从甲国进口的该产品进行反倾销调查。该产品的国内生产商共有 100 多家。根据我国相关法律规定，下列哪一选项是正确的？（　　　）[2]（2010-1-44 单选）

A. 任何一家该产品的国内生产商均可启动反倾销调查

B. 商务部可强迫甲国出口商作出价格承诺

C. 如终裁决定确定的反倾销税高于临时反倾销税，甲国出口商应当补足

D. 反倾销税税额不应超过终裁决定确定的倾销幅度

【考点】反倾销措施

【解析】《反倾销条例》第 17 条规定，在表示支持申请或者反对申请的国内产业中，支持者的产量占支持者和反对者的总产量的 50% 以上的，应当认定申请是由国内产业或者代表国内产业提出，可以启动反倾销调查；但是，表示支持申请的国内生产者的产量不足国内同类产品总产量的 25% 的，不得启动反倾销调查。故 A 选项错误。

《反倾销条例》第 31 条第 3 款规定，商务部不得强迫出口经营者作出价格承诺。故 B 选项错误。

《反倾销条例》第 43 条第 3 款规定，终裁决定确定的反倾销税，高于已付或者应付的临时反倾销税或者为担保目的而估计的金额的，差额部分不予收取；低于已付或者应付的临时反倾销税或者为担保目的而估计的金额的，差额部分应当根据具体情况予以退还或者重新计算税额。故 C 选项错误。

《反倾销条例》第 42 条规定，反倾销税税额不超过终裁决定确定的倾销幅度。故 D 选项正确。

---

[1]　答案：C

[2]　答案：D

8. 根据我国《反倾销条例》规定，倾销进口产品的出口经营者在反倾销调查期间，可向商务部作出改变价格或停止以倾销价格出口的价格承诺。有关价格承诺的规定，下列哪一选项是正确的？（　　　）〔1〕（2007-1-42 单选）

A. 商务部可以向出口经营者提出价格承诺的建议
B. 商务部在对倾销及其损害作出肯定的初步裁定之前可以寻求或接受价格承诺
C. 对出口经营者作出的价格承诺，商务部应予接受
D. 出口经营者违反其价格承诺的，商务部可以采取保障措施

【考点】反倾销的价格承诺

【解析】《反倾销条例》第 31 条第 2 款规定："商务部可以向出口经营者提出价格承诺的建议。"故 A 项正确。

《反倾销条例》第 33 条规定："商务部认为出口经营者作出的价格承诺能够接受并符合公共利益的，可以决定中止或者终止反倾销调查，不采取临时反倾销措施或者征收反倾销税。中止或者终止反倾销调查的决定由商务部予以公告。商务部不接受价格承诺的，应当向有关出口经营者说明理由。商务部对倾销以及由倾销造成的损害作出肯定的初裁决定前，不得寻求或者接受价格承诺。"故 B 选项错误，C 选项也错误，对于出口经营者作出的价格承诺，商务部可以接受也可以不接受。

《反倾销条例》第 36 条规定："出口经营者违反其价格承诺的，商务部依照本条例的规定，可以立即决定恢复反倾销调查；根据可获得的最佳信息，可以决定采取临时反倾销措施，并可以对实施临时反倾销措施前 90 天内进口的产品追溯征收反倾销税，但违反价格承诺前进口的产品除外。"故，D 选项错误，当出口经营者违反其价格承诺的，并不可以采取保障措施。

9. 根据中国法律，如果中国商务部终局裁定确定某种进口产品倾销成立并由此对国内产业造成损害的，可以征收反倾销税。下列关于反倾销税的哪种说法是正确的？（　　　）〔2〕（2006-1-44 单选）

A. 反倾销税只对终局裁定公告之日后进口的产品适用
B. 反倾销税税额不得超过终局裁定的倾销幅度
C. 反倾销税和价格承诺可以同时采取
D. 反倾销税的纳税人应该是倾销产品的出口商

【考点】反倾销税

【解析】根据我国《反倾销条例》规定，反倾销税对终局裁定公告之日后进口的产品适用，但在特殊情况下也可以追溯征收。第 43 条规定："终裁决定确定存在实质损害，并在此前已经采取临时反倾销措施的，反倾销税可以对已经实施临时反倾销措施的期间追溯征收。终裁决定确定存在实质损害威胁，在先前不采取临时反倾销措施将会导致后来作出实质损害裁定的情况下已经采取临时反倾销措施的，反倾销税可以对已经实施临时反倾销措施的期间追溯征收。"故 A 项错误；第 42 条规定："反倾销税税额不超过终裁决定确定的倾销幅度。"故 B 项正确；第 31 条规定："倾销进口产品的出口经营者在反倾销调查期间，可以向商务部作出改变价格或者停止以倾销价格出口的价格承诺。商务部可以向出口经营

---

〔1〕答案：A
〔2〕答案：B

者提出价格承诺的建议。商务部不得强迫出口经营者作出价格承诺。"第33条第1款规定："商务部认为出口经营者作出的价格承诺能够接受并符合公共利益的，可以决定中止或者终止反倾销调查，不采取临时反倾销措施或者征收反倾销税。中止或者终止反倾销调查的决定由商务部予以公告。"因此，反倾销税和价格承诺不能同时采取，故C项错误；第40条规定："反倾销税的纳税人为倾销进口产品的进口经营者。"故D项错误。所以本题答案为B。

10. 下列哪一项措施不是我国有关反倾销法律规定的反倾销措施？（　　）[1]（2005-1-42 单选）

A. 临时反倾销措施

B. 价格承诺

C. 反倾销税

D. 进口配额

【考点】反倾销措施

【解析】根据《反倾销条例》，反倾销措施包括临时反倾销措施、价格承诺和反倾销税。进口配额是进口国对某种进口产品实行一定数量限制，属于典型的非关税壁垒，而不是反倾销措施。故本题选D。

11. 实施反倾销税的条件之一是倾销进口与国内产业损害间存在因果关系。关于这一条件的下列表述何者为正确？（　　）[2]（2004-1-93 多选）

A. 倾销进口是国内产业损害的惟一原因

B. 倾销进口必须是造成国内产业损害的一个原因

C. 其他因素造成的国内产业损害不得归因于倾销进口

D. 没有倾销进口，就没有国内产业损害

【考点】倾销的认定

【解析】倾销进口与国内产业损害间的因果关系，是指倾销进口必须是造成国内产业损害的原因。国内产业的损害可能由多个原因造成，其他因素造成的国内产业损害不能归因于倾销进口，只有在造成损害的原因之一是倾销进口的情况下，才能实施反倾销措施，因此BC项正确。A选项称"倾销是国内产业损害的唯一原因"，及D称"没有倾销进口，就没有国内产业损害"均排除了其他原因也可能造成国内产业损害的情况，因此，均不正确。另一方面，非倾销因素对国内产业造成的损害，不得归因于倾销。故正确选项为BC。

第三讲　反补贴与保障措施

考点 17：反补贴措施

1. 根据《中华人民共和国反补贴条例》，下列哪些选项属于补贴？（　　）[3]（2014-1-82 多选）

---

[1] 答案：D

[2] 答案：BC

[3] 答案：BCD

A. 出口国政府出资兴建通向口岸的高速公路

B. 出口国政府给予企业的免税优惠

C. 出口国政府提供的贷款

D. 出口国政府通过向筹资机构付款，转而向企业提供资金

【考点】反补贴措施

【解析】《反补贴条例》第 3 条规定，补贴，是指出口国（地区）政府或者其任何公共机构（下称出口国政府）提供的并为接受者带来利益的财政资助以及任何形式的收入或者价格支持。

这里的财政资助，包括：（1）出口国政府以拨款、贷款、资本注入等形式直接提供资金，或者以贷款担保等形式潜在地直接转让资金或者债务（选项 C）；（2）出口国政府放弃或者不收缴应收收入（选项 B）；（3）出口国政府提供除一般基础设施以外的货物、服务，或者由出口国政府购买货物；（4）出口国政府通过向筹资机构付款，或者委托、指令私营机构履行上述职能（选项 D）。

因此，选项 BCD 的情形均属于补贴。而 A 项的修建高速公路属于一般基础设施建设，不能认为是补贴。

2. 中国某化工产品的国内生产商向中国商务部提起对从甲国进口的该类化工产品的反补贴调查申请。依我国相关法律规定，下列哪一选项是正确的？（   ）[1]（2009-1-45 单选）

A. 商务部认为必要时可以强制出口经营者作出价格承诺

B. 商务部认为有必要出境调查时，必须通过司法协助途径

C. 反补贴税税额不得超过终裁决定确定的补贴金额

D. 甲国该类化工产品的出口商是反补贴税的纳税人

【考点】反补贴措施

【解析】根据《反补贴条例》第 32 条的规定，商务部可以向出口经营者或者出口国（地区）政府提出有关价格承诺的建议。商务部不得强迫出口经营者作出承诺。故 A 选项错误。

根据《反补贴条例》第 20 条的规定，商务部认为必要时，可以派出工作人员赴有关国家（地区）进行调查；但是，有关国家（地区）提出异议的除外。故 B 选项错误。

《反补贴条例》第 43 条规定，反补贴税税额不得超过终裁决定确定的补贴金额。故 C 选项正确。

《反补贴条例》第 41 条，反补贴税的纳税人为补贴进口产品的进口经营者。故 D 选项错误。

3. 根据我国《反补贴条例》，采取反补贴措施的补贴应是下列选项中的哪一种？（   ）[2]（2003-1-24 单选）

A. 出口补贴

B. 国内补贴

C. 出口国专向补贴

---

[1] 答案：C
[2] 答案：C

D. 出口国普遍补贴

【考点】补贴的专向性

【解析】《反补贴条例》第4条规定，采取反补贴措施的补贴，必须具有专向性。具有下列情形之一的补贴，具有专向性：（1）由出口国政府明确确定的某些企业、产业获得的补贴；（2）由出口国法律、法规明确规定的某些企业、产业获得的补贴；（3）指定特定区域内的企业、产业获得的补贴；（4）以出口实绩为条件获得的补贴；（5）以使用本国产品替代进口产品为条件获得的补贴。在确定补贴专向性时，还应当考虑受补贴企业的数量和企业受补贴的数额、比例、时间以及给与补贴的方式等因素。根据该条规定，我国要反的外国的补贴不是所有企业和产业都可以获得的普遍性补贴，而是我国法律明确规定的出口国政府给本国企业的专向性的补贴。故 C 项正确。

考点 18：保障措施

1. 根据我国相关法律规定，满足下列哪些条件，商务部才可决定采取保障措施？
（　　）[1]（2010-1-85 多选）

A. 进口产品数量增加

B. 进口产品数量增加是出口方倾销或补贴的结果

C. 进口产品数量增加并对生产同类产品的国内产业造成严重损害

D. 进口产品数量增加并对国内直接竞争产品的产业造成严重损害威胁

【考点】采取保障措施的条件

【解析】根据《保障措施条例》的规定，如果根据该条例进行的保障措施调查，确定进口产品数量增加，并对生产同类产品或者直接竞争产品的国内产业造成严重损害或者严重损害威胁，可以采取保障措施。进口产品数量增加、国内产业受到损害、二者之间存在因果关系，是采取保障措施的三个基本条件。进口数量增加指进口数量的绝对增加或者与国内生产相比的相对增加。适用保障措施要求的产业损害程度重于反倾销或反补贴要求的损害程度，即严重损害而不是实质损害。因此，本题正确答案为 C、D。

2. 进口中国的某类化工产品 2015 年占中国的市场份额比 2014 年有较大增加，经查，两年进口总量虽持平，但仍给生产同类产品的中国产业造成了严重损害。依我国相关法律，下列哪一选项是正确的？（　　）[2]（2015-1-43 单选）

A. 受损害的中国国内产业可向商务部申请反倾销调查

B. 受损害的中国国内产业可向商务部提出采取保障措施的书面申请

C. 因为该类化工产品的进口数量并没有绝对增加，故不能采取保障措施

D. 该类化工产品的出口商可通过价格承诺避免保障措施的实施

【考点】保障措施的程序

【解析】《反倾销条例》第2条规定，进口产品以倾销方式进入我国市场，并对已经建立的国内产业造成实质损害或者产生实质损害威胁，或者对建立国内产业造成实质阻碍的，才进行调查，采取反倾销措施。《保障措施条例》第2条规定，进口产品数量增加，并对生产同类产品或者直接竞争产品的国内产业造成严重损害或者严重损害威胁的，才进行调查，采取保障措施。本题中，未涉及倾销，而是进口产品数量增加。故 A 选项错误。

---

[1] 答案：CD
[2] 答案：B

《保障措施条例》第3条第1款规定，与国内产业有关的自然人、法人或者其他组织，可以依照本条例的规定，向商务部提出采取保障措施的书面申请。故 B 选项正确。

《保障措施条例》第7条规定，进口产品数量增加，既包括进口产品数量的绝对增加，也包括与国内生产相比的相对增加。故 C 选项错误。

《保障措施条例》不涉及价格承诺的问题。故 D 选项错误。

3. 根据《中华人民共和国保障措施条例》，下列哪一说法是不正确的？（   ）[1]（2013-1-44 单选）

A. 保障措施中"国内产业受到损害"，是指某种进口产品数量增加，并对生产同类产品或直接竞争产品的国内产业造成严重损害或严重损害威胁

B. 进口产品数量增加指进口数量的绝对增加或与国内生产相比的相对增加

C. 终裁决定确定不采取保障措施的，已征收的临时关税应当予以退还

D. 保障措施只应针对终裁决定作出后进口的产品实施

【考点】 保障措施

【解析】《保障措施条例》第2条规定，进口产品数量增加，并对生产同类产品或者直接竞争产品的国内产业造成严重损害或者严重损害威胁的，依照本条例的规定进行调查，采取保障措施。故 A 选项正确。

《保障措施条例》第7条规定，进口产品数量增加，是指进口产品数量的绝对增加或者与国内生产相比的相对增加。故 B 选项正确。

《保障措施条例》第25条规定，终裁决定确定不采取保障措施的，已征收的临时关税应当予以退还。故 C 选项正确。

《保障措施条例》第16条第1款规定，有明确证据表明进口产品数量增加，在不采取临时保障措施将对国内产业造成难以补救的损害的紧急情况下，可以作出初裁决定，并采取临时保障措施。据此可知，作出终裁决定的保障措施可以追溯到临时保障措施期间。故 D 选项错误。

4. 进口到中国的某种化工材料数量激增，其中来自甲国的该种化工材料数量最多，导致中国同类材料的生产企业遭受实质损害。根据我国相关法律规定，下列哪一选项是正确的？（   ）[2]（2011-1-41 单选）

A. 中国有关部门启动保障措施调查，应以国内有关生产者申请为条件

B. 中国有关部门可仅对已经进口的甲国材料采取保障措施

C. 如甲国企业同意进行价格承诺，则可避免被中国采取保障措施

D. 如采取保障措施，措施针对的材料范围应当与调查范围相一致

【考点】 保障措施

【解析】《保障措施条例》第4条规定，商务部没有收到采取保障措施的书面申请，但有充分证据认为国内产业因进口产品数量增加而受到损害的，可以决定立案调查。故 A 选项错误。

《保障措施条例》第22条规定，保障措施应当针对正在进口的产品实施，不区分产品来源国（地区）。故 B 选项错误。

---

[1] 答案：D
[2] 答案：D

保障措施中不存在价格承诺问题，只有反倾销与反补贴中存在价格承诺。故 C 选项错误。

《保障措施条例》第 23 条规定，采取保障措施应当限于防止、补救严重损害并便利调整国内产业所必要的范围内。相应的，所针对的材料范围应当与调查范围相一致。故 D 选项正确。

第五章　世界贸易组织

第一讲　WTO 与中国

考点 19：WTO 基本制度

1. 关于中国与世界贸易组织的相关表述，下列哪一选项是不正确的?(　　　)[1]（2012-1-44 单选）

A. 世界贸易组织成员包括加入世界贸易组织的各国政府和单独关税区政府，中国香港、澳门和台湾是世界贸易组织的成员

B. 《政府采购协议》属于世界贸易组织法律体系中诸边贸易协议，该协议对于中国在内的所有成员均有约束力

C. 《中国加入世界贸易组织议定书》中特别规定了针对中国产品的特定产品的过渡性保障措施机制

D. 《关于争端解决规则与程序的谅解》在世界贸易组织框架下建立了统一的多边贸易争端解决机制

【考点】世界贸易组织的成员与法律框架、中国入世承担的特殊义务

【解析】世界贸易组织是根据世界贸易组织协定建立的多边性贸易组织。其成员是加入世界贸易组织的各国政府和单独关税区政府，任何个人、企业或其他非政府机构都不能成为世界贸易组织的成员，也不能向它主张权利。中国香港、澳门和台湾作为单独关税区，都是世界贸易组织的成员。故 A 选项正确。

诸边贸易协议，主要由附件 4 组成，包括民用航空器贸易协议、政府采购协议、奶制品协议和牛肉协议（这两个协议已于 1997 年失效）。世界贸易组织成立后签订的《信息技术产品协议》也属于诸边贸易协议的范畴。诸边贸易协议只有极少数成员参加，也只对参加了诸边协议的成员有约束力。故 B 选项错误。

《中国加入世界贸易组织议定书》中，特别规定了针对中国产品的特定产品的过渡性保障措施机制。这一机制，专对中国产品实施，实施条件低于保障措施的要求。在严重的情况下，这一规定有可能造成对中国出口的连锁反应，导致许多进口国同时对中国产品采取措施。故 C 选项正确。

作为世界贸易组织多边贸易制度的一部分，《关于争端解决规则与程序的谅解》（DSU）在世界贸易组织框架下，建立了统一的多边贸易争端解决制度。故 D 选项正确。

2. 关于中国在世贸组织中的权利义务，下列哪一表述是正确的?(　　　)[2]（2011-1-43 单选）

---

〔1〕答案：B
〔2〕答案：B

A. 承诺入世后所有中国企业都有权进行货物进出口，包括国家专营商品

B. 对中国产品的出口，进口成员在进行反倾销调查时选择替代国价格的做法，在《中国加入世界贸易组织议定书》生效15年后终止

C. 非专向补贴不受世界贸易组织多边贸易体制的约束，包括中国对所有国有企业的补贴

D. 针对中国产品的过渡性保障措施，在实施条件上与保障措施的要求基本相同，在实施程序上相对简便

【考点】中国在世贸组织中的权利义务

【解析】《中国加入世界贸易组织议定书》（简称《中国加入议定书》，下同）专门对贸易权作了规定，中国承诺逐步放开贸易经营权，在中国正式加入世贸组织后的3年内，除国家专营商品外，所有中国企业都有权进行货物进出口。故A选项错误。

在《中国加入议定书》生效时，如果进口成员的国内法含有市场经济标准，根据进口成员的国内法，一旦确立中国在某一产业或部门方面是市场经济，上述倾销确定中的选择的规定应终止，无论中国能否证明市场经济这一点，上述选择方法的规定在《中国加入议定书》生效15年后终止。故B选项正确。

根据世界贸易组织反补贴规则，非专项补贴不受世界贸易组织多边贸易体制的约束，但如果中国政府提供的补贴的主要接受者是国有企业，或者接受了补贴中不成比例的大量数额，该补贴视为专项补贴。故C选项错误。

《中国加入议定书》中，特别规定了针对中国产品的过渡性保障措施机制。这一机制专对中国产品实施，实施条件低于保障措施的要求。故D选项错误。

3. 中国加入世界贸易组织的条件规定在《中国加入世界贸易组织议定书》及其附件中。对此，下列哪些选项是正确的？（　　）[1]（2007-1-84多选）

A. 该《议定书》及其附件构成世界贸易组织协定的一部分

B. 中国只根据该《议定书》及其附件承担义务

C. 该《议定书》规定了特定产品过渡性保障机制

D. 中国与其他成员在加入谈判中作出的具体承诺，不构成该《议定书》的组成部分

【考点】我国在世界贸易组织中的权利义务

【解析】《中国加入议定书》及其附件构成了世界贸易组织协定的一部分，它除了确认遵循世界贸易组织的一般性规范外，还针对中国的具体情况做了规定。故A选项正确。

其次，中国在世界贸易组织中的权利义务，与其他成员一样，由两部分组成：一部分是各成员都相同的规范性义务，如各协议条款规定的义务；另一部分是中国加入世界贸易组织议定书中中国作出的承诺，这是中国承担的独特义务。故B选项错误。

《中国加入议定书》中，特别规定了针对中国产品的特定产品过渡性保障机制，这一机制专对中国产品实施，实施条件低于保障措施的要求。故C选项正确。

中国与其他成员在加入谈判中作出的具体承诺，也应该构成该《议定书》的组成部分。故D选项错误。

---

[1]　答案：AC

第二讲　WTO 的原则

考点 20：WTO 最惠国待遇原则

1. 甲乙丙三国为世界贸易组织成员，丁国不是该组织成员。关于甲国对进口立式空调和中央空调的进口关税问题，根据《关税与贸易总协定》，下列违反最惠国待遇的做法是：（　　）[1]（2014-1-100 不定项）

A. 甲国给予来自乙国的立式空调和丙国的中央空调以不同的关税

B. 甲国给予来自乙国和丁国的立式空调以不同的进口关税

C. 因实施反倾销措施，导致从乙国进口的立式空调的关税高于从丙国进口的

D. 甲国给予来自乙丙两国的立式空调以不同的关税

【考点】WTO 最惠国待遇原则

【解析】最惠国待遇原则表现出普遍性、相互性、自动性和同一性的特点。世界贸易组织的任何成员都可以享有其他成员给予任何国家的待遇。每一成员既是施惠者，也是受惠者。由于最惠国待遇义务的立即性和无条件性，每一成员自动享有其他成员给予其他任何国家的最惠国待遇。

选项 A 的做法不违反最惠国待遇原则。根据最惠国待遇原则中的"同一性"原则，优惠所给予的对象应是相同的，立式空调和中央空调属于不同的产品，其进口关税自当允许有别。

选项 B 的做法不违反最惠国待遇原则。丁国不是世贸组织的成员，因此理论上甲国给予丁国和乙国的立式空调不同的进口关税，也是允许的。

选项 C 的做法不违反最惠国待遇原则。反倾销措施属于世界贸易组织允许的最惠国待遇原则的例外。

选项 D 的做法违反了最惠国待遇原则。甲乙丙三国均为世界贸易组织成员国，因此，甲国应给予乙国和丙国同一产品即立式空调同样的关税待遇。

2. 关于世界贸易组织（WTO）的最惠国待遇制度，下列哪种说法是正确的？（　　）[2]（2006-1-42 单选）

A. 由于在 WTO 不同的协议中，最惠国待遇的含义不完全相同，所以，最惠国待遇的获得是有条件的

B. 在 WTO 中最惠国待遇是各成员相互给予的，每个成员既是施惠者，也是受惠者

C. 对最惠国待遇原则的修改需经全体成员 4/5 同意才有效

D. 区域经济安排是最惠国待遇义务的例外，但边境贸易优惠则不是

【考点】最惠国待遇原则

【解析】最惠国待遇制度表现出普遍性、相互性、自动性和统一性的特点。不应歧视其中任何一个成员，也不应存在特殊的双边互惠关系，最惠国待遇义务具有立即性和无条件性，每一成员自动享有其他成员给予其他任何国家的最惠国待遇。故 A 错误。WTO 中某成

---

〔1〕答案：D

〔2〕答案：B

员给予另一成员在货物贸易方面的优惠、特权和豁免都必须同样给予所有其他成员，每一成员既是施惠者，也是受惠者。故 B 正确。根据 WTO 的规定，对最惠国待遇原则的修改必须经全体成员方同意才有效。故 C 错误。最惠国待遇的适用例外包括边境贸易、普遍优惠制度、关税同盟和自由贸易区等等。故 D 错误。所以本题答案为 B。

第三讲　WTO 的主要规则

考点 21：《服务贸易总协定》

1. 根据世界贸易组织《服务贸易总协定》，下列哪一选项是正确的？（　　）[1]（2013
-1-42 单选）

A. 协定适用于成员方的政府服务采购

B. 中国公民接受国外某银行在中国分支机构的服务属于协定中的境外消费

C. 协定中的最惠国待遇只适用于服务产品而不适用于服务提供者

D. 协定中的国民待遇义务，仅限于列入承诺表的部门

【考点】服务贸易总协定

【解析】《服务贸易总协定》不适用于为履行政府职能而提供的服务。故 A 选项错误。

中国公民接受国外某银行在中国分支机构的服务属于商业存在而不是境外消费。故 B 选项错误。

协定中的最惠国待遇适用于服务提供者和服务产品。故 C 选项错误。

《服务贸易总协定》中的国民待遇义务，仅限于列入承诺表的部门，并且要遵循其中所列的条件和资格。故 D 选项正确。

2.《服务贸易总协定》规定了服务贸易的方式，下列哪一选项不属于协定规定的服务贸易？（　　）[2]（2012-1-40 单选）

A. 中国某运动员应聘到美国担任体育教练

B. 中国某旅行公司组团到泰国旅游

C. 加拿大某银行在中国设立分支机构

D. 中国政府援助非洲某国一笔资金

【考点】国际服务贸易的种类

【解析】《服务贸易总协定》通过四种服务贸易方式来调整服务贸易。即（1）跨境供应，从一国境内直接向其他国境内提供服务——服务产品的流动（不需要提供者和消费者的实际流动）；（2）境外消费，在一国境内向其他国的服务消费者提供服务——消费者的流动；（3）商业存在，外国实体在另一国境内设立附属公司或分支机构，提供服务，即外国服务提供者通过在其他国境内设立的机构提供商业服务——设立当地机构，如银行、保险；（4）自然人的存在，一国的服务提供商通过自然人到其他国境内提供服务——自然人流动，如工程承包。选项 A 属于自然人的存在；B 选项属于境外消费；C 选项属于商业存在，而选项 D 不属于四种服务贸易方式之一。

---

〔1〕答案：D
〔2〕答案：D

考点 22：《与贸易有关的投资措施协议》

1. 为了促进本国汽车产业，甲国出台规定，如生产的汽车使用了 30%国产零部件，即可享受税收减免的优惠。依世界贸易组织的相关规则，关于该规定，下列哪一选项是正确的？（　　）〔1〕（2015-1-44 单选）

A. 违反了国民待遇原则，属于禁止使用的与贸易有关的投资措施

B. 因含有国内销售的要求，是扭曲贸易的措施

C. 有贸易平衡的要求，属于禁止的数量限制措施

D. 有外汇平衡的要求，属于禁止的投资措施

【考点】《与贸易有关的投资措施协议》中规定的禁止使用的措施

【解析】"当地成分要求"或"国产化要求"：要求企业在生产过程中必须购买或使用一定数量金额或最低比例的当地产品。属于违反国民待遇原则规定的投资措施。故 A 选项正确。

"出口限制"或"国内销售要求"，即限制企业产品出口的数量，有的国家要求外资企业以低于国际市场价格将本应出口的产品在当地销售，这也是扭曲贸易的。贸易平衡要求，即进口数量以出口数量为限。外汇平衡要求，即将企业可使用的外汇限制在与该企业外汇流入相关的水平，从而限制该企业对用于当地生产或与当地生产相关的产品的进口。故 B、C、D 选项错误。

2. 针对甲国一系列影响汽车工业的措施，乙、丙、丁等国向甲国提出了磋商请求。四国均为世界贸易组织成员。关于甲国采取的措施，下列哪些是《与贸易有关的投资措施协议》禁止使用的？（　　）〔2〕（2009-1-84 多选）

A. 要求汽车生产企业在生产过程中必须购买一定比例的当地产品

B. 依国产化率对汽车中使用的进口汽车部件减税

C. 规定汽车生产企业的外资股权比例不应超过 60%

D. 要求企业购买进口产品的数量不能大于其出口产品的数量

【考点】《与贸易有关的投资措施协议》规定的禁止使用的措施

【解析】A 选项属于"当地成分要求"，即要求企业，无论是本国投资企业，还是外商投资企业，在生产过程中必须购买或使用一定数量金额或最低比例的当地产品。故 A 选项正确。

如果解释为，国产化率高，减税多，国产化率低，减税少，则属于禁止使用的措施。B 选项正确。

选项 C 不属于禁止使用的措施。

D 选项属于"贸易平衡要求"，即进口数量以出口数量为限。故 D 选项正确。

第四讲　WTO 争端解决机制

考点 23：WTO 争端解决机制

1. 甲国某项投资法律要求外商投资企业必须购买东道国原材料作为生产投入，乙国认

---

〔1〕　答案：A

〔2〕　答案：ABD

为该项措施违反了 WTO 的《与贸易有关的投资措施协议》，诉诸 WTO 争端解决机制。根据 WTO 相关规则，下列哪一选项是正确的？（　　）[1]（2019-单选-网络回忆版）

A. 甲国投资法的该项规定属于进口用汇限制

B.《与贸易有关的投资措施协议》适用于与货物贸易、服务贸易和知识产权贸易有关的投资措施

C. 磋商是成立专家组之前的必经程序

D. WTO 争端解决机制涉及的范围限于货物贸易和服务贸易，不包括与贸易有关的投资措施等争端

【考点】《与贸易有关的投资措施协议》、WTO 争端解决程序

【解析】甲国的该项投资法规定构成当地成分要求，A 项错误。《与贸易有关的投资措施协议》要求各成员不得实施与《关税与贸易总协定 1994》国民待遇原则或一般性取消数量限制原则不一致的投资措施。《关税与贸易总协定 1994》是调整货物贸易的协定，目的是维护货物贸易的公平和自由，因此"与贸易有关的投资措施"自然指的是"与货物贸易有关的投资措施"，B 项错误。

磋商是 WTO 争端解决机制的必经程序，是申请设立专家组的前提，C 项正确

世界贸易组织争端解决机制具有统一性的特点，该机制适用于任何成员间因 WTO 任何协议产生的争端，D 项错误。

2. 甲国多家出口企业在乙国被终裁具有倾销行为，并征收了反倾销税。现这些出口企业欲进行相关法律救济。已知甲乙两国均为 WTO 成员方，根据国际法的相关规则，下列说法正确的有哪些（　　）[2]（2018-多选-网络回忆版）

A. 甲国出口企业可以在乙国对乙国政府的征税行为提起行政诉讼

B. 甲国政府可以直接向乙国政府提起外交保护

C. 甲国政府可以在 WTO 起诉乙国政府违反其承担的 WTO 的相关义务

D. 如果乙国政府被裁决违反 WTO 相关义务，乙国应修改其本国的法律或相应的反倾销措施

【考点】外交保护、贸易救济措施的多边救济程序、WTO 争端解决机制

【解析】作为反倾销措施的利害关系人，甲国出口企业可以在乙国对乙国主管机关提起行政诉讼，此为贸易救济措施的国内救济程序，A 项正确。外交保护权的行使需要以受害者用尽当地救济为条件，B 项错误。作为出口国的甲国政府可以针对乙国的反倾销措施向 WTO 提起争端解决，此为贸易救济措施的多边救济程序，C 项正确。如果甲国政府在 WTO 提起的违反性申诉成功，被诉方乙国政府有义务修改或废除违反 WTO 义务的立法、政策或措施，D 项正确。

3. 甲、乙、丙三国均为 WTO 成员国，甲国给予乙国进口丝束的配额，但没有给予丙国配额，而甲国又是国际上为数不多消费丝束产品的国家。为此，丙国诉诸 WTO 争端解决机制。依相关规则，下列哪些选项是正确的？（　　）[3]（2017-1-80 多选）

A. 丙国生产丝束的企业可以甲违反最惠国待遇为由起诉甲国

---

[1]　答案：C

[2]　答案：ACD

[3]　答案：CD

B. 甲、丙两国在成立专家组之前必须经过"充分性"的磋商

C. 除非争端解决机构一致不通过相关争端解决报告，该报告即可通过

D. 如甲国败诉且拒不执行裁决，丙国可向争端解决机构申请授权对甲国采取报复措施

【考点】 WTO 争端解决机制

【解析】 WTO 争端只能由成员方提起，国内企业无权启动 WTO 争端解决程序，A 项错误；磋商是申请设立专家组的前提条件，但磋商严格的时限性使得磋商的充分性与设立专家组的申请没有关系，B 项错误；WTO 争端解决机构通过专家组报告和上诉机构报告时适用"反向一致原则"，除非争端解决机构一致不通过相关争端解决报告，该报告即得以通过，C 项正确；报复是裁决得以执行的制约手段，但报复须经争端解决机构的授权，并非自动，D 项正确。

4. 甲、乙、丙三国均为世界贸易组织成员，甲国对进口的某类药品征收 8% 的国内税，而同类国产药品的国内税为 6%。针对甲的规定，乙、丙两国向世界贸易组织提出申诉，经裁决甲国败诉，但其拒不执行。依世界贸易组织的相关规则，下列哪些选项是正确的？（　　　）[1]（2015-1-80 多选）

A. 甲国的行为违反了国民待遇原则

B. 乙、丙两国可向上诉机构申请强制执行

C. 乙、丙两国经授权可以对甲国采取中止减让的报复措施

D. 乙、丙两国的报复措施只限于在同种产品上使用

【考点】 WTO 争端解决机制

【解析】 外国进口产品所享受的待遇不低于本国同类产品、直接竞争或替代产品所享受的待遇。甲国的行为违反了国民待遇原则。故 A 选项正确。

WTO 争端解决机构的裁决由成员方在合理时间内履行裁决，程序中没有强制执行，如果不履行，另一方可以向争端解决机构申请授权报复，对被诉方中止减让或中止其他义务。故 B 选项错误、C 选项正确。

WTO 争端解决中的报复可以按先同部门、后同协定、最后跨协定的顺序进行交叉报复。D 选项错误。

5. 关于世界贸易组织争端解决机制的表述，下列哪一选项是不正确的？（　　　）[2]（2013-1-43 单选）

A. 磋商是争端双方解决争议的必经程序

B. 上诉机构为世界贸易组织争端解决机制中的常设机构

C. 如败诉方不遵守争端解决机构的裁决，申诉方可自行采取中止减让或中止其他义务的措施

D. 申诉方在实施报复时，中止减让或中止其他义务的程度和范围应与其所受到损害相等

【考点】 WTO 争端解决机制

【解析】 磋商是申请设立专家组的前提条件。很多争端通过磋商程序得以解决，磋商是争端解决程序的重要组成部分，是必经程序。故 A 选项正确。

---

[1] 答案：AC

[2] 答案：C

上诉机构是世界贸易组织争端解决机制中的常设机构，按规定由 7 名成员组成。故 B 选项正确。

如败诉方不遵守争端解决机构的裁决，申诉方可以向争端解决机构申请授权报复，对被诉方中止减让或其他义务，但申诉方不可以自行采取中止减让或中止其他义务的措施。故 C 选项错误。

申诉方拟中止减让或其他义务的程度和范围，应与其所受到的损害相等。故 D 选项正确。

6. 甲、乙均为世界贸易组织成员国。乙称甲关于影像制品的进口管制违反国民待遇原则，为此向世界贸易组织提出申诉，并经专家组和上诉机构审理。对此，下列哪一选项是正确的？（   ）〔1〕（2012-1-42 单选）

A. 甲、乙磋商阶段达成的谅解协议，可被用于后续争端解决审理
B. 专家组可对未在申请书中指明的诉求予以审查
C. 上诉机构可将案件发回专家组重审
D. 上诉案件由上诉机构 7 名成员中 3 人组成上诉庭审理

【考点】WTO 争端解决机制

【解析】甲、乙磋商阶段达成的谅解协议，不可被用于后续争端解决审理。磋商是申请设立专家组的前提条件。但磋商事项以及磋商的充分性，与设立专家组的申请及专家组将作出的裁定没有关系。磋商仅仅是一种程序性要求。但很多争端通过磋商程序得以解决，磋商是争端解决程序的重要组成部分。故 A 选项错误。

设立专家组的申请决定专家组的权限范围。对争端方没有提出的主张，专家组不能作出裁定，即使相关专家提出了这样的主张。故 B 选项错误。

上诉机构可以推翻、修改或撤销专家组的调查结果和结论，但上诉机构没有将案件发回专家组重新审理的权力。故 C 选项错误。

上诉案件由上诉机构 7 名成员中的 3 人组成上诉庭审理。故 D 选项正确。

7. 甲乙二国均为世贸组织成员国，乙国称甲国实施的保障措施违反非歧视原则，并将争端提交世贸组织争端解决机构。对此，下列哪一选项是正确的？（   ）〔2〕（2010-1-46 单选）

A. 对于乙国没有提出的主张，专家组仍可因其相关性而作出裁定
B. 甲乙二国在解决争端时必须经过磋商、仲裁和调解程序
C. 争端解决机构在通过争端解决报告上采用的是"反向一致"原则
D. 如甲国拒绝履行上诉机构的裁决，乙国可向争端解决机构上诉

【考点】世界贸易组织争端解决程序

【解析】对争端方没有提出的主张，专家组不能作出裁定，即使相关专家提出了这样的主张。故 A 选项错误。

磋商是申请设立专家组的前提条件，世界贸易组织争端解决程序必须经过磋商程序，但仲裁与调解不是争端解决的必经程序。故 B 选项错误。

在通过争端解决报告上，除非争端解决机构成员一致不同意通过相关争端解决报告，

该报告即得以通过。故 C 选项正确。

如败诉方不履行上诉机构裁决，胜诉方不能再上诉，而只能在获得争端解决机构授权后进行报复。故 D 选项错误。

8. 甲乙两国均为世界贸易组织成员，甲对乙国出口商向甲国出口轮胎征收高额反倾销税，使乙国轮胎出口企业损失严重。乙国政府为此向世界贸易组织提出申诉，经专家组和上诉机构审理胜诉。下列哪一选项是正确的？（　　）[1]（2009-1-44 单选）

A. 如甲国不履行世贸组织的裁决，乙国可申请强制执行

B. 如甲国不履行世贸组织的裁决，乙国只可在轮胎的范围内实施报复

C. 如甲国不履行世贸组织的裁决，乙国可向争端解决机构申请授权报复

D. 上诉机构只有在对该案的法律和事实问题进行全面审查后才能作出裁决

【考点】世界贸易组织争端解决机制

【解析】在当事方不履行裁决时，没有申请强制执行的规定，只能经授权进行报复。故 A 选项错误。

胜诉一方在对方不履行裁决时，可以申请授权报复，报复可以在同一产品内，也可以跨部门，还可以跨协定进行交叉报复。故 B 选项错误。

当有关成员不遵守裁决时，经申请授权进行报复，包括确定报复的范围和水平。故 C 选项正确。

上诉机构负责对被提起上诉的专家组报告中的法律问题和专家组进行的法律解释进行审查，不能就事实问题进行审查。故 D 选项错误。

9. 下列关于世界贸易组织争端解决机制的表述哪一项是正确的？（　　）[2]（2005-1-44 单选）

A. 磋商是必经程序

B. 任何争端方对上诉机构的裁决有异议的，均可上诉到争端解决机构

C. 世贸组织的上诉机构应对专家组报告涉及的事实及法律问题进行审理

D. 对被认为有错误的专家组的裁决，上诉机构可以发回重审

【考点】世界贸易组织争端解决机制

【解析】争端当事方的磋商是世界贸易组织争端解决的第一步，也是必经的一步，A 选项正确。世界贸易组织的争端解决程序包括磋商、专家组审理、上诉机构审理、裁决的执行和监督。争端方对专家组的最终裁决有异议的可以上诉到上诉机构，上诉机构只是争端解决机构内部的一个机构，B 选项说法错误。上诉机构只审查专家组报告涉及的法律问题和专家组作出的法律解释，但不涉及事实问题，C 选项错误。上诉机构可以维持、修改或推翻专家组的结论但不能发回重审，D 选项错误。

10. 根据世界贸易组织争端解决规则和程序的谅解协议的规定，当世贸组织成员方之间发生贸易纠纷时，可采取的解决方式中不包括下列哪一项？（　　）[3]（2004-1-44 单选）

A. 双边磋商

B. 成立专家组

---

[1]　答案：C

[2]　答案：A

[3]　答案：D

C. 上诉机构的审查

D. 上诉机构的调解

【考点】 世贸组织的争端解决程序

【解析】 世贸组织的争端解决程序为：① 磋商。磋商有助于澄清争端、促进争端的解决。磋商是申请设立专家组的前提条件。② 设立专家组的申请——申诉。自提出磋商请求日起 60 天内磋商没有解决争端时，申诉方才可申请成立专家组。③ 专家组的裁定和结论。无论是申诉方还是被诉方，对其所提出的诉求或主张，都承担证明的责任，即谁主张谁举证……在一方初步证明其诉求或主张的真实性后，由另一方进行反驳。最后由专家组决定采信哪些证据，并根据其对有关证据的评估，作出裁决。④ 上诉机构的审查、裁定。在专家组报告发布后的 60 天内，任何争端方都可以向上诉机构提起上诉。上诉机构则只审查专家组报告涉及的法律问题和专家组作出的法律解释。⑤ 争端解决机构通过专家组和上诉机构的报告。⑥ 争端解决机构裁定和建议的实施。被裁定违反了有关协议的一方，应在合理时间内履行争端解决机构的裁定和建议。因此 D 项不在以上争端解决程序之列。

11. 按照世界贸易组织争端解决制度的规定和实践，有关非违反性申诉与违反性申诉的下列表述何者为正确？(   )[1] (2004-1-95 不定项)

A. 非违反性申诉中，申诉方无需证明被申诉方违反了世界贸易组织协定的有关条款

B. 违反性申诉中，申诉方需要证明被诉方采取的措施造成申诉方利益的丧失或受损

C. 如申诉方的非违反性申诉成功，被诉方没有取消有关措施的义务，但需对申诉方作出补偿

D. 如申诉方的非违反性申诉成功，被诉方应撤销或废除被申诉的措施

【考点】 世贸组织的争端解决程序

【解析】 世贸组织的争端解决机构解决的争端类型包括：（1）违反性申诉。这是争端的主要类型。申诉方须证明被诉方违反了有关协议的条款。在确立了存在违反有关协议条款的行为后，推定申诉方的利益受损或丧失。对这种争端的裁定，被诉方往往需要废除或修改有关措施。（2）非违反性申诉。对这种申诉的审查，不追究被诉方是否违反了有关协议条款，而只处理被诉方的措施是否使申诉方根据有关协议享有的利益受损或丧失……申诉方需要证明其根据有关协议享有合理的预期利益，该合理预期利益因为被诉方的措施受损或丧失。被诉方没有取消有关措施的义务，只需作出补偿。（3）其他情形。关于上述两种类型以外的其他争端类型及其所适用的程序和规则，并没有明确的规定，迄今为止也还没有出现过上述两种类型以外的案件。根据以上内容，可知本题正确答案为 AC。

---

[1] 答案：AC

第六章　国际经济法领域的其他法律制度

第一讲　知识产权国际保护

考点 24：《保护工业产权巴黎公约》

1. 2011 年 4 月 6 日，张某在广交会上展示了其新发明的产品，4 月 15 日，张某在中国就其产品申请发明专利（后获得批准）。6 月 8 日，张某在向《巴黎公约》成员国甲国申请专利时，得知甲国公民已在 6 月 6 日向甲国就同样产品申请专利。下列哪一说法是正确的？（　　）[1]（2013-1-41 单选）

A. 如张某提出优先权申请并加以证明，其在甲国的申请日至少可以提前至 2011 年 4 月 15 日

B. 2011 年 4 月 6 日这一时间点对张某在甲国以及《巴黎公约》其他成员国申请专利没有任何影响

C. 张某在中国申请专利已获得批准，甲国也应当批准他的专利申请

D. 甲国不得要求张某必须委派甲国本地代理人代为申请专利

【考点】《巴黎公约》的优先权原则、临时性保护原则、独立性原则

【解析】根据《巴黎公约》第 4 条的规定，发明专利的优先权期限为 12 个月，该期限内，在缔约国内每一个在后申请的申请日均为第一次申请的申请日。故 A 选项正确。

根据《巴黎公约》第 11 条的规定，临时性保护原则要求缔约国应对在任何成员国内举办的或经官方承认的国际展览会上展出的商品中可取得专利的发明、实用新型、外观设计和可注册的商标给予临时保护。如展品所有人在临时保护期内申请了专利或商标注册，则申请人的优先权日是从展品公开展出之日起算，而非从第一次提交申请案时起算。据此可知，根据临时性保护原则，2011 年 4 月 6 日这一时间点可以作为申请日期。故 B 选项错误。

根据《巴黎公约》第 4 条及第 6 条的规定，关于外国人的专利申请或商标注册，应由各成员国依本国法决定，而不应受原属国或其他任何国家就该申请作出的决定的影响。专利的申请和商标注册在成员国之间是相互独立的。在优先权期限内申请的专利，在后申请是否提供保护、申请的结果如何，与在先申请没有关系。据此可知，张某在中国申请专利获得了批准，并不当然导致其在甲国的申请就会获得批准。故 C 选项错误。

《巴黎公约》允许各缔约国在国内法中就委派代理人作出相关规定。故 D 选项错误。

2. 根据《保护工业产权的巴黎公约》，关于优先权，下列哪一选项是正确的？（　　）[2]（2009-1-42 单选）

A. 优先权的获得需要申请人于"在后申请"中提出优先权申请并提供有关证明文件

---

[1]　答案：A
[2]　答案：A

B. 所有的工业产权均享有相同期间的优先权

C. "在先申请"撤回，"在后申请"的优先权地位随之丧失

D. "在先申请"被驳回，"在后申请"的优先权地位随之丧失

【考点】《巴黎公约》的优先权原则

【解析】优先权的获得并不是自动的，需要申请人于在后申请中提出优先权申请并提供有关证明文件。故 A 选项正确。

发明专利和实用新型专利为 12 个月，外观设计和商标为 6 个月。故 B 选项错误。

在先申请的撤回、放弃或驳回不影响该申请的优先权地位。故 C、D 选项错误。

考点 25：《保护文学艺术作品伯尔尼公约》

1. 甲国人迈克在甲国出版著作《希望之路》后 25 天内，又在乙国出版了该作品，乙国是《保护文学和艺术作品伯尔尼公约》缔约国，甲国不是。依该公约，下列哪一选项是正确的？（　　）[1]（2017-1-44 单选）

A. 因《希望之路》首先在非缔约国出版，不能在缔约国享受国民待遇

B. 迈克在甲国出版《希望之路》后 25 天内在乙国出版，仍然具有缔约国的作品国籍

C. 乙国依国民待遇为该作品提供的保护需要迈克履行相应的手续

D. 乙国对该作品的保护有赖于其在甲国是否受保护

【考点】《伯尔尼公约》国民待遇原则、自动保护原则

【解析】《伯尔尼公约》规定了作者和作品的双国籍国民待遇。非公约成员国国民，其作品只要是在任何一个成员国首次出版（发表），或者在一个成员国和非成员国同时（30天之内）出版（发表），也应在一切成员国中享有国民待遇，A 项错误，B 项正确；《伯尔尼公约》明确规定版权自动保护原则，C 项错误；根据公约的"独立性原则"，享有国民待遇的人在公约任何成员国所得到的著作权保护，不依赖于其作品在来源国受到的保护，D 项错误。

2. 甲国人柯里在甲国出版的小说流传到乙国后出现了利用其作品的情形，柯里认为侵犯了其版权，并诉诸乙国法院。尽管甲乙两国均为《伯尔尼公约》的缔约国，但依甲国法，此种利用作品不构成侵权，另外，甲国法要求作品要履行一定的手续才能获得保护。根据相关规则，下列哪一选项是正确的？（　　）[2]（2014-1-43 单选）

A. 柯里须履行甲国法要求的手续才能在乙国得到版权保护

B. 乙国法院可不受理该案，因作品来源国的法律不认为该行为是侵权

C. 如该小说在甲国因宗教原因被封杀，乙国仍可予以保护

D. 依国民待遇原则，乙国只能给予该作品与甲国相同水平的版权保护

【考点】《伯尔尼公约》

【解析】根据《伯尔尼公约》的自动保护原则，在手续上，如一成员国的版权法要求其国民的作品要履行一定的手续才能得到保护，有关作者在其他成员国要求版权保护时，其他国家不能因其本国要求履行手续而专门要求其也履行手续，故 A 选项错误。在是否构成侵权上，来源国以某种方式利用作品不构成侵权，但在另一成员国以相同的方式利用却构成侵权，则后一国不能因在来源国不视为侵权而拒绝受理有关的侵权诉讼，故 B 选项错误。

---

〔1〕答案：B

〔2〕答案：C

根据版权独立性原则，享有国民待遇的人在公约任何成员国所得到的著作权保护，不依赖于其作品在来源国受到的保护，故 C 选项正确。在保护水平上，不能因为作品来源国的保护水平低，其他成员国就降低对有关作品的保护水平。即使给予相同水平的保护，也不是依国民待遇原则，故 D 选项错误。

3. 李伍为惯常居所地在甲国的公民，满成为惯常居所地在乙国的公民。甲国不是《保护文学艺术作品伯尔尼公约》缔约国，乙国和中国是该公约的缔约国。关于作品在中国的国民待遇，下列哪些选项是正确的？（　　）[1]（2012-1-82 多选）

A. 李伍的文章在乙国首次发表，其作品在中国享有国民待遇

B. 李伍的文章无论发表与否，其作品在中国享有国民待遇

C. 满成的文章无论在任何国家首次发表，其作品在中国享有国民待遇

D. 满成的文章无论发表与否，其作品在中国享有国民待遇

【考点】《伯尔尼公约》的双国籍国民待遇

【解析】依据《伯尔尼公约》，有权享有国民待遇的国民包括"作者国籍"和"作品国籍"两类情况。"作者国籍"指公约成员国国民和在成员国有惯常居所的非成员国国民，其作品无论是否出版，均应在一切成员国中享有国民待遇；"作品国籍"针对非公约成员国国民，其作品只要是在任何一个成员国出版，或者在一个成员国和非成员国同时出版，也应在一切成员国中享有国民待遇。本题中，李伍为惯常居所地在甲国的公民，甲国不是《保护文学艺术作品伯尔尼公约》缔约国，李伍的文章只要是在任何一个成员国出版，或者在一个成员国和非成员国同时出版，即可在一切成员国中享有国民待遇。故 A 选项正确，B 选项错误。

满成作为惯常居所地在乙国的公民，乙国和中国是该公约的缔约国，满成的文章无论是否出版，均在一切成员国中享有国民待遇。故 C、D 选项正确。

考点 26：TRIPs 协议

1. 关于版权保护，下列哪一选项体现了《与贸易有关的知识产权协议》对《伯尔尼公约》的补充？（　　）[2]（2010-1-41 单选）

A. 明确了摄影作品的最低保护期限

B. 将计算机程序和有独创性的数据汇编列为版权保护的对象

C. 增加了对作者精神权利方面的保护

D. 无例外地实行国民待遇原则

【考点】TRIPs 对《伯尔尼公约》的补充

【解析】根据《伯尔尼公约》的规定，摄影作品和实用美术作品的最低保护期为作品完成后 25 年。该项内容已经在《伯尔尼公约》中明确了，不属于补充内容。故 A 选项错误。

在版权保护方面，TRIPs 对《伯尔尼公约》的补充表现在两个方面：在保护客体方面，将计算机程序和有独创性的数据汇编列为版权保护对象；在权利内容方面，增加了计算机程序和电影作品的出租权。故 B 选项正确。

《伯尔尼公约》对作者精神权利给予了保护，不属于补充内容。故 C 选项错误。

---

[1] 答案：ACD

[2] 答案：B

国民待遇原则规定在 TRIPs 第 3 条，依该条规定，在知识产权保护方面，在遵守《巴黎公约》《伯尔尼公约》《罗马公约》或《关于集成电路的知识产权条约》中各自规定的例外的前提下，每一成员给予其他成员国民的待遇不得低于给予本国国民的待遇。TRIPs 在知识产权保护方面提供的国民待遇仍然是有例外的。故 D 选项错误。

2. 香槟是法国地名，中国某企业为了推广其葡萄酒产品，拟为该产品注册"香槟"商标。依《与贸易有关的知识产权协议》，下列哪些选项是正确的？（　　　）[1]（2015-1-81 多选）

A. 只要该企业有关"香槟"的商标注册申请在先，商标局就可以为其注册

B. 如该注册足以使公众对该产品的来源误认，则应拒绝注册

C. 如该企业是在利用香槟这一地理标志进行暗示，则应拒绝注册

D. 如允许来自法国香槟的酒产品注册"香槟"的商标，而不允许中国企业注册该商标，则违反了国民待遇原则

【考点】TRIPs 协议

【解析】TRIPs 要求各成员有义务对地理标志提供法律保护。故 A、D 选项错误。

依 TRIPs 第 22 条第 2 款，禁止将地理标志作任何足以使公众对该商品来源误认的使用，即禁止利用地理标志的任何不正当竞争行为。即禁止误导和不公平竞争行为。故 B 选项正确。

选项 C 正确。依 TRIPs 第 22 条第 3 款，禁止利用商标作虚假的地理标志暗示的行为，即应拒绝该商标注册或使注册无效。

3. 中国甲公司发现有假冒"麒麟"商标的货物通过海关进口。依我国相关法律规定，甲公司可以采取下列哪些措施？（　　　）[2]（2009-1-86 多选）

A. 甲公司可向海关提出采取知识产权保护措施的备案申请

B. 甲公司可要求海关将涉嫌侵犯"麒麟"商标权的标记移除后再进口

C. 甲公司可向货物进出境地海关提出扣留涉嫌侵权货物的申请

D. 甲公司在向海关提出采取保护措施的申请后，可在起诉前就被扣留的涉嫌侵权货物向法院申请采取责令停止侵权行为的措施

【考点】我国的知识产权边境保护措施

【解析】A 项正确，依我国《知识产权海关保护条例》的规定，权利人发现其知识产权被侵犯的，权利人可向海关提出采取知识产权保护措施的备案申请。B 项错误，对侵权进口商品不能移除侵权商标后再进口。C 项正确，知识产权权利人发现侵权嫌疑货物即将进出口的，可以向货物进出境地海关提出扣留侵权嫌疑货物的申请。D 项正确，依条例，权利人在向海关提出采取保护措施的申请后，可以依照我国《商标法》等，在起诉前就被扣留的侵权嫌疑货物向人民法院申请采取责令停止侵权行为或者财产保全的措施。

4. 根据《与贸易有关的知识产权协定》，关于商标所有人转让商标，下列哪一选项是正确的？（　　　）[3]（2008-1-43 单选）

A. 必须将该商标与所属业务同时转让

---

[1] 答案：BC

[2] 答案：ACD

[3] 答案：B

B. 可以将该商标与所属业务同时转让

C. 不能将该商标与所属业务同时转让

D. 可以通过强制许可形式转让

【考点】 TRIPs 协议

【解析】 根据《与贸易有关的知识产权协定》第 21 条规定，各成员可对商标的许可和转让确定条件，与此相关的理解是，不允许商标的强制许可，且注册商标的所有权人有权将商标与该商标所属业务同时或不同时转让。因此，正确答案是 B。

考点 27：国际知识产权许可协议

1. 中国甲公司与德国乙公司签订了一项新技术许可协议，规定在约定期间内，甲公司在亚太区独占使用乙公司的该项新技术。依相关规则，下列哪一选项是正确的？（　　）[1]（2016-1-43 单选）

A. 在约定期间内，乙公司在亚太区不能再使用该项新技术

B. 乙公司在全球均不能再使用该项新技术

C. 乙公司不能再将该项新技术允许另一家公司在德国使用

D. 乙公司在德国也不能再使用该项新技术

【考点】 国际知识产权许可协议

【解析】 本题涉及国际技术转让中独占许可的特点，在国际技术转让中，独占性许可是被许可方在约定的区域内、在约定的时期独占使用该项技术，即便是技术所有人自己也不能使用。但需特别注意的是独占使用是有特定区域和特定时期的，因而在此特定区域、特定时期之外，技术所有人不仅自己可以使用，也可以许可其他人使用。A 项正确，乙公司只是在亚太区不能再使用该项新技术，因为许可的区域只是亚太区，乙公司在德国还是可以使用该项新技术的，B、C、D 项错误。

第二讲　国际投资法

考点 28：多边投资担保机制

1. 甲国某公司到乙国投资建设了垃圾处理厂，并与乙国政府签订了垃圾处理合同。后因乙国环境政策的变化，增加了环境保护税，乙国政府遂以该合同履行不再具有经济意义为由拒绝履行该合同。根据多边投资担保机制，下列说法哪些是正确的？（　　）[2]（2018-多选-网络回忆版）

A. 乙国政府的做法属于政府违约

B. 乙国政府的行为属于征收和类似措施行为

C. 如果该公司寻求多边投资担保机构进行理赔，应以用尽乙国当地救济为前提条件

D. 多边投资担保机构进行理赔后，可以直接向乙国政府主张代位求偿权

【考点】 多边投资担保的险别、代位求偿权

【解析】 构成多边投资担保机制所称的"政府违约"需要同时满足两个条件：（1）东

---

〔1〕 答案：A

〔2〕 答案：BCD

道国政府违反其与投资者的协议，且（2）东道国政府拒绝司法，拒绝司法包括投资者无法求助于司法或仲裁部门对违约的索赔作出裁决，或司法或仲裁部门未能在合理期限内作出裁决，或有这样的裁决而不能实施。本案题干只给出乙国政府违约的事实，但缺少构成后者，A项错误。

多边投资担保机制所称的"征收和类似措施"承保由于东道国政府的责任而采取的任何立法或措施，使投资者对其投资的所有权或控制权被剥夺，或剥夺了其投资中产生的大量效益。从本案题干看，乙国增加环境保护税，并以此为由拒绝履行与甲国公司垃圾处理合同的行为剥夺了甲国公司投资应当获得的经济效益，B项正确。

多边投资担保机制要求被保险人在机构支付赔偿之前，应寻求在当时条件下合适的、按东道国法律可随时利用的行政补救办法，C项正确。

在对被保险人支付或同意支付赔偿后，多边投资担保机构即应代位取得被保险人对东道国和其他债务人所拥有的有关承保投资的权利或索赔权，D项正确。

2. 关于国际投资法相关条约，下列哪些表述是正确的？（   ）[1]（2013-1-80 多选）

A. 依《关于解决国家和他国国民之间投资争端公约》，投资争端应由双方书面同意提交给投资争端国际中心，当双方表示同意后，任何一方不得单方面撤销

B. 依《多边投资担保机构公约》，多边投资担保机构只对向发展中国家领土内的投资予以担保

C. 依《与贸易有关的投资措施协议》，要求企业购买或使用最低比例的当地产品属于协议禁止使用的措施

D. 依《与贸易有关的投资措施协议》，限制外国投资者投资国内公司的投资比例属于协议禁止使用的措施

【考点】国际投资法的三个主要条约

【解析】依《关于解决国家和他国国民之间投资争端公约》，投资争端国际中心的管辖权具有排他的效力，一旦当事人书面同意在中心仲裁，有关争端不再属于作为争端一方的缔约国国内法管辖的范围，而属于中心的专属管辖，且一方不得单方面撤销。故 A 选项正确。

依《多边投资担保机构公约》，机构只对向发展中国家成员领土内的投资予以担保。故 B 选项正确。

依《与贸易有关的投资措施协议》，要求企业购买或使用最低比例的当地产品属于协议禁止使用的措施。故 C 选项正确。

依《与贸易有关的投资措施协议》，限制外国投资者投资国内公司的投资比例并不属于协议禁止使用的措施。故 D 选项错误。

3. 根据《多边投资担保机构公约》，关于多边投资担保机构（MIGA）的下列哪一说法是正确的？（   ）[2]（2011-1-44 单选）

A. MIGA 承保的险别包括征收和类似措施险、战争和内乱险、货币汇兑险和投资方违约险

B. 作为 MIGA 合格投资者（投保人）的法人，只能是具有东道国以外任何一个缔约国

---

[1] 答案：ABC
[2] 答案：C

国籍的法人

C. 不管是发展中国家的投资者，还是发达国家的投资者，都可向 MIGA 申请投保

D. MIGA 承保的前提条件是投资者母国和东道国之间有双边投资保护协定

【考点】 多边投资担保机构

【解析】 MIGA 主要承保四项非商业风险：征收和类似措施险、战争内乱险、货币汇兑险和政府违约险。不包括投资方违约险。故 A 选项错误。

如投资者与东道国联合申请，且用于投资的资本来自东道国境外，经机构董事会特别多数票通过，可将合格投资者扩大到东道国的自然人、在东道国注册的法人以及其多数资本为东道国国民所有的法人，即具有东道国国籍的自然人和法人，在特定情形下也可以作为投保人。故 B 选项错误。

无论是发展中国家的投资者，还是发达国家的投资者，都可向 MIGA 申请投保，公约没有限制。故 C 选项正确。

MIGA 承保的前提条件是要求东道国和投资者本国均为 MIGA 的成员国，但不要求投资者国籍国和东道国之间有双边投资保护协定。故 D 选项错误。

4. 多边投资担保机构是依据 1988 年生效的《多边投资担保机构公约》设立的国际金融机构。关于该机构，下列哪一选项是正确的？（　　　）[1]（2008-1-45 单选）

A. 该机构只承保货币汇兑险、征收险、战争内乱险和政府违约险

B. 任何投资均可列入该机构的投保范围，但间接投资除外

C. 该机构具有完全法律人格，有权缔结契约，取得并处理不动产和动产

D. 在任何情况下，该机构都不得接受东道国自然人、法人的投保

【考点】 多边投资担保机构

【解析】 多边投资担保机构的主要承保四项非商业风险：货币汇兑险；征收和类似措施险；战争内乱险；政府违约险。而 A 项只说多边投资担保机构承保征收险，因此，A 项错误。多边投资担保机构承保的是非商业风险，所以 B 项表述的"任何投资均可列入该机构投保范围"的说法是错误的。

多边投资担保机构虽然是世界银行集团的成员，但在法律地位上，多边投资担保机构具有完全法律人格，有权缔结契约，取得并处理不动产和动产。所以 C 是正确的。

只要东道国同意，且用于投资的资本来自东道国境外，则根据投资者和东道国的联合申请，经多边投资担保机构董事会特别多数票通过，还可将合格投资者扩大到东道国的自然人、在东道国注册的法人以及其多数资本为东道国国民所有的法人。据此，D 项错误。

5. 《多边投资担保机构公约》承保的"违约险"中的"约"是指下列选项中的哪一种？（　　　）[2]（2003-1-28 单选）

A. 东道国公司与外国投资者签订的契约

B. 东道国公司与外国投资者所属国政府签订的契约

C. 东道国政府与外国投资者签订的契约

D. 东道国政府与多边投资担保机构签订的契约

【考点】《多边投资担保机构公约》（MIGA）承保险种

---

[1] 答案：C

[2] 答案：C

【解析】MIGA 的承保险种主要有：（1）货币汇兑险：可归因于东道国政府的任何措施，限制将其货币兑换成可自由使用货币或投保人可接受的另一种货币并汇出东道国境外，包括东道国政府未能在合理的时间内对该投保人提出的汇兑申请作出行动。（2）征收和类似措施险：可归因于东道国政府的任何立法上的作为或行政上的作为或不作为，具有剥夺投保人对其投资的所有权或控制权，或其应从该投资中得到大量收益的效果，但政府为管理其境内的经济活动而正常采取的普遍适用的非歧视性措施不在此列。（3）违约险：东道国政府不履行或违反与投保人（外国投资者）签订的合同，并且投保人无法求助于司法或仲裁机关对毁约或违约的索赔作出裁决；或该司法或仲裁机关未能在根据本机构条例订立的担保合同规定的合理期限内作出裁决；或虽有这样的裁决但未能执行。（4）战争和内乱险：可归因于东道国境内任何地区军事行动或内乱而给投资者造成的损失。故这道题正确答案是 C 项。

考点 29：国际投资争端解决中心

1. 甲国惊奇公司的创新科技产品经常参加各类国际展览会，该公司向乙国的投资包含了专利转让。甲、乙两国均为《巴黎公约》和《华盛顿公约》（公约设立的解决国际投资争端中心的英文简称为 ICSID）的成员。依相关规定，下列哪些选项是正确的？（　　）[1]（2017-1-81 多选）

A. 惊奇公司的新产品参加在乙国举办的国际展览会，产品中可取得专利的发明应获得临时保护

B. 如惊奇公司与乙国书面协议将其争端提交给 ICSID 解决，ICSID 即对该争端有管辖权

C. 提交 ICSID 解决的争端可以是任何与投资有关的争端

D. 乙国如对 ICSID 裁决不服的，可寻求向乙国的最高法院上诉

【考点】《巴黎公约》的临时性保护原则、国际投资争端解决中心

【解析】A 项符合《巴黎公约》的"临时性保护原则"，A 项正确；本案属于因国际投资引起的法律争端，B 选项中当事双方同意和书面协议满足 ICSID 行使管辖权的另外两个条件，B 项正确；ICSID 受理的争端必须是直接因国际投资而引起的法律争端，C 项中"任何"的提法错误；ICSID 一裁终局，裁决对争端各方均具有约束力，D 项错误。

2. 甲、乙均为《解决国家和他国公民间投资争端公约》缔约国。甲国 A 公司拟将与乙的争端提交根据该公约成立的解决国际投资争端中心。对此，下列哪一选项是不正确的？（　　）[2]（2012-1-43 单选）

A. 该中心可根据 A 公司的单方申请对该争端行使管辖权

B. 该中心对该争端行使管辖权，须以 A 公司和乙书面同意为条件

C. 如乙没有特别规定，该中心对争端享有管辖权不以用尽当地救济为条件

D. 该中心对该争端行使管辖权后，可依争端双方同意的法律规则作出裁决

【考点】解决国际投资争端中心的管辖权、法律适用

【解析】该中心仅对争端双方书面同意提交给 ICSID 裁决的争端有管辖权。A 选项错误，B 选项正确。中心的管辖权具有排他的效力，即一旦当事人同意在中心仲裁，有关争

---

[1] 答案：AB
[2] 答案：A

端不再属于作为争端一方的缔约国国内法管辖的范围，而属于中心的专属管辖。这表明据此可知，双方实际上可以不用尽当地救济即可在书面同意的基础上将争端提交仲裁。选项 C 说法正确。依《解决国家和他国国民之间投资争端公约》第 42 规定，中心仲裁庭应依争端双方同意的法律规则对争端作出裁决。选项 D 说法正确。

3. 关于《解决国家和他国国民间投资争端公约》和依其设立的解决国际投资争端中心，下列哪些说法是正确的？（　　　）[1]（2011-1-81 多选）

A. 中心管辖直接因投资引起的法律争端

B. 中心管辖的争端必须是关于法律权利或义务的存在或其范围，或是关于因违反法律义务而实行赔偿的性质或限度的

C. 批准或加入公约本身并不等于缔约国承担了将某一特定投资争端提交中心调解或仲裁的义务

D. 中心的裁决对争端各方均具有约束力

【考点】《解决国家和他国国民间投资争端公约》

【解析】《解决国家和他国国民之间投资争端公约》第 25 条第 1 款规定，中心的管辖权适用于一缔约国和另一缔约国国民之间"直接因投资而产生的任何法律争端"。故 A 选项正确。

关于何谓"法律争端"，公约本身并没有规定。依世界银行董事会《关于〈解决国家与他国国民间投资争端公约〉的报告》的解释，"争端必须是关于法律权利或义务的存在或其范围，或是关于因违反法律义务而实行赔偿的性质或限度的"。故 B 选项正确。

依公约的规定，双方书面同意就成为 ICSID 受理争端的主观要求。对于同意的形式，公约没有规定，但实践中书面形式的种类主要有：东道国与外国投资者之间协议中的 ICSID 仲裁条款；争端当事方在争端发生之后达成专门的仲裁协议；东道国的投资立法中规定同意将其与外国投资者之间的争端提交 ICSID 管辖，争端发生后，外国投资者以书面形式表示接受；投资保护协定中的"ICSID 仲裁条款"；区域性投资协定中的 ICSID 机制。批准或加入公约本身并不等于缔约国承担了将某一特定投资争端提交中心调解或仲裁的义务。故 C 选项正确。

依公约第 53 条规定，中心的裁决对争端各方均具有约束力，不得进行任何上诉或采取任何其他除本公约规定外的补救办法。故 D 选项正确。

4. 根据《关于解决国家和他国国民之间投资争端公约》，甲缔约国与乙缔约国的桑德公司通过书面约定一致同意：双方之间因直接投资而产生的争端，应直接提交解决投资争端国际中心仲裁。据此事实，下列哪一选项是正确的？（　　　）[2]（2007-1-47 单选）

A. 任何一方可单方面撤销对提交该中心仲裁的同意

B. 在中心仲裁期间，乙国无权对桑德公司行使外交保护

C. 在该案中，任何一方均有权要求用尽当地救济解决争端

D. 对该中心裁决不服的一方有权向有管辖权的法院提起撤销裁决的诉讼

【考点】《解决国家和他国国民间投资争端公约》

【解析】《关于解决国家和他国国民之间投资争端公约》第 25 条规定，……当双方表

---

[1]　答案：ABCD
[2]　答案：B

示同意后，任何一方不得单方面撤销其同意。也就是说，东道国政府和投资人一旦都表示同意提交给解决投资争端国际中心管辖，那么任何一方不得单方面撤销同意。所以 A 项是错误的。《公约》第 27 条第 1 款规定，缔约国对于其国民和另一缔约国根据本公约已同意交付或已交付仲裁的争端，不得给予外交保护或提出国际要求，除非该另一缔约国未能遵守和履行对此项争端所作出的裁决。所以 B 项是正确的。《公约》第 26 条规定，除非另有规定，双方同意根据本公约交付仲裁，应视为同意排除任何其他救济方法而交付上述仲裁，是缔约国而非当事人可以要求以用尽该国行政或司法救济作为其同意根据本公约交付仲裁的条件。所以 C 项错误。根据《公约》的规定，当事人对解决投资争端国际中心的仲裁裁决不服的，有权向秘书长提出申请要求撤销仲裁，而不是向法院提出撤销仲裁的申请。所以 D 项是错误的。

第三讲　国际货币金融法

考点 30：特别提款权

1. 关于特别提款权，下列哪些选项是正确的？（　　）[1]（2009-1-85 多选）

A. 甲国可以用特别提款权偿还国际货币基金组织为其渡过金融危机提供的贷款

B. 甲乙两国的贸易公司可将特别提款权用于两公司间国际货物买卖的支付

C. 甲乙两国可将特别提款权用于两国政府间结算

D. 甲国可以将特别提款权用于国际储备

【考点】特别提款权

【解析】各会员国可以凭特别提款权向基金组织提用资金，因此特别提款权可与黄金、外汇一起作为国际储备。成员国在基金开设特别提款权账户，作为一种账面资产或记账货币，可用于办理政府间结算，可偿付政府间结算逆差。还可以用以偿还基金组织的贷款，或作为偿还债务的担保等。特别提款权在创设时是一种以黄金定值的记账单位。故 A、C、D 选项正确。

考点 31：国际融资担保

1. 中国甲公司与某国乙公司签订天然气供应合同。合同约定争议以仲裁方式解决。中国甲公司根据天然气供应仲裁合同的要求，委托中国银行为合同履行开立了独立保函。现某国乙司和中国银行因独立保函的履行发生纠纷，根据我国相关法律规定，下列哪些判断是正确的？（　　）[2]（2019-多选-网络回忆版）

A. 因天然气供应合同中有仲裁条款，法院对独立保函纠纷没有管辖权

B. 中国银行住所地法院有权管辖独立保函纠纷

C. 若我国法院受理本案，中国银行主张保函性质为一般保证的，法院不予支持

D. 如果存在保函欺诈，中国银行住所地法院有权管辖保函欺诈纠纷

【考点】独立保函（见索即付保函）

【解析】本题涉及最高人民法院《关于审理独立保函纠纷案件若干问题的规定》（下称

---

〔1〕　答案：ACD

〔2〕　答案：D

独立保函司法解释）。独立保函独立于基础交易关系，作为基础协议的天然气供应合同中的仲裁条款，不能约束独立保函纠纷的解决方式，A 项错误。

保函本质上属于合同，合同纠纷由合同履行地或被告住所地法院管辖，中国银行为保函开立人，其住所地法院当然有权管辖保函履行纠纷，B 项正确。

独立保函具有连带保证的性质，C 项正确。

独立保函欺诈纠纷案件由被请求止付的独立保函的开立人住所地或被告住所地人民法院管辖，D 项正确。

2. 中国某工程公司在甲国承包了一项工程，中国某银行对甲国的发包方出具了见索即付的保函，后甲国发包方以中国公司违约为由向中国银行要求其支付保函上的款项遭到拒绝。根据我国相关法律规定，下列哪一选项是正确的?（　　　）〔1〕（2018-单选-网络回忆版）

A. 如果工程承包公司是我国政府独资的国有企业，则银行可以此为由拒绝向受益人付款

B. 中国银行可以主张保函受益人先向中国承包公司主张求偿，待其拒绝后再履行保函义务

C. 中国银行应对施工合同进行实质性审查后，方可决定是否履行保函义务

D. 只要保函受益人提交的书面文件与保函要求相符，银行就应当承担付款责任

【考点】独立保函

【解析】见索即付保函具有独立性、连带性和支付无条件性的特点。无条件性意味着只要受益人提交的单据满足"单函、单单表面一致"的条件，保函人即须履行付款责任。A 项错误、D 项正确。

"连带性"意味着保函开立人不能对受益人行使先诉抗辩权，B 项错误。

"独立性"意味着保函的效力独立于基础合同，C 项错误

3. 中国甲公司在承担中东某建筑工程时涉及一系列分包合同和买卖合同，并使用了载明适用《见索即付保函统一规则》的保函。后涉及保函的争议诉至中国某法院。依相关司法解释，下列哪些选项是正确的?（　　　）〔2〕（2017-1-82 多选）

A. 保函内容中与《见索即付保函统一规则》不符的部分无效

B. 因该保函记载了某些对应的基础交易，故该保函争议应适用我国《担保法》有关保证的规定

C. 只要受益人提交的单据与独立保函条款、单据与单据之间表面相符，开立人就须独立承担付款义务

D. 单据与独立保函条款之间表面上不完全一致，但并不导致相互之间产生歧义的，仍认定构成表面符合

【考点】独立保函司法解释

【解析】A 项错误，依独立保函司法解释第 5 条，独立保函载明适用《见索即付保函统一规则》等独立保函交易示范规则，或开立人和受益人在一审法庭辩论终结前一致援引的，人民法院应当认定交易示范规则的内容构成独立保函条款的组成部分。《见索即付保函统一规则》是国际民间性商业组织的合同示范条款，当事人可依自身的情况加以适用，自主决定其权利和义务关系，因此，与其不一样的部分，实际上就是当事人的约定，是有效的。B 项错误，依独立保函司法解释第 3 条，当事人以独立保函记载了对应的基础交易为由，主

---

〔1〕　答案：D

〔2〕　答案：CD

张该保函性质为一般保证或连带保证的，人民法院不予支持。当事人主张独立保函适用《担保法》关于一般保证或连带保证规定的，人民法院不予支持。因此，不能因为该保函记载了某些对应的基础交易，就认为该保函是一般的保证，从而误认为相关争议应适用《担保法》中有关保证的规定。C项正确，依独立保函司法解释第6条，受益人提交的单据与独立保函条款之间、单据与单据之间表面相符，受益人请求开立人依据独立保函承担付款责任的，人民法院应予支持。D项正确，依独立保函司法解释第7条，单据与独立保函条款之间、单据与单据之间表面上不完全一致，但并不导致相互之间产生歧义的，人民法院应当认定构成表面相符。

4. 实践中，国际融资担保存在多种不同的形式，如银行保函、备用信用证、浮动担保等，中国法律对其中一些担保形式没有相应的规定。根据国际惯例，关于各类融资担保，下列哪些选项是正确的？（　　　）[1]（2008-1-86 多选）

A. 备用信用证项下的付款义务只有在开证行对借款人的违约事实进行实质审查后才产生

B. 大公司出具的担保意愿书具有很强的法律效力

C. 见索即付保函独立于基础合同

D. 浮动担保中用于担保的财产的价值是变化的

【考点】融资担保

【解析】备用信用证是指担保人（开证银行）应借款人的要求，向贷款人开出备用信用证，当贷款人向担保人出示备用信用证和借款人违约证明时，担保人须按该信用证的规定支付款项。和传统意义的保证相比，备用信用证有如下特点：（1）备用信用证的保证人是银行；（2）贷款人出具信用证要求的违约证明时，保证人即向贷款人付款，并不需要对违约的事实进行审查；（3）开证行作为保证人承担第一位付款责任，而不是次位债务人；（4）在借贷协议无效时，开证行仍须承担保证责任，也就是说，备用信用证独立于国际借贷协议这一基础交易。因此，A项说法错误。

安慰信，又称担保意愿书，是指由一国政府或母公司根据其下属企业（借款人）的要求，向贷款人出具的表示愿意帮助该借款人偿还贷款的书面文件。其最大的特点是一般不具有法律效力，对担保人只具有道义上的约束力。通常仅适用于信誉良好的大型公司或政府组织。因此，B项说法错误。

国际融资担保中使用最普遍的是见索即付保证，它是指担保人（通常是银行）应申请人要求或指示，对收益人承担付款义务，只要收益人要求付款，担保人即应向其支付约定金额。法律特征：（1）独立性。担保人所承担的义务是独立于基本合同的，担保人不能以基本合同对抗收益人；（2）绝对性。这种担保是绝对的和无条件的，担保人仅凭收益人提出的要求即应付款，而不问付款要求是否有合理依据，不问它所担保的主债务事实上是否履行；（3）单一性。担保人所承担的义务是付款义务，而不是实际履行本应由申请人（借款人）履行的义务。因此，C项说法正确。

浮动抵押源于英国，是一种很特殊的物权担保方式，是借款人以现有的和将来取得的全部资产，为贷款人设定的一种担保物权。浮动抵押不同于传统物权担保，其担保物固化前一直处于浮动状态，能给贷款人尽可能大的保护。因此，D项说法正确。

---

[1] 答案：CD

5. 在一国际贷款中，甲银行向贷款银行乙出具了备用信用证，后借款人丙公司称贷款协议无效，拒绝履约。乙银行向甲银行出示了丙公司的违约证明，要求甲银行付款。依相关规则，下列哪些选项是正确的？（　　）[1]（2016-1-81 多选）

A. 甲银行必须对违约的事实进行审查后才能向乙银行付款

B. 备用信用证与商业跟单信用证适用相同的国际惯例

C. 备用信用证独立于乙银行与丙公司的国际贷款协议

D. 即使该国际贷款协议无效，甲银行仍须承担保证责任

【考点】 备用信用证

【解析】 本题涉及备用信用证的含义及其特点。备用信用证是指担保人应借款人的要求，向贷款人开具备用信用证，当贷款人向担保人出示备用信用证及借款人违约证明时，担保人须按信用证的规定支付款项的保证。其特点是，贷款人出具信用证要求的违约证明时，保证人即向贷款人付款，不需要对违约的事实进行审查。A 项错误。备用信用证与商业跟单信用证适用不同的国际惯例，前者适用《国际备用信用证惯例》，后者适用《跟单信用证统一惯例》（UCP600 号）。B 项错误。C、D 项正确，备用信用证独立于国际贷款协议，在贷款协议无效时，开证行仍须承担保证责任。

6. 甲国公司承担乙国某工程，与其签订工程建设合同。丙银行为该工程出具见索即付的保函。后乙国发生内战，工程无法如期完工。对此，下列哪些选项是正确的？（　　）[2]（2011-1-82 多选）

A. 丙银行对该合同因战乱而违约的事实进行实质审查后，方履行保函义务

B. 因该合同违约原因是乙国内战，丙银行可以此为由不履行保函义务

C. 丙银行出具的见索即付保函独立于该合同，只要违约事实出现即须履行保函义务

D. 保函被担保人无须对甲国公司采取各种救济方法，便可直接要求丙银行履行保函义务

【考点】 国际融资担保

【解析】 见索即付保函具有无条件性，保证人仅凭受益人提出的要求即应付款，而不问付款是否有合理依据。故 A 选项错误。

见索即付保函具有独立性，即担保人所承担的义务独立于基础合同，担保人不能以基础合同的履行、修改或无效等对抗受益人。只要违约事实出现，担保人就须履行保函义务。故 B 选项错误，C 选项正确。

这里的保函被担保人可直接依据保函要求保证人履行保函义务，而不需对债务人采取救济措施。故 D 选项正确。

第四讲　国际税法

考点 32：国际税法

1. 甲国健达公司在乙国销售进口药品，为此开了十多家药店，后健达公司发现乙国对

---

〔1〕　答案：CD

〔2〕　答案：CD

其销售的某类进口药品征收比国产同类药品更高的国内税。甲乙两国都是WTO成员，根据WTO相关规则，下列哪些判断是正确的？（　　）[1]（2019-网络回忆版）

A. 为保护本国医药业，乙国有权对进口药品征收更高的国内税
B. 健达公司应就其在乙国的营业所得向乙国纳税
C. 乙国违反了最惠国待遇原则
D. 乙国违反了国民待遇原则

【考点】税收管辖权、WTO的基本原则

【解析】根据WTO《关税与贸易总协定》国民待遇的要求，外国进口产品享受的待遇不得低于国内同类产品，本案中，乙国对进口药品征收比国内同类药品更高国内税的行为明显违反了国民待遇原则，A项错误，D项正确。

甲国健达公司在乙国的药店构成常设机构，对其营业所得乙国可行使来源地收税管辖权，B项正确。

最惠国原则的目的是保证不同外国产品、服务和服务提供者、知识产权和知识产权人相同的待遇，本题与最惠国待遇原则无关，C项错误。

2. 为避免或缓解国际重复征税，纳税人居住国可以采用的方法有哪些?（　　）[2]（2005-1-84多选）

A. 免税制
B. 抵免制
C. 扣除制
D. 减税制

【考点】避免国际重复征税的方法

【解析】国际重复征税是指两个或两个以上的国家各依据自己的税收管辖权按同一税种对同一征税对象在同一征税期限内同时征税。在国际税收实践中，各国为了减轻或消除重复征税，采取的方法主要有：运用冲突规范划分征税权；免税法、抵免法、扣除法和减税法。免税法是指居住国政府对于本国国民来源于国外的所得和位于国外的财产免于征税；抵免法是指纳税人可将已在收入来源国实际已经缴纳的所得税税款在应当向居住国缴纳的所得税税额内扣除；扣除法是指居住国在对跨国纳税人征税时允许本国居民将国外已纳税款视为一般费用支出从本国应纳税款总所得中扣除；减税法是指居住国对于其本国国民来源于国外的所得进行征税时给予一定的减征照顾。

3. 在国际税法中，对于法人居民身份的认定各国有不同标准。下列哪些属于判断法人纳税居民身份的标准？（　　）[3]（2009-1-87多选）

A. 依法人的注册成立地判断
B. 依法人的股东在征税国境内停留的时间判断
C. 依法人的总机构所在地判断
D. 依法人的实际控制与管理中心所在地判断

【考点】国际税法中法人身份的认定

---

[1]　答案：BD
[2]　答案：ABCD
[3]　答案：ACD

【解析】对于法人居民的认定各国有不同的标准：（1）法人登记注册地标准，即依法人在何国注册成立来判断法人纳税居民的身份；（2）实际控制与管理中心所在地标准，即法人的实际控制与管理中心所在地设在哪个国家，该法人即为哪个国家的纳税居民，董事会或股东大会所在地往往是判断实际管辖中心所在地的标志；（3）总机构所在地标准，即法人的总机构设在哪个国家，该法人即为哪个国家的纳税居民，总机构通常指负责管理和控制企业日常营业活动的中心机构。一些国家在确定居民是采取两个以上的标准。依我国《企业所得税法》第 2 条的规定，我国实际采用了法人注册地和总机构所在地两个标准。

4. 目前各国对非居民营业所得的纳税普遍采用常设机构原则。关于该原则，下列哪些表述是正确的？（　　）[1]（2010-1-84 多选）

　　A. 仅对非居民纳税人通过在境内的常设机构获得的工商营业利润实行征税

　　B. 常设机构原则同样适用于有关居民的税收

　　C. 管理场所、分支机构、办事处、工厂、油井、采石场等属于常设机构

　　D. 常设机构必须满足公司实体的要求

【考点】对非居民营业所得的纳税普遍采用常设机构原则

【解析】营业所得又称营业利润或经营所得，即纳税人在某个固定场所从事经营活动取得的纯收益。目前各国对非居民营业所得的纳税普遍采用常设机构原则。常设机构原则指仅对非居民纳税人通过在境内常设机构而获取的工商营业利润实行征税的原则。故 A 选项正确，B 选项错误。

　　常设机构包括：管理场所、分支机构、办事处、工厂、车间、作业场所、矿场、油井、采石场等。故 C 选项正确，D 选项错误。

5. 甲国人李某长期居住在乙国，并在乙国经营一家公司，在甲国则只有房屋出租。在确定纳税居民的身份上，甲国以国籍为标准，乙国以住所和居留时间为标准。根据相关规则，下列哪一选项是正确的？（　　）[2]（2014-1-44 单选）

　　A. 甲国只能对李某在甲国的房租收入行使征税权，而不能对其在乙国的收入行使征税权

　　B. 甲乙两国可通过双边税收协定协调居民税收管辖权的冲突

　　C. 如甲国和乙国对李某在乙国的收入同时征税，属于国际重叠征税

　　D. 甲国对李某在乙国经营公司的收入行使的是所得来源地税收管辖权

【考点】税收管辖权、国际重复征税

【解析】由于甲国以国籍为纳税标准，所以只要具有该国国籍，无论是否在该国居住，均为该国的纳税居民，李某为甲国人，因此，甲国既可以对李某在甲国的房租收入行使征税权，也可以对其在乙国的收入行使征税权。故 A 选项项错误。

　　由于各国在确定居民身份上采取了不同的标准，因此，当纳税人进行跨越国境的经济活动时，就可能出现两个以上的国家同时认定其为本国纳税居民的情况，该问题的协调主要是通过双边协定。甲乙两国均可对甲国人李某在本案中的收入行使居民税收管辖权，甲乙两国可通过双边税收协定协调居民税收管辖权的冲突。故 B 选项正确。

　　国际重复征税是指两个或两个以上国家各依自己的税收管辖权按同一税种对同一纳税

---

〔1〕　答案：AC

〔2〕　答案：B

人的同一征税对象在同一征税期限内同时征税。国际重叠征税是指两个或两个以上国家对同一笔所得在具有某种经济联系的不同纳税人手中各征一次税的现象。因此，甲国和乙国对李某在乙国的收入同时征税，属于国际重复征税。故 C 选项错误。

所得来源地税收管辖权是指一国政府针对非居民纳税人就其来源于该国境内的所得征税的权力。李某在乙国的收入并不是来自于甲国，因此，甲国对李某在乙国经营公司的收入行使的不是所得来源地税收管辖权，而是依据其国籍行使的居民税收管辖权。故 D 选项错误。

6. 为了完成会计师事务所交办的涉及中国某项目的财务会计报告，永居甲国的甲国人里德来到中国工作半年多，圆满完成报告并获得了相应的报酬。依相关法律规则，下列哪些选项是正确的？（　　）[1]（2015-1-82 多选）

　A. 里德是甲国人，中国不能对其征税

　B. 因里德在中国停留超过了 183 天，中国对其可从源征税

　C. 如中国已对里德征税，则甲国在任何情况下均不得对里德征税

　D. 如里德被甲国认定为纳税居民，则应对甲国承担无限纳税义务

【考点】税收管辖权

【解析】我国同时采用住所和居留时间的标准来确定纳税居民的身份。故 A 选项错误。

确定独立劳务所得来源地的方式一般采用"固定基地原则"和"183 天规则"。固定基地指个人从事专业性活动的场所，如诊所、事务所等。后者指在境内停留的时间，即应以提供劳务的非居民某一会计年度在境内连续或累计停留达 183 天或在境内设有经营从事独立活动的固定基地为征税的前提条件。故 B 选项正确。

可能存在国际重复征税和国际重叠征税的情况。故 C 选项错误。

纳税居民对本国承担无限纳税义务。故 D 选项正确。

7. 甲乙两国均为 WTO 成员，甲国纳税居民马克是甲国保险公司的大股东，马克从该保险公司在乙国的分支机构获利 35 万美元。依《服务贸易总协定》及相关税法规则，下列哪些选项是正确的？（　　）[2]（2016-1-82 多选）

　A. 甲国保险公司在乙国设立分支机构，属于商业存在的服务方式

　B. 马克对甲国承担无限纳税义务

　C. 两国均对马克的 35 万美元获利征税属于重叠征税

　D. 35 万美元获利属于甲国人马克的所得，乙国无权对其征税

【考点】《服务贸易总协定》、税收管辖权、国际重复征税

【解析】商业存在，即外国服务提供者通过在其他国境内设立的机构提供商业服务——设立当地机构，如一国的企业到他国开设银行、保险公司。故 A 选项正确。

马克是甲国的纳税居民，居民国对本国居民的海内外收入均有权征税。故 B 选项正确。

国际重叠征税是指两个或两个以上国家对同一笔所得在具有某种经济联系的不同纳税人手中各征一次税的现象。因此，甲国和乙国对马克的 35 万美元获利征税，属于国际重复征税。故 C 选项错误。

选项 D 错误。乙国作为来源地国，对 35 万美元的获利有权行使来源地税收管辖权。

---

　[1]　答案：BD

　[2]　答案：AB

法考面授无忧班

名师授课主客一体
通关法考无忧上岸

课程价格

无忧A班：49800 限招8人

意外不过重读同等班次

无忧B班：63800 限招5人

客观题不过全退，主观题不过重读或退60%

无忧班课程优势

定制规划

报名即签订保障协议，法考通关有保障

名师授课

根据考生个人学习情况制定全程法考通关规划

学长带学

全程大咖名师授课，跟名师学习效率高

通关保障

高分学长全程带学，并提供1V1答疑服务

添加客服
领取课程规划

扫码领取
学习包课程

客观题名师私塾直播班

大咖名师传授技巧　　手把手教你过法考

课程优势

精英师资
8位业内大咖名师，亲自给学生制定学习计划、教授学习方法

体系完整
既有基础，又有提高，既能全面学习，又能重点突破

时间便利
网络直播，随时回看，时间自由，在职脱产两相宜

QQ群答疑
哪里都能找到名师的课，但是这里可以找到名师的人

名师私塾班课程设置

班次名称	课时	课程资料	课程价格
方志平民法私塾直播班	60		1280
方鹏刑法私塾直播班	60		1280
白斌理论法私塾直播班	60		1280
汪华亮商经法私塾直播班	50	名师私房内部讲义	888
陈龙刑诉私塾直播班	65		888
黄文涛行政法私塾直播班	50		888
蔡辉民诉私塾直播班	60		888
李亮三国法私塾直播班	40		688
全套价格			6980

具体课时以实际课程安排为准

添加客服
领取课程规划

扫码领取
学习包课程